解 军 ◎ 著

醒木一声驻流年

唐耿良传

菊坛名家丛书·评弹系列

秦建国
唐燕能 * 主编

上海人民出版社

唐耿良先生

唐耿良先生

唐耿良先生

唐耿良先生演出照

漫画唐耿良先生

漫画唐耿良先生

上海市人民评弹团建团十周年摄影留念 1961年11月20日

上海市人民评弹团建团十周年留念（二排左三为唐耿良）

上海评弹团建团三十周年合影留念（二排左三为唐耿良）

上海评弹团建团三十周年合影 一九八一年十一月

总序

吴宗锡

　　评弹发源于文化古城苏州，得其人文精华的滋养，经历代艺人的耕耘，在清代中叶，艺术即趋于成熟，书目累增，人才辈出，形成了独创的美学和表演体系，流传于长江三角洲各城镇乡村。上海开埠以后，进入这一新兴都市，随着其经济文化的繁荣发展，受"海纳百川，改革创新"的文化精神的熏陶，融会进其都市文化。到20世纪30年代，名家荟萃，书目繁茂，流派纷呈，艺术登临于高峰期。

　　新中国成立后，有了党的领导，创办了国家经营的评弹团，天时地利人和相际会，评弹迎来了艺术繁荣的鼎盛时期，上海成为其艺术发展的中心。当代杰出的艺术家云集上海。这门家底深厚、丰澹、精熟的艺术，造就了诸多名家翘楚；同时，也是众多才华横溢、勇于创造而又勤奋敬业的艺术精英，推动了艺术的发展提高。人才出书目，人才创艺术，人才的作用是大的。

　　在灿若群星的艺术精英们成长发展的道路中体现着评弹艺术整体的发展史。可是对这些为艺术作出终身成就和重大贡献的艺术家却还没有详尽全面地立传，以记述其经历和业绩。1991年上海文艺出版社曾编过一本《评弹艺术家评传录》，为十余位当代评弹名家著录其传略，既叙述其生平经历，又评介其艺术成就，每篇一万余字，受到读者欢迎。但为篇幅所囿，尚欠详尽，且仅出了五百本，影响有限。这次，上海评弹团和上海人民出版社计划编写一套近现代评弹艺术家的传记，应该说，这对弘扬评弹艺术，为后起人才传承发展评弹艺术，树立楷模，为广大评弹爱好者欣赏艺术，提供资料，都是很有必要的。

　　20世纪50至60年代，评弹随着时代发展，进入了艺术革新发展、推陈出新、生面别开的又一个创业期,产生了大量反映新时代新人物新思想的优秀节目,发展了多种适合当代人民群众审美需求的演出形式,提高了艺术表现力以及艺术素质、艺术品位,从而也大大提升了评弹在文艺界的地位。这些艺术名家正是艺术开拓、实践的功臣,也是这些集结于国家评弹团的艺术名家形成了发展提高评弹艺术的主力。

他们的出身不同,性格各异,学艺的经历也各殊。他们特点鲜明的强烈的艺术个性,使他们形成了卓尔不群的风格流派。但是由于所处的时代相同,事业相同,尤其在进入了新中国后,接受了党的教育,处身于宗旨、目标一致的评弹团群体以后,使他们的人生和艺术道路,有了显著的共性。从其共性中,我们可以领悟到新中国评弹艺术,在党的领导下,从卖艺江湖的民间艺术升华为雅俗共赏的高雅艺术的发展轨迹。

从其共性中,我们还可以看到,这些艺术人才在学艺之初,都曾经历过勤奋刻苦、艰辛崎岖的学艺道路,在激烈的竞争和坚毅的努力下才攀登上艺术高地,进入名家的行列。而成名之后,有些人曾在物欲横流的社会环境中,一度沉湎于声色享乐,尤其是男艺人们,其风流韵事时有传闻。只有了解了他们的这段经历,我们才更能认识到,新社会中这些艺术精英,接受了党的教育,建立了为人民服务,为事业献身的价值观之后,一心敬业,为评弹事业奋力进取、竭诚奉献的难能可贵。也就更能认识到,在党的正确方针政策下,成功打造的艺术核心,对于改进提高艺术和推动艺术发展所起的卓越作用。

他们也正是在进入了由党直接领导的团队群体之后,认识了人生的价值和艺术的真谛。他们不仅提高了文化学养,更建立了自己的人文理想。在他们的晚年,经历了"文革"劫难的冲击,不顾衰病的困扰,依然执着于自己的艺术追求,以实现自己的人生价值。或为艺术经验的记录整理,或为传统书目的传承,或为编演新的传世精品,或为艺术的发展乃至乐器的改革,孜孜不倦地写作、录音、钻研和教学授业。更有的身罹癌症,在与疾病顽强抗争的同时,仍时刻以艺术为念。应该说,是艺术改变了他们的人生,也是高尚的人生理想,提升了他们的艺术境界,而其高尚的艺术境界和人生理想成了这些艺术精英们的卓然共性。他们是受到人民群众热爱的,他们也深爱着广大的评弹听众,深爱着人民大众。也可以说,对艺术,对人生的热爱也体现了他们对国家、对社会的热爱。

因此,为新中国的评弹名家立传,记述他们的人生和艺术道路,是很有意义和必要的。我们希望传记作者们在记述他们作为人民艺术家的不平凡的人生和艺术的历程的同时,并总结他们的艺术经验,彰显他们的艺德艺品、艺术追求和艺术理想。当然,也记述下他们为新中国的评弹事业所作的卓卓建树和取得的丰硕成果。

刘厚生同志在为《菊坛名家丛书·京昆系列》作的总序中提出了传记必须真实的警示,十分重要。真实是诚信,真实才有意义,真实才有价值。真实是对历史,也是对传主的高度负责。但要真实是不易的,须得传记作者踏实和艰辛的努力,深入调查研究。即使是当事人的口述,也还需要作认真的核实。此前,我就遇到过多起口述不实的事例。真实,还要建立在理解的基础上。只有理解,才能透过表象,接触并反映本质的真实,由形似而达到传神。

衷心祝愿丛书获得成功。

序一

周　良

　　解军同志把他写的《唐耿良传》的书稿发给我看，让我先睹为快。书稿以翔实的史料，笔触细致的叙述，介绍了传主唐耿良的艺术人生。

　　唐耿良同志是卓有成就的评话艺术家，他说的苏州评话《三国》，源出名门，兼收并蓄，又在长期的演出过程中不断加工丰富，常说常新。他的说书注重说理，重人物刻画和细节描写，使他说的《三国》，在思想性、文学性、艺术性方面都有提高，且有特色，成为当时说《三国》的重要流派之一。他在书目创编、加工方面的经验和成就，使他在新中国成立后，成为评弹团的创作骨干，不但参与创编了大量新书目，而且成为评弹团书目创编的组织者之一，参加了评弹团的领导管理工作。唐耿良对新中国成立后的苏州评弹事业，做出了多方面的贡献。

　　我在参加苏州评弹工作的第一天，就认识了唐耿良同志，那是在评弹改进协会的一次会议上。但20世纪五六十年代，上海评弹团很少到苏州来演出，所以，很少见到唐老师。熟悉他是在20世纪70年代后期，在粉碎"四人帮"以后，苏州评弹的恢复阶段。面对困难，苏州评弹界努力联合、团结起来，为推进各项艺术活动、共同总结历史的经验教训，克服困难，组织成立了苏州评弹研究会。研究会的许多具体工作，由我负责。上海方面的各项联络组织工作，有唐老师参加。多项工作请他参加负责。如青年演员的培训工作，我委托苏州评弹学校负责。唐耿良同志参与该项工作，协助曹汉昌同志一起负责。他们的工作认真负责，谦虚谨慎，善待青年，诲人不倦。唯恐青年学不到东西。老艺术家们的事业精神，非常感动人，唐老师就是他们当中的代表之一。我是很感谢、很尊敬他们的。他们为艺术事业的献身精神，值得后人传承学习。

近几年来,随着苏州评弹研究工作的进展,对老一辈艺术家的研究,有新的收获。搜集了许多艺术资料,写出了一批老艺术家的传记,但大多为弹词艺术家,苏州评话艺术家的传记还很少。除唐耿良自己写的回忆录,本书好像还是仅见的一部。希望研究者们共同努力,多写几部评话艺术家的传记,把唐耿良老师这一辈艺术家们的传记都写出来,总结他们的经验。从他们的经历中,探索苏州评话发展的历史和历史上的经验教训。如传主唐老师说的《三国》,他自己说,在新中国成立以后的演出时间,加起来不满五年,这就影响了这部书(苏州评话中被称为"大王"的传统书)的传承和提高。唐老师在创作生涯中,曾创编演出了一些优秀书目,发挥了积极的作用。但在选材及形式的选择上有缺失,所以缺少能长期流传的保留书目。总结他们那一代人的经验教训,这是社会新旧交替时期的一代人,不要让他们成为苏州评话的最后辉煌。他们承前,有创造性的发展,他们的启后呢?却寂静无声。当然,这些都不是艺术家们的责任。苏州评话在进入大城市以后,已经出现发展的相对滞后。在苏州评话、弹词遭遇困难以后,评话的衰落更快一些。应该奋起,苏州评话难道真要被淹没在"弹词"之中?

唐耿良同志留下的《三国》脚本,有一百回书。听说正在进行文字整理,将要出版。这是一份宝贵的艺术遗产,将惠及事业及后人。

应解军同志之约,写一点读后感想如上。

2016年10月2日

序二

唐力行

前几年，上海人民出版社与上海评弹团准备联合出版《菊坛名家丛书·评弹系列》，承主编唐燕能、秦建国等先生好意，第一辑五本中有一本是父亲唐耿良的传记，并力邀我来承担写作。对于他们的高情厚谊，我的内心是非常感谢的。但是，五本中只有一位是评话艺人，所占比例之少，又令我深为不安。我在为燕能先生所著《皓月涌泉：蒋月泉传》的序中写道："接受任务后，我除了感谢外，还表示了在经费十分紧张的情况下，我父亲已经撰写并出版了《别梦依稀：我的评弹生涯》，应该把这个立传的机会让给其他评话演员。我想这也是我父亲的心愿。新中国成立之初评话界有两个三级演员，家父之外还有张鸿声先生。我真诚地希望能为张鸿声先生或吴子安先生等其他评话演员立传。"此后，燕能先生告诉我，丛书是上海文化基金会资助的，家父的传纪已立项，只能专款专用。其他评话艺人的传纪在第二、三辑中都会列入的。盛意难却，而我仍是感到为难，父亲已经用十年工夫撰写了自传，且是由我整理出版的，如果再由我来写，恐怕也难写出新意。新撰的唐耿良传记应该以"他者"的眼光来写作为好。我建议请解军先生来撰写，因为他是历史学博士，具有通晓、把握历史发展大趋势的学术功力，用历史学的眼光来审视近代评弹的变迁，入于评弹而又出于评弹，才能透彻洞见个人命运的真谛。他从我硕博连读五年，研究的重点是评话。今年，他所撰写的博士论文《金戈铁马：晚清以来苏州评话研究》将由商务印书馆出版。所以我希望他能从评话发展大趋势的高度来解读我父亲的评话人生。

苏州评话形成于明末清初，书目的题材大多是列国征战、英雄豪杰，这些都与小桥流水、风花雪月的苏州弹词形成鲜明对比。熟悉评弹的人都知道,听客喜好评弹,大多从听苏州评话始。曾几何时,苏州评话在江南吴语区占据着演出市场的半壁江山。随着评弹进入上海,苏州评话迎来了机遇也带来了挑战,大都市的女性听客似乎更钟情于卿卿侬侬、花前月下的弹词。特别是新中国成立后,经济利益的分配出现了种种不合理现象,挫伤了评话演员的积极性;中篇评弹使得苏州评话被边缘化,甚至有人只知评弹即为苏州弹词;再加上连续不断的政治运动,耗尽了苏州评话老艺术家们的时间和精力……凡此种种,共同造成了苏州评话不断走衰的事实。父亲并没有"挽狂澜于既倒"之力,他只是一个视评弹为生命的说书人,他不甘心于评话的走衰。但是时势如此,也只能穷其一生,尽心尽力于评话而已。解军按照纵向时间的阶段,从父亲学艺到成为上海响档开始,把侧重点放在1949年后,展现了置身于波涛澎湃的时代潮流中的说书人的命运。父亲"业业矜矜,若履冰谷",却终难逃脱"文革"中家破人亡的大劫难。改革开放后,他重新焕发了艺术的青春。

　　作家顾绍文在《著名评话艺术家唐耿良〈别梦依稀:我的评弹生涯〉研讨会》上说:"唐先生很幸福,既留下了《三国》,也留下了这本书,一个人只要能够留下其中一样就很厉害,就能传之于史,何况他留下了两份。"然而,留下这两份遗产谈何容易?!父亲曾痛心地说,新中国成立后他说《三国》的时间,累计不超过五年。20世纪80年代前期,他用了三年时间,把20年未说过的《三国》一百回,像海底沉船一样地打捞起来,在1985年完成了电台录音。紧接着又开始历经三年的记录整理《三国·群英会》,1988年中国曲艺出版社出版了这部唐耿良演出本。20世纪90年代,他又分别在苏州、上海两地的电视台,录下《三国》录像35回。2002年底到2003年初,父亲在美国学者白素贞的帮助下,在达特茅斯学院录下了他的全本《三国》录像一百回,其中二十回已由中国唱片厂出版。留下《三国》,是因为他老人家有着强烈的自我抢救意识,他说过:"许老夫子(许文安)改行保存《三国》的义举,老师唐再良手把手教我《三国》的恩德,以及广大听众对我的期望,使我寝食不安,我怎能让《三国》在我手中失传呢?存亡继绝我有责任,我决心想方设法像打捞沉船一样把中段和前段书回忆起来加以保存。"

　　解军不仅关注父亲为抢救《三国》倾尽全力,他还把顾绍文所云两件事中的第一件,进一步细分为三个方面,一是说《三国》,二是说新书,三是参与各种社会活动和组织工作。在说《三国》方面,解军认真总结了唐《三国》博采众长,富有书卷气的特色,还系统阐述了父亲对评话艺术规律的认识。对唐《三国》在评话发展史上的地位给出了恰如其分的评价。

　　在说新书方面,作家沈善增曾说过:不要认为我们今天的观点都是正确的,比如现在对"唐老师编新书、写新书的评价等等,未必都正确。当时的人为何要如此做,一个正直的积极的人,在当时情况下,他们采取了如此的举动,他们的一些想法,一些选择必定反映了人类的一些共性,就是说,不仅对评弹,对上海人,对中国人,对人类都是有普遍意义的。"作家蒋丽萍进一步阐述了她的认识:"我并非仅仅肯定他解放后编写了很多可以传之后世的新书目,事实证明这些书目的编写花费了很多精力,但这也仅是一个特殊历史阶段的产物。今天看来,这些书目在艺术上,无法与很多经典的传统书目相比,这只能说明这些艺人在艰难的政治环境下,在没有搞清楚的情况下,不得已地表现出积极性、进步性,在这种左右为难的情况下,艺人们要适应社会,所以做了很多努力。"父亲编说的新书贴近实际、贴近生活,他为适应这个时代,作出了巨大的努力。这些作品反映了那个时代,也反映了父亲的积极、正直的人生。解军较为细致地描述了父亲编写新书的心路历程,介绍了粉碎"四人帮"后父亲兴奋地自编自演《大寨人斗江青》的情景;尤其是改革开放的新时代,父亲不顾病弱的身体编说《三国用人之道》,认为这是我父亲编写新书的升华。难能可贵的是,解军还从评弹发展的艺术规律着眼,指出评弹发展的每个阶段,都会有新书加入,新书是评弹书目活力的源头。今天的经典书目其实就是往昔的新书目。这是一个竞争与选择、淘汰与积累的过程。

　　在参与各种社会活动和组织工作方面,首先就是创建上海市人民评弹工作团。识时势者为俊杰,试想一下,1949年我父亲年仅28岁,蒋月泉也只35岁,他们那样的年轻,又是上海滩上的大响档,有着可观的收入。如果贪图金钱安逸,他们完全可以像大多数评弹艺人一样,继续走单干的路。但是他们识得时势,努力要跟上这个新时代,自己出钱组织学习，编写新书，要求组织评弹团，放弃高额收入拿工资，走集体化的道路。这在明清以来数百年的评弹史上都是开天辟地的事。陈希安先生说："应该说老唐同志是当时建团十八艺人中的主心骨，对评弹团的成立起了很大的作用。建国前，评弹艺人单干的，一两个人一起，1949年后参加评弹团，参加集体，这个是划时代的变化，他在其中确实是起着很多作用，特别是人民评弹团成立之后，他在创新、整旧、创作新书目过程中，做出了很多努力，为评弹事业作出了很多的贡献。""如果整个评弹史上要记一笔的话，我觉得唐耿良应该记一大笔。"王柏荫先生说："可以这样说，没有唐耿良，就没有上海人民评弹团。"评弹团原副团长李庆福说："唐先生在成立评弹团的过程中做了很大贡献。时至今日，苏州评弹能够取得如此成绩，唐先生在其中出的点子很多，被誉为'唐诸葛'。"顾绍文曾评论道，家父在回忆录里"实事求是地讲出了这个评弹团是'他们要成立'，这个新书是他'他们要说'，这个尾巴是'他们要斩'，我在评弹界有很多朋友，这是我第一次听到那么真心地讲出一个真实事，这些都是他们自己要的，'自己要'和'自愿'是有区别的，这种心态是要和当时的社会形态结合，这不仅是一个个人回忆录，这里面还涉及社会学，历史学的问题"。解军用"他者"的眼光，写出了一个真实的故事：正是这些解放前的大响档们集合在一起，造成了50年代评弹的一时之盛。盛中包蕴着衰。中篇评弹的兴盛，使评话艺人边缘化；收入的平均化，使双档弹词艺人与单独演出的评话艺人同酬不同工；评弹的政治化，使大量长篇传统书目失传；评弹的传承也因学馆（学校）制，难以招收到优秀的人材；失去竞争的评弹市场，注定了评弹的衰败命运；戏剧化的发展，甚至从根本上破坏了评弹的本体。凡此种种，是创建评弹团的十八艺人始料未及，也决不愿意看到的。时势所然也！

解军还关注到父亲的人格魅力。父亲的老朋友张如君先生说："唐耿良老师一生洁身自好，规规矩矩说书。"其实父亲不仅是洁身自好，他还时时处处替他人着想，重视亲情、友情和爱情。他与蒋月泉的终身情谊就充分说明了这一点。朋友、弟兄遇到困难，他总是竭尽所能地予以帮助。父亲三兄弟，他独力承担赡养祖父，还不时帮助兄弟。书中还披露了父亲安排、动员曹汉昌、吴子安等老艺术家到上海人民广播电台录制苏州评话《岳传》、《隋唐》的细节，留下了宝贵的传统评话资料。曹汉昌到上海来录音时，父亲还把他接到家中住宿数月，提供一切方便。

父亲做的另一件大事，就是历经十数年撰写回忆录——《别梦依稀：我的评弹生涯》。他曾经说："我个人在那特殊时空的经历，或许就是我们这一代评弹艺人的缩影。把记忆变成文字，留给那些热爱评弹艺术的听众，留给我的亲人、朋友和后代，这是我的责任，也是退休后寓居海外的我力所能及的。"父亲的传记出版后，好评如潮。已故著名弹词演员、原上海评弹团团长张振华先生说："书里面反映的事情很真实，没有虚伪，没有矫揉造作，举个典型的例子来说，从学说书到建立评弹团，这些想法都是非常真实。自己作为评弹演员中的一员，看起来更加亲切。"父亲自撰的回忆录为评弹史留下了大量珍贵的资料，这一方面为解军撰写这本传记提供了极大方便，另一方面也使他写作的空间不多了。这使他在接受任务时颇费踌躇。我对他说，你自有你的优势：一、你博士研究的课题是评话，这是任何人没有的优势。任何的历史研究最终还是要落实到对人的研究，苏州评话亦然。二、把握了苏州评话兴衰起伏的历史变迁，你在撰写我父亲传记时一定能够将之放在长时段中加以考量，可以避免就事论事。只要你坚持实事求是的客观立场，下功夫收集资料，用历史学的"他者"眼光来写，一定能与父亲的《别梦依稀：我的评弹生涯》相得益彰的。

父亲的《三国》表达的是美德，刘备的仁，诸葛亮的智，关云长的义。《上海书坛》1950年9月26日载范烟桥语："我的同事许嘉祥先生说，唐耿良的'古城相会'，描写关羽恰到好处，见得他是擅长忠义一路的，所谓正派作用。"父亲说《三国》，他的一生，实践的正是忠孝仁爱和正派。解军也是孝义人也。他在上海师大就读期间心无旁骛地投身学术，严以律己，宽以待人，团结同学，尊敬师长，是公认的好学生。毕业时他为了年迈的父母，放弃到苏州工作的机会，义无反顾地回到苏北淮安。以孝义人写我父亲，自然就多了一份理解。是为序。

2017年1月19日

目录

引 子

他,少小家贫,辍学习艺,
青年进军上海,一举成名。
他的评话《三国》享誉江南,
是七煞档、四响档成员之一。
他是建立上海评弹团的主心骨,[①]
积极编演新书为新时代鼓与呼。
"文革"中他的身心受尽了磨难,
然而在新时期仍带病为评弹工作。

他恪守人伦,尊敬师长,
他待人诚恳,以心相交,
他孝于父亲,友于兄弟,
他忠于爱情,鳏居卅载,
他教子有方,外严内慈。

他,就是本书传主——唐耿良

---

① 语出已故弹词名家王柏荫先生,参见唐力行主编:《别梦依稀:说书人唐耿良纪念文集》,商务印书馆2015年版,第81—83页。弹词名家陈希安先生亦有此语。

第一章

从来凤志小开局

民国十年（1921）春，孙中山先生痛感于国事依旧飘零，在广州成立中华民国军政府，决心以武力赶走北洋军阀，重新统一中国；7月，中国共产党在上海宣告成立，决定发动工人阶级，推翻资产阶级政权。然而，这样的历史大事件，也只有在过了若干年，当人们有机会回过头来重新审视，才会体味到其意义之重大，传统社会终究还是循着自己的发展脉搏踽踽前行。曾经绝代繁华的苏州，正是这样典型的传统社会，我们不妨从日本大正时代著名小说家芥川龙之介的《中国游记》出发，去看一看民国十年的苏州社会。

（苏州）狭小街道的左右两边——说实在的，最初的几分钟根本没有看见有什么。但是最初几分钟过去之后，便发现有几家裱糊店和珠宝店。裱糊店里摆着多幅字画，有山水，有花鸟，有的正在装裱。珠宝店里则有翡翠、玉器等等，与金银首饰一起闪闪发光。这都让我产生一种姑苏独有的优美心境。如果不是在驴背上跳跃，我想此等优美心境，一定会令人更加欣喜。事实上有一次，我想瞧一眼挂在刺绣店墙壁上的红布缝制的牡丹啦麒麟之类，差点儿与一个拉胡琴的盲艺人撞个满怀……

看完北寺塔之后，我们去了玄妙观。玄妙观在刚才经过的地方，那儿有好几家珠宝行，大马路往里拐进去一点儿。观前的广场上摆有许多摊店，与上海的城隍庙是一样的。有卖面条的，卖馒头的，也有卖甘蔗、地栗的。在这些食品摊店之间，也夹杂着几个卖玩具、杂货的摊店。不用说，人非常多。但与上海不同的是，在这熙熙攘攘的行人之中，几乎看不见穿西装的。不仅如此，也许是因为场地太大的缘故吧，这里不如上海那样热闹。尽管地摊上同样摆着时髦富丽的袜子，开了水的锅里同样冒出韭菜的香气。唉，你看还有两三个年轻女人，头发梳得油光锃亮，还故意把罩着黄绿色和淡紫色衣服的屁股，一扭一扭地走路。可仍旧给人一种土里土气的寂寥感……

　　来到孔庙的时候，已是薄暮时分。当我骑着早已困乏的驴子，来到石板路缝隙间长着青草的庙前马路上时，只见瑞光寺淡白色的废塔，出现在业已人声寂寥的路边桑田上空。看得见塔的每一层都攀爬着茑萝，长满了杂草。这一带颇为多见的喜鹊，在空中飞来飞去。说实在的，此时此刻，我产生了一种既有些许伤感，又有些许欣喜的心情，真想用"苍茫万古意"来形容……

　　客人：你觉得苏州怎么样？

　　主人：苏州是个好地方啊。照我看来，是江南第一。那里还未像西湖那样沾染上美国佬的气息。仅此一点，就令人觉得难能可贵……

　　客人：寒山寺、虎丘、宝带桥，都没意思，那还剩下什么地方呢？

　　主人：那些地方的确没意思。但苏州却并非无聊之地。说到苏州，首先是水，像威尼斯似的……

　　我们不厌其烦地将小说家笔下的苏州摘录下来，就是想让读者们对将近一个世纪之前的苏州社会有一个感性的认识：这里有洋人来此旅游，这里的市镇"广场上摆有许多摊店"，自然也有"拉胡琴的盲艺人"；这里的百姓虽然也开始趋附那些"时髦富丽的袜子"，但"还未像西湖那样沾染上美国佬的气息"，他们的着装"几乎看不见穿西装的"，他们的行为举止仍是"土里土气的"……即便是在急遽变化的大时代背景下，苏州大多数人仍然坚守着乡土本色——慢的生活节奏。但这样的慢绝不是停滞不前，而是一种延续传统、调适现代的灵动的悠游。这，正是苏州人骨子里的刚柔相济。

　　苏州城郭，吴门烟水，星罗棋布着虎丘、天平、灵岩、穹窿等低山丘陵，也坐拥四分之三的太湖水域面积。可以说，苏州人刚柔相济的秉性既源自山的沉稳，又得益于水的灵动，甚至不乏苏州评弹（以下简称评弹）数百年的日常熏染。评弹，是苏州评话（简称评话）和苏州弹词（简称弹词）两个曲种的合称，以吴地方言为特色的一门说书艺术。当代诗人车前子说过：评话是战场，弹词是情场；但战场上有春梦，情场上有斗志。所以评弹正是所谓阴差阳错、刚柔相济——而典型的苏州人恰恰就是这样。评话犹如历史社会的个人注解，难免大材小用；弹词则是人情世故的公共关系，仿佛大鱼吃小鱼。游刃有余，评话话到云深处；得意忘形，弹词弹出数峰青。在四百余年的发展过程中，评弹艺人"背包囊、走官塘"，深入江南市镇乡间，说唱着金戈铁马、才子佳人的故事，伴随着潺潺流水声，叮咚而悠扬的评弹声走进了苏州人的心扉，影响并塑造着江南人的性情。本书传主——唐耿良就出生在这座汩汩流泉的评弹之城。

追溯唐家的历史，大概要从苏州著名的桃花坞说起。桃花坞是明代著名画家、文学家唐寅的隐居所在，而坊间多有传闻唐家就是唐寅的后代。但毕竟年代久远，我们不能据此判断唐耿良家就是唐寅的后代，这段历史也只能成为"民间传说"了，我们只能透过唐耿良晚年撰写的《别梦依稀——我的评弹生涯》一书，略知唐家的过去。

唐阿泉（唐耿良之父）出生于苏州河沿街小石灰桥旁一家开着名叫"同安居"茶馆的家庭。父母晚年得子，自然倍加宠爱儿子，娇生惯养之下难免放纵任性。曾有一日清晨，母亲让茶馆堂倌去邻近的面馆买来一碗焖肉汤面给阿泉吃，怎奈他见到堂倌端面碗的时候一只大拇指浸在汤里了，阿泉当即嫌脏不愿吃早饭，母亲只得花钱再另外买点心。随着时光慢慢流逝，小阿泉逐渐长大，是时候找工作谋生了。父亲怕阿泉受不了去别人家当学徒打临工的苦，又觉得学说书不用受老板和师父的气，学成之后到处说书也比较自由，倘若吃点苦、用点心，成为响档赚更多的钱不是没有希望的。阿泉自身也比较喜欢评弹，常常孵在茶馆里，聆听那动人的吴侬软语说唱出的经典故事。于是，父亲决定让阿泉拜师学艺。

唐家为了阿泉的学说书，凑了一笔钱，还找来中间人从中说和。拜的先生是红极一时的响档名家赵筱卿先生（1880—1920）。赵先生评弹世家出身，祖父是"后四家"之一的赵湘洲、父亲赵鹤卿亦是弹词名家。光绪二十一年（1895）在光裕社出道时，赵筱卿开始说《描金凤》《玉蜻龙》，俨然已是卓然成家。赵先生说书刚柔相济、老练精到，尤擅各地乡谈，如汪宣之徽白、董武昌之山西话等。先生有徒朱耀奎（后改名为朱耀祥）、程鸿奎、杜文奎、杨斌奎等。阿泉拜过先生，按齿序当属"奎"字辈，先生给其取名唐月奎，从此阿泉就改称月奎了。根据约定，月奎学说书期间伙食自理，一

唐耿良全家与父
亲唐月奎（中坐
者）合影

切零用开支也都由自家承担，每日只是跟着先生到书场听书。等到能上台自己说书时，所赚到的收入也全部归月奎自己所有；倘使学不会，拜师金是不退的。就这样，唐月奎开始了他的学书生涯。

事非经历不知难。过去学说书，主要靠每天跟随先生走码头、跑书场，清晨练嗓、白天听书、晚上默诵，全身心投入才能有所收获。月奎因为家里生活殷实，经济上没有负担和压力，学艺方面难免会有几许懈怠。转眼间，三年学艺时间已到。经人安排，月奎被介绍到苏州一家小书场登台破口说书了。

月奎师事赵筱卿三年,说书的基本技巧和能力聊备大观,但是缺少书台演出经验,上了书台就忘了该说的内容,"茶壶里的汤圆——倒不出"。第一次说书的月奎一案一扇,一袭灰衫,稚气未脱在台上说了小半个时辰,碰巧在紧要关头忘了一句唱词,若是有经验的艺人,临时编一句也就能救场,但月奎毕竟是第一次登台,只得不断弹奏三弦过门,脸涨得通红,尴尬紧张不言而喻。正在此时,听客中有刻薄之人骂开了:"牙钳也没有撬开,活现世,就想上台骗铜钿,下来吧!"自出生到现在,从未受到过如此的当面羞辱,年少气盛的月奎撒手就将三弦砸向那位听客,并且还跳下书台把那人一把揪住就要动手,幸得书场老板和其他听客们拉开。就这样,被"轰"下台的月奎只能捡起被掷坏了的三弦,垂头丧气离开书场回家。初次上台便受如此挫折和冷遇,月奎再也没有勇气重回书场,此事传到茶会上,同道们都称他为"说书阿泉"。虽然月奎不再上台说书了,却始终眷恋着他深深喜爱的评弹艺术,一俟空闲就去茶会吃茶,与艺人们广交朋友;手头没活的时候,也会踱进书场,泡上一壶茶,欣赏自己心爱的评弹。一来二去,时间久了,月奎在同道中有了一些名声,他乐于帮助书场老板介绍名艺人来此演出,也时常给艺人提供一些

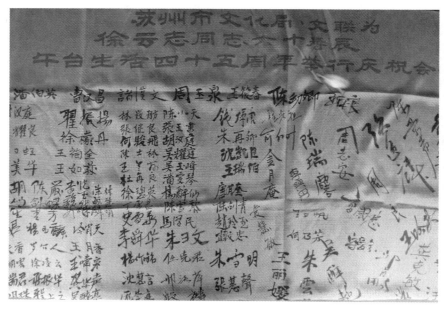

徐云志六十寿辰暨书台生活四十五周年庆祝活动签名留念(内有唐月奎签名)

力所能及的帮助。1920年代末，光裕社为庆祝三皇①诞辰，有评弹艺人在光裕公所演出书戏《白蛇传》中一折，唐月奎应邀参加演出，饰演金母娘娘，其他演员还有朱耀笙（饰白娘娘）、夏小莲（饰许仙）、王晓峰（饰小青）。

没过多久，辛劳一辈子的父母先后去世，月奎也从此结束了饭来张口、衣来伸手的小开生活，"同安居"茶馆也因不善经营，盘卖给别人了。遭逢此刻家庭剧变，面对嗷嗷待哺的三个孩子，月奎不得不挑起家庭生活的重担，打零工、做手艺，什么赚钱就干什么。即便如此，月奎也从未忘记时常带着孩子们去听书。唐耿良后来回忆，自己从六岁开始便随父亲去书场听书。台上唱的什么，唐耿良一句也听不懂，只想溜到街上去白相，父亲把他拉住，眼睛对他一瞪。不能走，唐耿良就弄台子上的茶杯，茶杯打翻了，茶水淌湿了父亲的衣服，堂倌只好马上用抹布来揩干。见唐耿良不安定，父亲一招手，一个手托藤笸的小贩过来了，藤笸里尽是好吃的零食：腌金花菜、黄莲头、甘草梅子、慈菇片、花生米，还有五香豆。月奎掏出一个铜板给小贩，指指五香豆。那小贩先拿了一张方方的白纸铺在台上，抄了两调羹的五香豆，拿起小瓶子使劲地撒上不少甘草末子。父亲对唐耿良呶呶嘴，他拿起一粒豆放入嘴里，只觉得甜津津、咸溜溜、香喷喷，软硬适度，耐得咬嚼，这才规矩下来。此后一有机会，唐耿良就要跟着父亲去书场，"醉翁之意不在酒，在乎书场五香豆也。"书场去多了，耳濡目染，弹词的唱词虽然还听不懂，评话《水浒》《三国》这类的书却渐渐听懂了。唐耿良不但爱听而且还能模仿，邻居们喜欢逗他把听的书说给他们听，穷乡邻买不起书筹去听原版评话，就听听唐耿良的"二手书"过把瘾。唐耿良的模仿能力强，"二手书"很受邻居们欢迎。

天有不测风云。就在唐耿良读到高小五年级时，母亲杨菊英因长期操劳过度，营养不良，缺乏休息，突然脑溢血倒下。焦急中的月奎请来著名中医李畴人（1900—1951），李先生开出了名贵中药羚羊角粉等，可是药石无灵。无奈之下，月奎又请来巫婆焚香祈祷、默默通神。然而，这一切努力都无济于事，病人开始眼睛赤红、面孔升火，嘴唇焦裂。月奎领着三个未成年的孩子来到杨菊英病榻前，可此时的病人已不能开口说话，唯有泪流满面。等到母亲淌

① 三皇为旧时光裕社（光裕公所）供奉的说书行业的祖师。

唐耿良（左二）重返善耕小学留影

尽最后一滴慈心泪，便撒手人寰了。屋内顿时哭成一片，三个孩子知道从此失去了母爱，月奎也知道自己身上的担子更重了，真是雪上加霜愁上愁。这一年，唐耿良十岁。

早年唐耿良的外婆曾分给杨菊英一处位于双荷花池一号一所70平方的房子，外婆去世后，曾将此房押了50元料理丧事。此次杨菊英去世，又是家徒四壁的清寒，没有钱给杨菊英置办寿材，只得再去请求押主增加50元押款才得以料理后事。屋漏偏逢连夜雨。不久，唐耿良所在的善耕小学通知学生家长，要交6元给孩子做一套校服，负债累累的月奎哪能拿得出6元钱？当同学们身着新校服上学的时候，唐耿良的身上只能是破破烂烂，精神上的双重打击让这位十岁的孩童身心俱疲，终于病倒辍学了。

静卧养病之际，唐耿良发现家中一张橱柜抽屉底部有一个小蓝花布包，层层解开来，却是雪白铮亮的三块银洋钿，母亲调丝挣下来的这些私房钱，是她预留给唐耿良学生意时添置铺盖的备用款。睹物思人，唐耿良每每想起夜半时分醒来时听到母亲"角落落"的调丝声：母亲除日常操持家务外，还要揽一点手工活挣点钱贴补家用。她做的手工活叫作调丝，就是把三根竹竿插在三块方砖中的洞眼里固定，把一绞丝套在竹竿上，另外一头是一个木框架中间穿一根细木棍，一只轴头套在木棍上，一头用绳子一拉，轴头转动，一绞丝上的一根丝通过钩子，三个指头捏住，拉动绳子转动轴头，把粘在丝线上的丝毛剥除，丝就绕在轴头上了。唐耿良回忆，母亲清晨起来、晚饭过后，一有空就坐下调丝。一个月下来可以挣两三块银元。唐耿良对母亲的感情非常深，多年之后，已经以说书成名、过上小康生活的唐耿良还不时会想起母亲操持家庭什计的极尽艰辛，并为自己不能孝养母亲而遗憾终身！

第二章

父事唐师学三国

家计贫　年纪小

学说书　心思巧

　　唐耿良生于1921年1月30日。小时读书很有天分，初级小学四年级毕业时还考了第三名，升高小时他报考了位于谢衙前的善耕高级小学，当时五年级只招六个名额，唐耿良考了第二名。父亲月奎得知消息后非常开心，竟哼起了《珍珠塔》里一句唱词："你小小的功名我大大的喜。"母亲自然也是乐开了怀。小唐耿良还擅长模仿，什么好玩就学什么，有一次路上见到教会神甫，唐耿良跟着神甫后面用英语大喊：You is duck, You is duck...，有腔有调，后来唐耿良将此事讲给江文兰和彭本乐听，江笑他说："唐老师啊，没想到你七岁的时候就参加反帝革命了啊。"[①] 聪慧异常的孩子因为母亲的离世、家庭的入不敷出而失学，在当时只有十岁的唐耿良看来，前途一片迷茫。"我该怎么办？"成了他郁结心底的头等大事。

　　养病期间，唐耿良百无聊赖去书场听书，正巧北新苑开书场，书场老板是月奎的老朋友，有了这层关系，唐耿良得以进书场听白书。每次一入书场，唐耿良就被艺人们精彩绝伦、舌绽莲花的说唱深深吸引，评话艺人的一个手面、一个爆头，更让他如痴如醉。那段时间里，唐耿良聆听了不少评话名家的长篇书目，对于评话的基本形式有了更深的了解。尤其是那些说书先生往往极受礼遇，报酬更是丰厚优渥，说完书吃上一客生煎馒头，然后揩一把面，拎了签子走出书场该是多么幸福的事呀！唐耿良不动声色看在眼里，心中却琢磨着要学说书的事了。

　　回到家，唐耿良将要学说书的想法告知了父亲，父亲说："我学说书连台都上不了，你去学能行吗？当初你母亲反对你去学说书，就是怕你和我一样学不出山，到头来就怕连肚子都填不饱，三年可以出一个状元，但三年不一定冒得出一个响档。"唐耿良属意说书的念头由来已久，早在善耕

---

① 笔者采访彭本乐，2013年10月10日。

小学读书时，就每天到都亭桥德仙楼书场听半个钟头的白书才回家。后来母亲对于唐耿良想学说书的打算严厉拒绝了，因为当年唐月奎学说书一败涂地，赔了拜师金不说，还耽误了三年时间，浪费了学其他一技之长的机会，由此而致唐家时运不济。但是，穷则变，变则通，家境清寒已经让唐耿良不得不再次拾起说书的愿望，因为这是他唯一想到能帮助家庭渡过难关的方法。穷人的孩子早当家，唐耿良对父亲说："你从前学说书因为家庭条件好，没有负担，恐怕也未曾尽全力。我现在知道家里的困境，会用心去学的，学会了就可以赚钱养你呀。"父亲觉得唐耿良说得有道理，便点头同意了。唐耿良后来的同事张振华认为，"唐耿良的这句话说得非常中肯和真实，一个十二三岁的小孩能说出这样一句话，说明少小时代的唐耿良就善于动脑筋去打动别人。"

但学说书何其难啊！首先拜先生得准备一笔拜师金，按照当时的行情，单单这一笔开支就得花销100块银元，再加上请一席酒要6块，给师母的盘礼3块，介绍人的荐送费2块，此外还有跟先生出码头的路费、饭钱等不一而足，这些加在一起，对于一个连6块钱的校服费都出不起的家庭无疑是一笔巨资！怎么办？唐家决定，还是从房子上动脑筋，唐月奎去要求押主再增加100块，每月付4元利息，后来又找了保人，押主才同意支付。

有了拜师金，去拜谁为师呢？算是唐耿良运气好，当时唐月奎的好友、弹词演员潘莲艇刚好自沪上来苏州，月奎请他为唐耿良出主意。潘打量了唐耿良一下，就说："学评话，收入归个人独吞。学弹词要拼双档，不但要拆账，又难免有气恼，终归要拆档。"又说："要学就学《三国》，有骨子，耐得起复听。"问到拜谁为师，潘说："说《三国》有两位响档，黄兆麟角色好，但长住上海不出码头。还有就是唐再良，他说功好，为人正派厚道，最近正好在码头上，是学书的好机会。我和他有交情，跟他求个人情，他会答应的。"潘莲艇古道热肠，脚赶脚就去找唐再良谈，老先生欣然同意，并且体会到唐月奎的难处，决定拜师金只收40块，而且只要先付一半，剩下的等唐耿良学会说书之后赚了钱再拨清，这叫"树上开花"。此外，师母的盘礼免了，拜师酒和荐送费也都免了。为此，唐月奎和唐耿良二人都非常感激唐再良

潘莲艇

唐再良等评弹老艺人捐献大会书时合影

许文安

先生和潘莲艇先生，唐耿良更是一生对唐、潘执子侄礼甚恭。

唐再良（1887—1953），著名评话演员，为清末响档许文安的大弟子，代表书目为长篇评话《三国》。唐再良早年对《三国演义》小说有精深的研读，熟悉三国时代的政治、军事斗争状况，故而说书虽以平说为主，但能娓娓道来、绘声绘色，尤其擅长刻画刘备的雍容大度，故有"活刘备"之称，此外也能将鲁肃细致入微般描摹出来。这里有必要介绍一下评话《三国》这部书的历史。根据唐耿良《我说评话〈三国〉的杂感》记载：

现在所知最早演说评话《三国》的是陈汉章。一传其子陈鲁卿，再传至同光年间的朱春华。朱书艺高超，未授徒而英年早逝，致使苏州光裕社说《三国》的艺人断档。弹词艺人许文安觉得《三国》失传太可惜了,一次他路经玄妙观三清殿后,听到一位露天说书人在说《三国》,此人是朱春华生前说书时去书场偷学得来的,可谓朱的私淑弟子。许文安当即萌生一个想法,放弃弹词《描金凤》,每天去露天书场偷学《三国》,成为朱春华再传的私淑弟子。光裕社是高台说书,露天说书是平台说书,高台说书不能拜平台说书为师,许文安就在光裕社公所里,向朱春华的牌位磕头拜师,改行说起了《三国》。由于许文安说功细腻,对朱春华的本子有所发展,成为说《三国》的"响档"。清末民初许文安又收了不少徒弟,其中最著名的是黄兆麟,他起角色有造诣,气魄很大,还有就是唐再良,他说表亲切娓娓动听。这两位说《三国》的"响档"又收了不少徒弟,繁衍了不少人才,使评话《三国》呈现兴旺局面。

长篇评话《三国》分为"前三国"、"后三国"两部分。"前三国"一般从曹操赠马开始,至曹操兵败赤壁止,主要演说赠马、过五关斩六将、古城会、三顾茅庐、火烧博望坡、火烧新野、三搜卧龙岗、长坂坡、东吴十条计、赤壁之战、三气周瑜等三国故事,千人千面、细致入微地刻画了刘备、诸葛亮、关羽、张飞、赵云、曹操、周瑜、鲁肃等人的性格特征。因《三国》内容丰富,情节生动,人物形象鲜明,在评话书目中被誉为"大王"。当代评话名家沈东山先生在一次接受访谈时,说他曾经听唐再良老夫子告诉过他,许文安原来是说弹词《描金凤》的。书说得很好,生意也不错。有一次许文安碰到一位说扬州评话的艺人,正在兜售自己的扬州评话脚本,主要内容是从赠袍赠马说起,到刘备兵败当阳止,很是精彩,大概约有三十多万字。许文安爱不释手,决定分期付款买下此书。回家后,许文安便认真研读起来,经过不断练习,达到一定火候了,他便改说评话《三国》了,果然在码头上演出时,《三国》的生意要超出《描金凤》。此后,许文安又根据史书和小说,编了东吴十计、赤壁之战、三气周瑜等回目,逐渐形成了前《三国》。[①] 前辈说书艺人,其竭心尽力,苦心孤诣,诚足以为今人

---

① 笔者采访沈东山,2013年10月23日。

所诫之勉之。

话头再转回唐耿良拜师上。民国二十二年(1933)农历九月初九，唐月奎、唐耿良父子二人随潘莲艇来到苏州城内学士街梵门桥弄唐再良的寓所。拜师仪式在唐再良家正大厅举行，案台上点了两根香烛，地上铺着红毡毯。只见大厅中间坐着一位"短平头，脸庞丰满，胖墩墩的身材，戴一副玳瑁边眼睛，形象很端庄，不像一般说书艺人那样有一种跑码头的江湖气"的老人家，唐耿良心想此人便是先生了。唐耿良忙跪地向先生恭恭敬敬叩了四个响头，呈上帖子，腼腆而拘谨地叫了声"先生、师母"。先生笑嘻嘻地将唐耿良扶起，嘱咐道："你回去之后再买一部《三国演义》，本月十三上午九点半我们在平门火车站碰头，你随我一道去昆山，我要在那里说书，你只管跟着听。"坐在一旁的师母紧接着说："你们去昆山的那天，我刚好要回上海，先生年纪大了，你要替我好好服侍先生。"唐耿良连连点头："师母放心，我一定照顾好先生。"话虽如此，但先生的脾气如何，生活习惯如何，今后要怎样才能讨得先生欢喜呢？唐耿良心里头一概不知，惴惴不安，也只好先不去管他。

行礼如仪过后，唐耿良便随父亲去旧书店花了7角钱买了一部《三国演义》，又到旧货摊上买了一块红木的醒木（这块醒木唐耿良使用了五十年，后来捐赠给了中国苏州评弹博物馆）。回到家的唐耿良兴奋异常，跟师学艺的生涯即将开始，梦寐已久的学习说书的夙愿终于达成，这一夜他失眠了！十二岁的唐耿良心中明白：自己一定要珍惜这难得的机会，苦练基本功，博采众家之长，唯其如此才有出人头地、养家糊口的可能。

九月十三日上午，唐月奎扛着铺盖卷、唐耿良手提藤皮手提箱，步行来到火车站与先生碰头，寒暄一番之后唐耿良便随先生登上去昆山的火车，从此开始了他的学徒生涯和评话人生。随着火车的缓缓驶动，月台上不停挥手的父亲的身影渐行渐远，直至消失在唐耿良的视线中，此时他的眼睛湿润了。十二年来，唐耿良从未离开过父母，更没有离开过苏州，在母亲去世后的两年里，耿良兄弟三人更是与父亲相依为命。父亲为了满足唐耿良说书的愿望，不惜倾家荡产，负债累累，这无言的压力让唐耿良深知要付出比常人更多的艰辛去听书、学艺。先生见唐耿良满目萧然，伤怀不已，不禁心戚戚然，只是嘱咐他不要难过，以后好好学艺，不能忘记父亲的含辛茹苦。唐耿良擦干泪眼，收束心神，慢慢与先生攀谈起来。

二人正说话间，列车已经缓缓驶入昆山车站。唐耿良跳下火车，将二人行李摆定，又搀扶着先生走下火车。早已在此等候的老同春书场老板张阿荣看到唐再良已经出站，连忙带着堂倌跑步迎上来。

张阿荣："唐先生您好。感谢您拨冗光临敝书场，真是蓬荜生辉啊！"

唐再良："张老板客气了，怎么还亲自到车站来接？"

张阿荣："应该的，应该的。这位是……？"

唐再良："不久前我刚收的徒弟。"

唐耿良："张老板好。"

张阿荣："小先生好。欢迎欢迎。"

过去书场老板间流传"宁愿得罪爹娘，不肯得罪先生"，所以场方对待名气响的说书人态度非常好，去车站接先生是正常不过的了。响档名家在书场说书期间，住的环境好、吃的饮食好，剪书的时候场方还会再请一顿大餐。而对于那些说书蹩脚的艺人，大多数的场方待情则是两样了，社会人情冷暖可见一斑。唐耿良第一次听到别人叫他"小先生"，倒有点难为情起来。双方客客气气寒暄一通之后，师徒二人便坐上黄包车直往西街的书场而去。

到了书场，师徒二人被安排在书场内书台右侧的一间房间里。屋里陈设比较简单，也就只有一张大床、一张小床，靠窗是一张方台和两只凳子，响档犹是如此，普通说书人的日常生活可以想见。唐再良走码头的经验足，不一会就麻利地整理好自己的铺盖和被褥、挂起了蚊帐，唐耿良虽行李没有先生的多，动作却没有先生迅速。过了一些辰光，老板娘叫他们去吃饭。今天是刚来的第一天，场方特意准备了丰盛的接风菜肴：油爆虾、红烧鲫鱼、一只白燉蹄膀，这是讨口彩"掘藏"，意在祈愿这档生意能红红火火。吃完之后，按理说唐再良刚到昆山，应该去拜望一下早来的同道。就在唐再良来此说书的同时，畅乐园是谢乐天、陈筱天的《玉蜻蜓》，息园则是醉霓裳、醉疑仙的《双珠凤》。当时，谢乐天是女档中颇有声望的艺人，醉疑仙则是当时书坛上首屈一指的大美人。但是，作为行会组织的光裕社有规定，不能和女档相往来，1906年《光裕公所改良章程》中规定"凡同业而与女档为伍，抑传授女徒，私行经手生意，察出议罚。"此后的《光裕说书研究社敬告各界书》中云："凡吾社员，不能收授女徒及拼档女档。"基于此考虑，唐再良并没有去拜客，而是不相往来。

用餐后，唐再良稍事休息，便即起身洗脸、刮胡子，换好袍子坐在床沿闭目酝酿书情。开书的时间到了，唐再良上台一瞥，果然客满，大约有两百客左右，心中暗暗自得，毕竟能与两对有名的女档做敌档还不至于漂掉，可见唐再良在码头上号召力。唐耿良照规矩只能坐在房门口听先生说书，只见先生坐在台上，台风端正大方，正是响档风范。那时候码头上没有扩音设备，全靠艺人的丹田劲，才能将声音送到每位听客耳中。唐耿良回忆，先生那次是从"相堂发令"开书，他描述曹操的雄才大略而又奸诈，刻画徐庶终身不为曹操设一谋，曹操设陷阱诱徐庶中计，徐总能履险为夷。头一次听先生说书，唐耿良入了神，一个半小时很快过去，他竟忘了时间，因为这样的好书是他过去从未听到过的，心想拜师拜对了人。这天夜场是从"智激周瑜"开书，居然也有几十个听客捧场。

晚上临睡觉时，先生对唐耿良说，"第一遍你先听一条路，熟悉一下故事，听第二遍我就要你排书（回课）了。你睡上床时先想一想听过书的情节，早晨醒来，不急于起床，再想一遍书路情节，这样可以加深记忆"。先生还要唐耿良早晨到荒野去吊嗓子，吊什么，怎么吊，他都作了交代。第二天醒来，唐耿良发现先生已经出去了，自己赶紧起床打扫房间，然后从后门出去找到一块荒地，按照先生的交代用尽丹田气喊"嗨——伊——喔——"。喊累了、喊饿了，便转身回去。这时老师从外面回来了，叫唐耿良去买一本一百页的账簿回来，开始唐耿良还不知道这是要干什么。等买回账簿之后，先生取出毛笔在上面恭恭敬敬地写了两个大字——赋赞，又从自己的箱子里取出一个本子叫唐耿良抄写脚本，随后先生郑重地对唐耿良说："脚本是前辈和我的心血，不要随便给别人看，更不要弄丢了。以后再一一背熟，熟得不加思索脱口而出，上台就不会吃螺蛳了。"后来一位与唐耿良年龄相仿的同行说过，他当初花了100元拜师金，请了两席酒，给师母送了礼，可老师就是不给他抄脚本。旧社会流行"教会徒弟，饿煞师父"，"江湖一点诀，莫对妻儿说，若对妻儿说，饭饭没得吃"的说法，唐耿良庆幸自己遇到了好老师，跟师第二天就能得到先生的脚本，这在评弹界是少有的。这个写有唐再良"赋赞"二字的账簿在"文革"中被抄家烧毁了，实在是可惜！

唐再良在昆山演出了50天，下脚去常熟的湖园书场。常熟说书结束后，师徒二人回苏州过年。春节期间唐耿良又随先生去无锡迎园，夜场则在北门悦新书场，都是从"相堂发令"开书。年二档又到常熟南门外的长兴书场。至此，唐耿良已经随先生听了五遍书。他听书、默书、抄书都很用功，老师也很喜欢他。刚开始时，唐耿良将先生一个半小时的书说到半小时就结束了，先生没有责怪他，而是又一遍一遍给他讲授书的内容。等到了第五遍跟师听书后，唐耿良的学艺大有长进。到了四月下旬的一天，先生突然将唐耿良叫到房间对他说："五月初一要回上海，端午节在上海开书，上海开销大，你父亲负担不起。好歹你已经听五遍了，可以接些小码头去演出。以后你再想听书，等我出码头时仍可以来听。按照我们说书业的行规，入了我的门下，就要按照我们的辈分重新起名，你以后就叫唐耿良吧（原来名字叫唐春泉）。你要记住，认认真真说书，规规矩矩做人，希望将来也能成个响档。"过去别人学说书一般都要三年，而唐耿良跟师满打满算才七个半月就离开先生了，这主要是因为家里实在穷困不堪，容不得他多跟先生游学。唐耿良只得含泪向先生告别。也因为囊中羞涩，无法宴请光裕社中前辈，直到1947年正月二十四日，唐耿良才在上海补办了出道的手续。

离开先生后，唐耿良始终牢记先生教诲——认认真真说书，规规矩矩做人。对于前者，通过其他篇章，读者应该能够感受到唐耿良是一位视说书如性命的艺人。对于后者，熟悉唐耿良的人都知道他同时也是一位正派的人。范烟桥曾在《上海书坛》发文说："我的同事许嘉祥先生说，唐耿良的'古城相会'，描写关羽恰到好处，见得他是擅长忠义一路的，所谓正派作用。"

第三章

少小登台初出道

告别了先生，唐耿良于民国二十三年（1934）农历五月初一乘轮船从有着江南第一书码头之称的常熟返回苏州。亲人久别重逢，倍加欣喜。可是当唐耿良将先生"可以接些小码头去演出"的话告诉父亲后，父亲却摇摇头，唐耿良问父亲这是为哪般？父亲说："现在正是五荒六月，会说书的人还接不到码头，何况是你刚出道的道童，行话说'菜花黄，说书像蚂蟥；菊花黄，说书变大王。'现在是农忙季节，乡村书场都歇业了，要到秋天才会重新开张，等到秋凉再说吧。"唐耿良一听，这可如何是好？"现在才五月，要等到九月，中间隔掉四个月，我刚刚背熟的书不要全部忘光的啊？"为了使自己不至于荒疏书艺，无奈的唐耿良只能每天坚持认认真真对着墙壁说书，就这样反反复复、一遍一遍地说。后来邻居们知道唐耿良学说书回来了，又没有书场去说书，就邀约唐耿良为他们说书，以排遣他们纳凉时的无聊。虽然这些都是不买票的"听客"，唐耿良却有板有眼、有模有样，半桌、凳子、醒木、扇子一应俱全，说的书也是跟先生一样，从"相堂发令"开书。说书人说得卖力，听书人也听得有劲。下得台来，乡邻们有提意见的，有夸赞这么小就能说得如此之好，将来一定会红出来的。

终于熬到了秋天。父亲到茶会上托人帮忙联系书场，总算让唐耿良接到了一家——苏州郊区外垮塘的一家茶馆。这里原来聘请的艺人是屠再高，因为屠又接到了更好的书场，便放弃了这儿。唐月奎得知情况后，赶忙给屠写信，请他举荐唐耿良去代他说书。诸事底定，在那一年的九月十三日，唐耿良随父亲从娄门外轮船码头乘船去外垮塘。在船上唐耿良思绪万千：一年前也是父亲送他到车站跟随先生赴昆山学艺，一年后的今天父亲送他去外垮塘"破口"说书。家中的积贫，亟待他能在书台上立起来。同时，唐耿良也在心中犯难，"因为这不是老板请我去的，而是屠再高失约之后'委'我去的。老板完全有理由拒绝接受我，让我打回票。"为了确保万无一失，唐耿良在船上一方面默背书路，另一方面也想好如何与书场老板周旋了。

船到码头，进得书场，父亲将屠再高的信转交给书场老板，老板不愉快的神情跃然眉头，但一时又请不到其他说书先生，并且眼前的二人已经将行李包裹都带来了，只得同意。午饭过后，唐月奎起身告辞回苏州，老板顿时讶然失色，他原本以为屠再高"委"的是唐月奎说书，没想到却是眼前这位"小先生"。老板急忙问唐耿良："你阿曾说过书？"唐耿良红着脸回答："我说过两只码头。""在啥地方说过？""在常熟乡下。"老板心想，既然在常熟这样的大码头滚过两只书场，书艺应该不会太差，便同意了。唐耿良机智地躲过了一"劫"，如果不作变通，老板是断然不会接受这位根本没有书台经验的道童儿在此说书的。少年唐耿良的圆融，其实也是所有说书人"背包囊、走官塘"的生存哲学。

送走父亲，唐耿良跑进书场对门小酒店的楼上房间里，迅速整理好自己的铺盖卷，然后静静坐在床沿默书，为"破口"进行准备。下午一时半只听楼下堂倌一声吆喝：开——书——哉——。说书时间到了，唐耿良走出房间，来到对面的书场，眼前的场景让唐耿良惊呆了：只见老板一个人坐在炉子边上，书场里空无一人。唐耿良心想：想不到第一次"破口"说书却一个听客也没有，这叫我今后怎么办呢？老板走过来宽慰道：这里地方小，开书前半个钟头，从东往西喊一遍开书哉，听客才会陆续到来，要再过半个小时才开书。你回房间歇歇再来不迟。唐耿良这才放下心来。下午二时整，算是正式开书了，从"相堂发令"开书，日场来了14个听客。夜场从"智激周瑜"开书，反而来了32个听客。散场后老板笑呵呵来交"签子"，似乎对唐耿良的表现很满意。日夜两场共46客，每客12个铜板，依照约定，场方与艺人五五分成，唐耿良得9角2分。唐耿良心底激奋不已，因为这不仅仅证明自己得到了老板和听众的认可，更重要的是从此可以替父亲分担家庭生活的重担了。这一夜，唐耿良又一次失眠了。第二天，听客计有50多位，分得一元多钱；第三天，小小书场早早就坐满了60多位听客，分润自然更多。多年之后唐耿良仍然清楚记得这些数字，既反映他的记忆力惊人，更表现为偶得"巨款"时的兴奋，这种兴奋让他终生难忘。

到了第五天，唐耿良按捺不住内心的激动，决定回去向父亲禀报近况并分享喜悦。他大清早托鱼行里的听客买了一块钱的青背白肚金爪黄毛的阳澄湖大闸蟹，每只足有半斤多，一共七只，用蒲包捆好。散了夜场后，唐耿良便向老板请假，老板拎着灯笼送他到火车站，并嘱咐他别耽误了明天日场开书的时间。等唐耿良从外垮塘回到苏州时，父亲早已睡下，突然听到唐耿良叫门，心想儿子怕是"漂"回来了，忙问"你怎么回来了？"唐耿良将手上的大闸蟹放到桌子上，随后从身上掏出四块多钱交给父亲，"我送大闸蟹来了"。父亲这才转忧为喜。第二天，父亲给唐耿良买了一件卫生绒短衫，还送他乘轮船返回外垮塘说书。唐耿良共在外垮塘说了一个月书，生意总算没有"漂"，心里自然有点沾沾自喜。

当然，刚出道的唐耿良不可能永远如此一帆风顺，要想成名成家，还需要接受社会不断的历练和磨难。有一年"歇夏"时节，有人问唐耿良是否愿意去接一只叫作泗泾的码头？这只码头比外垮塘还要小，而且交通闭塞，一般演员都不愿意去。唐耿良心想，反正已经"荡空"——失业在家，去泗泾说书一来可以锻炼书艺，二来多少可以增加点收入，就欣然接受了。泗泾茶馆书场的老板姓姚，五十多岁，高个长条子削骨脸、瘪嘴、留八字胡须。双方见面客气一通后，唐耿良便准备说书了。第一天日场只有9个听客，唐耿良照旧是从"相堂发令"开书。说得很卖力。夜场有20多个听客，散场后姚老板交给唐耿良一张账单，唐耿良向老板要钱，老板说：这里听书都是欠账，到剪书时再结账。唐耿良心想，怎会有这样的书场？第二天早晨自家的点心钱怎么付呢？姚老板看出唐耿良的忧虑，便说道："你也可以叫他们上账，剪书时一道算。"无奈之下，只好唐耿良欠馄饨店、馄饨店欠书场、书场再欠唐耿良。此外，老板的"待情"也不好，有一次自家吃完甲鱼，竟叫唐耿良喝甲鱼汤。

此外，说书人在码头上演出，还会遇到老板"吃签子"的情况。所谓吃签子，就是书场老板将已经售卖出去的签子又悄悄地拿回来，然后重新再卖出去，自家赚取更多钱，减少艺人收入。艺人们为了不被场方吃签子，学会了在台上"数人头"的本领，但也时常会闹出笑话。曹莉茵曾在其《吃签子、数人头》的文章中回忆，有一年她和丈夫出码头演出，拜客的时候听两位老前辈介绍，某某书场的老板有吃签子的习惯，下手老前辈说："格个老板哦，俚是吃签子个老祖宗哉，我怕俚吃呀，坐勒台浪一经勒浪数呀数，上手挥钩子过来，问我：啊——，小姐，今年几岁了？我朝对仔俚：176个。"

全场哄堂大笑。这多少说明过去一些不正当的老板对艺人的克扣。相比克扣签子，唐耿良遇到的则是账款收不齐的情况。好不容易熬到剪书，唐耿良还清了馄饨店的点心钱，但算下来书场姚老板还欠他两元五角钱没有付。唐耿良去找老板要账，老板说："我的欠账还没有收齐，你先回去吧，等收齐了我再寄给你。你放心，我不会欠你的。"当时唐耿良就愣住了，这人分明是想要赖皮不还钱，于是便和姚老板争吵起来。正在此时，书场对面南货店的鲍老板过来白相，听说原委后，数落了姚老板几句，并自掏腰包将钱垫付给了唐耿良。收齐欠账的唐耿良这才收拾行李坐船离开泗泾。

说书先生跑码头除了身体上辛苦外，还要忍受非说书时间独处的难受。为了排遣寂寞，有些艺人往往会出去"游山玩水"。而唐耿良在码头上，一有空闲就喜欢读书。读书，对于演员，尤其是评弹演员来说，是非常重要的。过去的评弹艺人文化程度一般比较低，大多只有小学程度，有的甚至还是文盲，有初中以上文化程度的就很难得了。不读书不看报，一方面会造成说书时出洋相，另一方面也不能及时更新自己的积累，从而影响自己在台上台下的创造。20世纪60年代初，陈云同志曾送给上海市人民评弹团一册《简明中国通史》、一本《中国分省地图》和一部《辞源》，指出"送这几本书的意思，是想引起朋友们对于历史和地理进行考查核对的兴趣。当然，考查核对历史和地理，需要大量书籍，需要借助于图书馆，靠这三本书是起不了大作用的。不过我希望因此而引起朋友们对这一方面的兴趣而已。"评弹界书卷气最浓的当属杨振雄，他曾为了编演长篇《长生殿》，终日泡在图书馆里，如饥似渴般阅读唐朝的史、诗，穷经皓首地读书，提高了他的文史修养。喜昆曲、擅丹青的杨振雄曾与唐耿良交流，"行万里路，读万卷书，是我们评弹艺人说好书的必修课"，所谓"功夫在书外"，唐耿良对此深表赞同。

唐耿良一有空闲时光，不像其他人出去逛街、玩耍，而是关起门来"充电"，据王柏荫回忆，1942年，20岁的他在吴江同里与23岁的唐耿良做敌档时，就亲眼目睹了唐耿良的勤奋和好学。[1] 其实，终其一生，唐耿良都从

---

① 笔者采访王柏荫，2014年1月11日。

唐耿良在阅读线装书

未放松过读书和学习。外孙许开辰回忆，"外公家有一个大书橱，里面装满了《辞源》《康熙字典》等工具书，还有《三国演义》等古典名著……上学了，外公不放心我自己回家，有空他会在二中心小学门口等我。等的时间长了，他会拿出随身带的报纸边看边等……在家里，外公不是看书，就是在写文章。"唐耿良师从唐再良学习说《三国》的时候，需要穿插一些《列国志》的故事，因此就去找来《列国志》研读，并融入书情，使穿插的内容益显生动。评弹中还有很多题材是历史故事，因此唐耿良又读了一些《汉书》《史记》之类的历史书籍。他甚至认为，很多外国名著，作为评弹演员也应该好好去读一读。

唐力行（唐耿良长子）回忆，有一次跟随母亲看戏回家，喜欢艺术的唐力行向母亲坦言自己今后想从事编剧或导演，母亲对他讲："你要知道学艺真是太苦了！你父亲每天晚上都要在灯光下读到深夜才上床休息。"事实上，少年时代的唐力行经常在半夜起身时看到父亲屋子的灯亮着，分明唐耿良还在读书。[①] 唐耿良不仅仅喜欢读书，提高自己的文学、历史知识的修养，还经常去观摩京剧、昆曲以及其他地方戏曲，当然也包括电影、话剧等新文艺，他乐于与各剧种的艺术家打成一片，从他们的表演艺术中汲取营养用以增强自己的说书能力。唐耿良认为，一部书同是一个先生教的，但有的人说得很生动，有的人说得呆板沉闷，这与说书之人读书多少、学问高低和艺术造诣有很大关系。书读得少，有时候连重要的评论文章也看不懂。唐耿良指出，评弹有时候允许演员在台上自由的发挥，但如果语汇贫乏，往往显得粗鄙不堪。如果想让自己语言精练生动，多读书以提高各方面修养，是很重要的一环。

---

① 笔者采访唐力行，2014年3月4日。

《上海书坛》报曾载:"唐耿良……善以现代事为穿插,寓喁嗅于轻描淡写中,无沉闷之弊,斯为难得。"的确,唐耿良说书新颖,善于使用新名词来作为穿插和噱头,这就是多读书、多学习的结果。1984年,中国大陆开始实行居民身份证制度,国务院发布了《中华人民共和国居民身份证试行条例》,开始颁发第一代居民身份证。唐耿良及时将这一新事物运用到书中去了。在《三国》"赤壁鏖兵"这一回中,张著假冒赵云吓走许褚,助甘宁得到银车。张著傲慢对待甘宁,想将银车全部纳入自己麾下,岂料甘宁不愿轻易遂了假赵云的愿,双方大打出手,张著自然不是甘宁对手,落荒而逃。赵云知晓此事大骂了张著,一来自己的威名被张著毁了;二来银车为孙权所得,日后必成刘备大患。赵云赶忙前去追甘宁,所幸及时赶到了。赵云向甘宁双手抱拳、屈身一躬,甘宁认为"赵云"是手下败将,对待赵云自然没有好脸色,气得赵云怒火中烧而无言以对。此时,唐耿良说:"赵云的怒火升上来了。再一想,这事先要责怪张著,甘宁是受了张著的气,到我身上来出气的。但是赵云又不好说刚才那个是假赵子龙,现在是真赵云来了。不信,你看我的身份证。况且古代也没有身份证……"

同样是这回书,甘宁不肯交出银车,只得与赵云开打,岂料此次来的是真赵云。赵云照面一枪,将甘宁头顶上的头皮擦破三指宽,甘宁顿时血流满面,丢盔弃甲而逃。赵云立下一桩大大的功劳,孔明特别赞赏赵云的手下留情,不把甘宁刺死的做法。唐耿良说道:"假如夺了饷银,还要刺死东吴名将的话,周瑜、孙权是断断不肯甘休的,他们定要兴师问罪、兵戎相见。这就破坏孙刘联合的大局。赵云打仗很掌握分寸,他理解孔明隆中决策东和孙权的意图,所以枪头上能落实政策。"当时正值"文革"结束,尤其是在改革开放的大幕已经拉开之时,各方面都在拨乱反正和落实政策,台下听众听到此,会心一笑。这样的穿插浑然无痕,极有彩头,

许继祥

如果平时不了解国家时事，是不会做到炉火纯青的。唐耿良的这种用时新名词作为"小卖"的演出风格，或多或少受到擅说评话《英烈》的前辈名家许继祥之影响，这也从另一个侧面说明唐耿良善于博采众长。

自然，抛开码头上的不愉快，唐耿良更多的是体会到说书给他带来的甜头。1937年春节刚过，唐耿良按照说书人的习惯正在茶会上吃茶，这时一位昆山畅乐园的书场老板钱洪源（人称钱老三）邀请他去做年二档。关于昆山畅乐园，时人刘宗英在《昆山城区书场追忆》一文中记载：抗战前，昆山城内有两家能够容纳百名听众的大书场，一为老同春，一为畅乐园。这两个书场都创办于清同治初，书场内设备较为陈旧——简陋的书台、状元台、礼拜凳，加长凳（百脚凳）和机子，场内还竖有好几根木庭柱，艺人的房间都在书台右侧，这是典型的乡镇书场构造，很多名家都曾来此演出过。唐耿良本人也曾随唐再良先生来过昆山，对这畅乐园是略知一二。此时面对场方的邀约，唐耿良心中却有了疑问："我虽说了一段时间的书了，但还不是响档，钱老三那么精明的人，为什么会请我去呢？"钱老板大概也看出唐耿良的疑虑，便对他说："小先生，咱们打开天窗说亮话，我请你去，是没有办法的办法。实话告诉你，我们昆山老同春的年二档请的是润余社天字第一号的大响档李伯康，没有人敢跟他敌档，所以我只好请你这个道童儿过去。"

唐耿良虽刚出道不久，但对李伯康的大名还是了解的。李伯康（1903—1978），浙江海宁硖石人，自幼随父李文彬习说《双珠凤》和看家书《杨乃武与小白菜》，20余岁已经是首屈一指的名家，在当时与夏荷生齐名。李伯康台风儒雅，善于刻画人物，此外还响弹响唱，《上海生活》杂志曾记载他：一只三弦，弹得出神入化，熟而且烂，说则口齿清脆，面面俱到。要与这样的名家做敌档，难度和风险可想而知，但唐耿良还是决定去。当时他想："这是在刀头上舔血吃。我怕什么？反正我又没有名气，敌不过也没啥损失，守住了我就有了面子。"就这样，唐耿良答应了钱老板的邀请，开了报单，共同约定这一年的二月二十一日开书。等到二月二十一日唐耿良开书的时候，突然得到消息，说李伯康到杭州旅游去了，要三月初一才能来开书。唐耿良抓住这样的机遇，卖力说书，再加上现在昆山只有畅乐园一家独大了，来听唐耿良说书的人骤然增加，日夜两场有两百多客，他头一次做到了双出百生意。待到三月初一，李伯康来开书了，自然是日夜客满，但是唐耿良这边已经拉牢听众了，同样能维持着日夜一百多客。在与李伯康敌档的一个月里，唐耿良赚了100多元，有钱添置崭新的袍子了，银行里也有了存款。大码头大书场给他带来了甜头，唐耿良在思考如何能更加红出来呢？

第四章

生逢乱世赴国难

何处是归程？长亭更短亭。

正当唐耿良说书比较顺当的时候，一场后来持续了八年之久的全民族抗日战争全面爆发，时局越来越紧。1937年8月中，唐耿良在南翔南苑书场说书，时值沪战，南翔虽处沪郊，百姓仍纷纷逃难，书场显然是开不下去了，唐耿良只得与父亲乘上开往苏州的火车，仓皇离开南翔，他们的行李在三天之后才得以取到。然而，战火烧得很快，苏州已经人心浮动，百业凋敝，书场也同样难以为继，说书人很难接到场子。幸亏唐耿良在昆山说书时赚得一些钱存在银行，此时可以拿出来贴补家用。

遍地哀鸿满城血。据有关资料记载，从1937年8月中旬至11月15日的3个月内，日军在苏州城区共投弹4 200余颗，死伤数千之众，遭破坏的街道、房屋、医院、工厂、学校无法计数。有一次冯玉祥将军到苏州开会，因汉奸泄密，日机轰炸了会场之所。日军在苏州轰炸次数最多的当属平门火车站，即便是卫生列车和难民车也无法幸免于难，火车站一带的房子几乎损毁殆尽。当时唐耿良家住在平门城内，每当空袭警报响起的时候，他就钻到方台下面。炸弹爆炸时，家中的门窗轧轧震动。家中是不能防空了，唐耿良就和家人到外面桑园地里伏在地上。唐耿良抬头仰望天空，看到日军驾着意大利轰炸机，不免心惊肉跳，生怕从机翼一侧掉下黑骏骏的炸弹落在自家门前。

城里不能待了，父亲唐月奎带着老二唐耿良和老三跟着父亲外婆家的亲戚，一起逃到三乡庙去。三乡庙在苏州东北郊，出了齐门过陆墓朝东，过去香火很旺盛。庙里有个老和尚，是唐耿良父亲的娘舅，唐耿良管他叫"和尚阿爹"。就这样，唐家在庙旁租了一家农户的房子住下来，以为再也听不到空袭警报和炸弹声音了。这一安顿，两个月转瞬即逝，银行的存款已经用光。说书人"一日勿做，一日勿活"，再不说书，唐家已无米下锅。父亲唐月奎决定将老三留在乡下托亲戚照顾，带着唐耿良去城里探探风声、看看市面。

父子二人徒步走到城里，已多日不看报纸、听收音机的他们被现状惊呆：上海、昆山相继失守、沦陷，苏州也岌岌可危，更为糟糕的是苏州县政府的人员早已逃走。瑟瑟秋风中，父子二人面面相觑，却又无可奈何。在城里住了一宿之后，天刚蒙蒙亮，父子二人便背了一个小包裹逃出胥门，避走木渎。一路行来，家家闭门上锁，一派萧瑟景象。唐氏父子走完了27里地，来到了木渎。木渎有个梅苑书场，场东是唐月奎的好朋友，唐耿良希冀能够逃到那里说上几天书，以填饱早已饥肠辘辘的肚皮。谁知就在唐氏父子到来的前一天，场东已经逃到乡下去了，当下只经营些茶馆业务，书场停掉了。此时的唐氏父子身无分文，真正一钱逼倒英雄汉！

幸好记起木渎有个同行许伯英，是周玉泉先生的徒弟。唐氏父子寻到许家，请求借宿一夜，许父一口答应，并且告知木渎也不安全，日本人的汽车来木渎很方便，而香山方向因为没有公路相对比较安全，可往那里躲一躲。简单收拾好睡觉的地方之后，唐氏父子想出去再看看情况。正好在街上看到跟着老板逃难的唐惠民。惠民是唐月奎的长子，去年学徒满师在外赚工资，现在已21岁了，正在交女朋友，所以做了一件崭新的马裤呢夹大衣。见到父亲和二弟，唐惠民身无余资，只好将新衣服脱下，交给父亲，让他们困难的时候卖掉换几个钱用用。简短交谈后，父子、兄弟就再次分别了。"声寂寂，影姗姗，月色朦胧夜已阑"，唐氏父子心绪彷徨，无限惆怅，看着惠民远去的背影，挂念着守在三乡庙的三弟，一家四口分散三地，再相见犹未有期！可以说，战争最大的悲剧，造成大量普通民众家破人亡，最是让人心酸痛惜。

天亮后辞别许家，唐氏父子往香山方向去。路过一个很大的村子，叫姚社。唐氏父子进入一家茶馆，沏了一壶茶歇歇脚，这里聚集了很多逃难的人，大家七嘴八舌，讨论最多的就是租房的问题。父亲唐月奎悄悄给茶馆老板递了一根烟，试探老板是否可以允许唐耿良借此宝地说上一回《三国》。老板没有听过唐耿良的书，瞄了一眼便婉转回绝了。既不能说书，唐月奎又去请求今晚能否借此宝地打地铺借住过夜。国难当头，无人能免，老板毕竟不是无情之人，便点头答应了。父子二人赶紧出去买稻柴、打地铺。深秋的夜，凉意阵阵，父子二人蜷缩在一起相互取暖，聊度漫漫长夜。这一夜唐耿良并没有睡好，他深切感受到弱国之民的悲哀，只有国家的强大，才有百姓的安居乐业。

第二天唐耿良早早就起来了，协助父亲将地铺打扫干净后便出门了，以免影响茶馆经营早市。在街上唐耿良看到了屠再高，三年前正是他介绍唐耿良去外垮塘破口说书的。屠再高也已几个月没有说书了，经济也到了窘迫的边缘。天涯同沦落，孤旅共相怜，一时无言良久。毕竟屠再高年长些，对唐耿良说："北去三里有一个大村子叫蒋墩，那里有大茶馆，我们就在茶馆里讨些生活，你说我用帽子收钱，我唱你收钱，然后我们再分账。"唐耿良深知这是典型的卖艺乞讨，没有尊严可言，但在现实面前，他不得不低头。于是一行三人往蒋墩而去。

到了蒋墩茶馆，看到清一色逃难的人，行李铺盖堆满茶馆，疲惫的面色早已写在脸上。屠再高和唐耿良都觉得，在这样的氛围中是不可能说书乞讨的，只得怏怏然回到姚社茶馆，却听到老板说，此地又来了一个叫尤少卿的说书响档，不久前刚在苏州最大的一家茶馆吴苑书场说书。老板听闻过尤少卿的大名，所以愿意请尤说书。唐月奎和屠再高得知情况后，赶忙去拜望尤少卿，希望能拖拽他们一把，三档书一道说，卖十八个铜板，尤和茶馆老板各拿六个铜板，屠再高和唐耿良各拿三个铜板。尤少卿念同道之情，同意了此建议。于是挂出海报，屠唱头档，唐耿良做二档，尤少卿送客。当时逃难的人，精神高度紧张，亟需文娱活动排遣寂寞，见此海报便陆续进入茶馆听书。一场做下来，客满有一百多客，唐耿良分得一元多钱。因为唐耿良说书卖力，很受听众欢迎，茶馆老板开始对唐耿良热络起来，晚上睡觉的时候拿出被头借给唐氏父子二人，这样他们便不用再睡稻柴了。多年之后，唐耿良回忆道："我这辈子盖过不少被子，棉花的、化纤的、丝绸的、野鸭绒的，都不如香山姚社老板借给我的旧被头来得印象深刻。只有经历三九寒天没有被头盖的寒冷之夜，才能体会到盖被头的温暖。"

生逢乱世，唐耿良在困难时得到了别人的帮助，这种人间感情一直温存在他的心中，此后但凡道中有需要帮忙者，他都能给予力所能及的照顾，他的乐善好施的性格就是在这个时候形成的。评话名家金声伯回忆说："我刚出来说书的时候，真是到东'漂'，到西'漂'。耿良哥曾介绍我一档生意，到亭林演出，算是好生意了。"弹词名家赵开生也记得，1980年冬，他在平望镇说书，唐耿良前去探望他。唐耿良见瘦弱的赵开生正在感冒发烧，于心不忍，便提出代他说完后面的四天书。夜场散场后，唐耿良回到旅馆去休息，当时没有卫生设备，只得自己到炉子间去取热水洗脚，他取了脚盆到炉子间，在一只七星炉上去拎吊子倒热水，刚拎起吊子，炉子里冲出一股强烈的煤气直扑他的鼻孔，顿时感到器官痉挛，实际上是一氧化碳中毒了。唐耿良当时并没有感觉病情的严重性，考虑到同事的难处、上海团集体的声誉以及听众的期待，他坚持演完四天。等到他回到上海进文艺医院检查时，病情已然加重，从此之后便落下了气喘病。陆建华也曾对笔者讲过，他和先生在上海评弹团乡音书苑剪书时，正为打不到车而苦恼，恰好唐耿良路过，见师徒二人大包小包不容易，便用自己的文艺老三级优待证帮他们顺利叫到车子了。常祥霖说过："我了解评弹、认识评弹，唐耿良先生是启蒙老师。""文革"后期，常祥霖在上海当兵，某天想听评弹，还没有完全"解放"的唐耿良想方设法找票给了他，在常祥霖看来："当时他（指唐耿良）的能力有限，这样已经不容易了。"

与友人合影（左三为唐耿良）

与友人合影（左一为唐耿良）

唐耿良在尤少卿、屠再高的帮助下在香山演出了两个多月，暂时解决了温饱，也租上了房子，生活上免除了饥寒交迫之苦。后来苏州的社会秩序慢慢稳定下来，外出逃难的人也渐次返城，唐耿良一家也回到了城里重新团聚。然而毕竟还是非常时期，回城的人们不得不沦为亡国奴，接受日本军的统治。日据时期，百姓进出城门抑或是乘火车经过日军哨岗都要停下鞠躬行礼，并呈交良民证查验，稍有不慎则招致耳光，甚或是人头落地的危险。心细的唐耿良把良民证放在一只布袋内用棉纱线缝牢，一头挂在长袍右襟第二颗纽扣上，平时藏在袍子里，要用时很快即可掏出挂在胸口待查，以求相安无事。

当然，也有飞来横祸的时候。

1940年代初，唐耿良在盛泽东方书场说书时，就遇到过一次"惊心动魄"的事情。盛泽是中国著名的丝绸产地，历史上有"日出万匹、衣被天下"之称。当时唐耿良的说书生意很好，花钱买了三匹电力纺，准备再做二十天买些碧绉回去。那天日场听众陆陆续续来了两百客左右，台上刚讲到火烧连环船，突然一帮手执三八式步枪、脚踏皮靴的日军闯进书场要求查验良民证。唐耿良随即停止说书，可翻译官让他继续说书不要停。面露难色的唐耿良一面把藏在袍子里的良民证掏出来挂在胸口，一面胆战心惊、结结巴巴继续说书，哪里还能做到心无旁骛？就在这时，有一个听客动作稍微慢了一些，还未来得及掏出良民证，就被翻译官狠狠地抽了一记耳光。顿时书场里的人都惊呆了，唐耿良也不知道自己说到哪里了。待日军搜查完毕，听众也迅速"作鸟兽散"，根本无心继续听书。从那以后，每天来东方书场听书的人屈指可数，生意萧条得很，唐耿良只得提前剪书逃回苏州。购买碧绉的计划也付诸东流了。

　　还有一次，唐耿良在太仓沙头镇第一楼书场说书，连说了四十天，生意也相当不错，再过几天就可以剪书回苏州了。不料日军突然用竹篱笆封锁镇子说是要清乡，所有人一律禁止进出。因为消息来得突然，下档接手的说书艺人进不来，唐耿良也出不去，只得留下继续说书。眼看自己能说的书已经差不多说完了，唐耿良只得看些小说开始编书，这完全是没有师承的即兴编说，算得上是唐耿良最早的自编自演了。到底是靠小说硬编出来的，艺术上难免有欠缺，听众慢慢也就流失了。

　　生意日渐冷清不说，唐耿良心中最大的担忧是生存之威胁。此前听说浙江清乡时，一个说《岳传》的评话艺人王瑞良和唱弹词的朱咏春（张鉴庭、黄静芬的老师）、朱熹孙父子俩都被日军杀害，唐耿良未免寝食难安。"不容青史尽成灰"，多年之后，唐耿良用极短的文字记述了在沙头的遭遇：

　　　　一天早上，镇上突然鸣锣通知，全镇男女老幼都要离开居所到镇北面公路上集合，日军要逐个检查，抓捕抗日分子。镇上的居家，家家必须门户敞开，若有人躲在家里，被查到后按私通游击队论处。听到这个通知，我只能服从，跟着老板到公路集中。全镇居民排着队在公路上由西向东走去。东面扎着几座草绿色的帐篷，靠公路的帐篷上有个窗帘，上面挖着两个洞眼，里面有被抓获的游击队俘虏，在洞眼中观看经过的人们，若发现有曾和游击队联系过的人或是隐匿在居民中的游击队员，俘虏就一拉绳子通知帐篷外的日军，就将那人抓起来。全镇人就像被人用筛子筛了一遍。当时正是夏天，赤日炎炎，公路上又无树木遮阴，我被酷日晒得脸发红，心乱跳，紧张万状，就怕那俘虏看得眼花缭乱，瞎认一气把我抓起来怎么办？想起浙江三位评弹艺人被日军杀死的惨状，在这个年头死了也白死，有谁来替你伸冤?！在走近帐篷时，看见日寇枪上插着阴森森明晃晃的刺刀，鬼子面目狰狞，眼含杀气，我不禁两腿发抖，步子也难以挪动，幸得父亲在我背上一推，方能移动脚步，走过这关乎生死的帐篷。等到走回书场，已经汗湿衣襟，口枯舌干，饥肠辘辘，狼狈不堪了。

时间过去了半个多世纪,唐耿良仍然能记得沙头的遭遇,在他看来:"心灵的折磨,精神的压抑,这阴影是刻骨铭心,永远也抹不掉的。"也正是这份苦难的经历,让唐耿良在今后的人生中更加热爱生活。所谓渡尽劫波,自然可以笑傲人生!

第五章

他山之石可攻玉

1973年的秋天，上海市人民评弹团成立了由唐耿良、张振华、彭本乐等人组成的创作小组，前往苏州郊区采访农业学大寨的事迹。路过市区时，一行去怡园饮茶。正在饮茶间，有一位身材瘦小、约六十多岁的茶客看了唐耿良许久，突然说道："倷是'一点头'？"唐耿良笑着点了点头。

那位茶客接着说："我是看你出道的。你年轻的时候总是穿件竹布长衫，领头蛮低；小圆面孔胖笃笃，皮肤雪白；手里常常拿着一张卷起的报纸，总归笑嘻嘻的。有一次在吴苑书场做会书，上一档的先生扦讲了倷几句，倷一上台就回敬俚几句，俚倒反而吃瘪哟。当时我就说，这个小脚色将来一定要出来的。阿是？我勿看错。"①

这位听客用寥寥数语，就将年轻时唐耿良的音容笑貌生动地勾勒出来了。听客之所以觉得唐耿良会"出来的"，是因为他聪明机智，富有灵气。"手里常常拿着一张卷起的报纸"，这是唐耿良善于学习的典型写照。

艺术行当里有一句俗话：一天不练，自己知道；两天不练，同行知晓；三天不练，观众明白。无论在何种困境下，唐耿良都没有放弃对艺术执著地追求！

结束香山两个多月演出回到苏州的唐耿良，接到了苏州九如书场老板的邀请。在九如书场演出的三个月间，唐耿良的说书技艺得到了很大的提升。转眼到了端午，唐耿良又接到浒墅关荷园书场的聘请。荷园书场的老板，平时喜欢和艺人闲聊，也乐意与人推心置腹地谈些说书技艺上的得失。某天唐耿良说完书回到房间休息时，老板走进屋来对唐耿良说："你的《三国》说得很好。在我们这里，离开镇上有三里多路的村子里，也有一位说《三国》老艺人，叫周镛江，那响档，真是没得说。"

唐耿良听过之后，起先并没有太在意。晚上躺在床上准备睡觉的他突然想到先生唐再良曾经提起过周镛江的名字。原来《三国》这部书自清代

---

① 笔者采访彭本乐，2014年1月10日。

嘉庆、道光以来，分为四个传承系脉，名气最大也最枝繁叶茂的要数陈汉章、许文安系脉，唐再良属第五代传人，唐耿良属第六代传人。其他还有熊士良系脉、夏锦峰系脉和郭少梅系脉。其中夏锦峰为清同治年间的艺人，弟子周镛江传承衣钵，再传至第三代，之后无传而湮没。周镛江与唐耿良因不是同一系脉，且素未谋面，无法从师承上排序，但周镛江的年龄起码应该是唐耿良的师辈。一夜辗转不知东方之既白，唐耿良决定去拜访这位老师伯，或许能从他那里学到一些本事。

第二天清晨，唐耿良将自己的想法告诉了父亲，父亲欣然同意，于是父子二人立即动身去拜访周镛江。边走边打听，二人来到了周镛江的住处。敲门进去之后，发现一位老人躺在一条棉花毯铺就的床上，周身褴褛，双目因为患睫毛倒刺的毛病已经失明。唐月奎自报家门，唐耿良也向老师伯问好，并说明来意。周镛江说道："我年纪轻的辰光，在农村用说书的钱买了几亩地，盖了一栋房子。现在老了，说不动书了，只能在这里'隐居'了。三年前老伴走了，我只有一个螟蛉子，虽也娶了媳妇生了孙子，但他们也忙，根本没有空闲辰光来服侍我。过去我喜欢说书，现在我喜欢听书，总归要有人搀扶，才得去镇上听一回书。"唐耿良询问周镛江有没有徒弟，周氏无奈回答："说来蛮可惜，我的徒弟一个已经病逝，一个不再说书了，我们这一系脉的《三国》没有传承人了。"

唐耿良为周镛江没有传人而遗憾叹息，但转而一想，自己为什么不能传承周镛江的《三国》衣钵呢？何况眼下手头也还算宽裕，于是唐耿良坦率地向周镛江提出接周镛江到镇上的书场住上一段时间，白天晚上听听书提提意见，早上空闲时将他的前《三国》教给唐耿良，一切开销由唐耿良承担。周镛江被面前这位晚辈的真诚所打动，更被这位后生抛弃门户之见委身寻师学艺的精神所折服，同时也为自己的艺术能够有人继承而感到高兴，因此便欣然接受了唐耿良的邀请。周镛江的义子回来后，唐耿良将这事又说了一遍，对方自然没有异议。就这样，唐耿良搀扶着踉跄的周镛江来到镇上，住进了书场。唐耿良特地租了新被头，铺了单人床，又请了一位理发的师傅为周镛江剃头，拔掉倒刺的睫毛，老人身心舒悦，意兴勃勃，仿佛枯树再发新芽。

安排停当之后，唐耿良开始登台，周镛江则静静坐在下面听书。散场后，唐耿良虚心听取周镛江所指出的缺点和不足，并请教完善的方法。接下来的一个多月时间里，周镛江每天上午在房间里说书给唐耿良听，内容主要是自曹操赠赤兔马开始，到刘皇叔三顾茅庐结束，与相堂发令相衔接，共有十六回书。唐耿良过去在先生唐再良处学到的只有六十回书，在码头上日夜两场只能说一个月，现在有了周镛江的前段书，可以说到四十多天了，开心得很。此外，周镛江还教了唐耿良初出祁山、失街亭、空城计、斩马谡等十来回，其中千里走单骑这一段书，唐耿良在接下来的第二只码头就说开了，很受听众的欢迎。《千里走单骑》这一段，后来成为唐耿良保留节目，2009年5月，唐耿良的评话录像《千里走单骑》由中国唱片上海公司出版。

唐耿良评话《三国》一百回回目

回　目	书　名	回　目	书　名
第一回	赠马	第十八回	火烧馆驿
第二回	颜良发兵	第十九回	襄阳大会
第三回	斩颜良	第二十回	马跃檀溪
第四回	诛文丑	第二十一回	单福投主
第五回	陈震送信	第二十二回	走马荐贤
第六回	三里桥挑袍	第二十三回	二顾茅庐
第七回	过两关	第二十四回	三顾茅庐
第八回	镇国寺	第二十五回	相堂发令
第九回	胡班行刺	第二十六回	登台拜将
第十回	过五关	第二十七回	初闯辕门
第十一回	郭家庄	第二十八回	三闯辕门
第十二回	收周仓	第二十九回	张飞立军令状
第十三回	古城相会	第三十回	枪挑韩浩
第十四回	斩蔡阳	第三十一回	火烧博望
第十五回	赵云战周仓	第三十二回	安林道
第十六回	兄弟相会	第三十三回	张飞拜师
第十七回	怒打蔡瑁	第三十四回	荆州借兵

回　目	书　名	回　目	书　名
第三十五回	刘琮降曹	第六十五回	辕门拒客
第三十六回	初冲雀尾	第六十六回	初见周瑜
第三十七回	火烧新野	第六十七回	智激周瑜
第三十八回	白河决水	第六十八回	劝降孔明
第三十九回	博陵渡	第六十九回	周瑜设计
第四十回	兵进樊城	第七十回	刘备过江
第四十一回	战樊城	第七十一回	临江会-1
第四十二回	兵发当阳	第七十二回	临江会-2
第四十三回	刘备祭母	第七十三回	临江会-3
第四十四回	刘备遇险	第七十四回	周瑜探营
第四十五回	张飞救刘备	第七十五回	群英会
第四十六回	两进当阳	第七十六回	蒋干盗书
第四十七回	三进当阳	第七十七回	误杀蔡张
第四十八回	双箭齐发	第七十八回	孔明造箭
第四十九回	夺槊三条	第七十九回	草船借箭-1
第五十回	王德报信	第八十回	草船借箭-2
第五十一回	救主出山	第八十一回	孔明交令
第五十二回	相逢张绣	第八十二回	苦肉计-1
第五十三回	枪挑张绣	第八十三回	苦肉计-2
第五十四回	张郃诱赵	第八十四回	密献诈降书-1
第五十五回	救主回长坂	第八十五回	密献诈降书-2
第五十六回	喝断长坂桥	第八十六回	蒋干两次过江
第五十七回	汉津口	第八十七回	连环计-1
第五十八回	江夏开丧	第八十八回	连环计-2
第五十九回	鲁肃吊丧	第八十九回	徐庶脱身
第六十回	孔明过江	第九十回	横槊赋诗
第六十一回	舌战群儒	第九十一回	孔明问病
第六十二回	说退陆绩	第九十二回	借东风-1
第六十三回	智激孙权	第九十三回	借东风-2
第六十四回	周瑜回师	第九十四回	周瑜发令

回　目	书　名	回　目	书　名
第九十五回	火烧连环船	第九十八回	劫饷银
第九十六回	赤壁鏖战	第九十九回	华容道
第九十七回	聚铁山	第一百回	华容放曹

时光如白驹过隙，忽然而已！朝夕相处一个多月之后，唐耿良将老师伯送回乡下，答应好好传承老师伯的艺术，并承诺一俟空闲即来看望老师伯。可惜的是，此后的唐耿良奔波于各地说书，无暇抽身来浒墅关拜访周镛江。等到三年后，唐耿良再次来到浒墅关演出时，周镛江早已谢世。"子期如可听，山水响余哀"，唐耿良惆怅不已，只得前往老师伯坟前焚香祈祷，杯酒抔土，遥寄哀思。唐耿良是一位极重感情之人，不仅仅是形式上，更在于内在实质上——他一生热爱《三国》，努力发扬光大，就是对前辈最好的感恩！

除了向周镛江补书，唐耿良还在评话技艺上虚心向他人请益。在评话演出过程中，艺人们总结出八类技艺，简称"八技"，这不仅是评话艺人的基本功，更是分辨评话技艺优劣的标准。所谓八技，包括感情显露（喜、怒、哀、乐、愁、恨、惶、疑）、**人物刻画**（智、慧、耿、滑、奸、诈、残、恶）、**各种动作**（亮相、捋须、甩袖、撩袍、整盔、理甲、执械、指喝）、**堂面礼法**（见驾参拜、升帐升堂、虎威呼喊、发令缴令、传物递书、挥毫立状、手下呼报、行刑罚罪）、**醒木使用**（压与松、击与放、重与轻、高与低、连与断、让与抢、思与透、活与死）、**扇子使用**（扇与歇、展与收、替与更、转与握、抛与接、战与礼、移与定、文与武）、**车水马龙**（行车、停舆、启航、靠岸、点马、扫马、勒马、马嘶）、**战场厮杀**（击鼓鸣金、呼唤吹号、播枪点矛、舞剑挥刀、交战呐喊、征战武套、风雨雷电、放火点炮）八种。八技用得好，可以起到故事之外先声夺人的效果。如擅说《东汉》的"评话状元"杨震新（1921—1965），一把扇子在他手中可化作刀枪剑戟十八般武艺，与快而不乱的说表相结合，形神兼具，干脆利落。

唐耿良深知自己所说的书净角色稍多，如关羽、张飞、曹操、董卓，以及各营中的众多大将等,而先生唐再良在起脚色这方面较为薄弱,因此在唐耿良手里亟待提升。在当时的书坛,起脚色最好的演员要数黄兆麟(1887—1945)。黄兆麟是许文安的学生,也是说《三国》的名家,曾从1925年起连续在上海演出15年之久,曾任上海市评话弹词研究会的首任会长,收授弟子张玉书、顾宏伯等人。黄兆麟嗓音亮堂,尤其是在"赠马"一折中,一声赤兔长嘶,由丹田发出,越翻越高,越高越响,每次演出必能获得满堂喝彩。对于黄兆麟的赤兔长嘶,唐耿良早已有所耳闻,想跟随黄先生学习,可是既担心去上海学习开销太大,又生怕黄先生惜艺而吃闭门羹。于是自己买来黄兆麟评话唱片《古城相会》反复聆听,虽然折服于张翼德的长坂坡一声吼是黄先生用鼻腔共鸣发出的音,但毕竟缺了名师指点,无法掌握发音的诀窍,心中时时郁闷。

有一天唐耿良闲来无事,决定去书场听同道的书。他去的群贤居在临顿路上,说书先生是杨莲青(1901—1948),演出书目是《狸猫换太子》。说来也巧,这天杨莲青说到"狄青刀劈黄天禄"时,起了一个"爆头"。唐耿良当即发觉,杨先生的拖音和黄先生的拖音一样,都非常富有爆发力。于是决定"近水楼台"向杨先生讨教一二。

一回书结束,当杨莲青坐在书台边上喝茶休息时,唐耿良毕恭毕敬走到杨先生面前,开口说:"阿叔,您辛苦啦!"早已是名家响档的杨莲青并没有在意身旁这位小说书先生,只是瞄了一眼唐耿良,便重又自顾自地喝起茶来。唐耿良依旧恭恭敬敬立在杨先生边上,他从小就有这么一股不达目的

黄兆麟

杨莲青

45

1941年,《弹词画报》所刊唐耿良照片

不罢休的"戆"劲。杨莲青稍事休息后,便起身准备前往隔壁的烟馆吸鸦片了。唐耿良见势赶忙帮杨先生拎着签子,感觉很沉,约莫有五六百个铜板,名家响档果然非同一般。到了烟馆,杨先生往烟铺上一躺,让唐耿良去给他买包烟,唐耿良照办。杨先生一番吞云吐雾之后,问唐耿良到底想干嘛?唐耿良说:"想请阿叔指点学本事。""你要学什么?"唐耿良说:"黄天禄的那一声爆头是怎么发音的?"杨先生说:"你要先吸一口气,用丹田劲再结合鼻腔共鸣就可以了,只要多练练便能掌握。"杨先生看出唐耿良是真心学艺,便又拿烟枪当作扇子,表演回马刀的圈腿动作,从单圈腿到双圈腿都一一向唐耿良作了演示。

回家之后的唐耿良,一方面继续听黄兆麟的唱片,一方面勤学苦练杨莲青教授的技艺。功夫不负有心人,唐耿良在后来的说书过程中,很好运用了从四方学来的一些技巧,增强了起脚色的爆发力,弥补了奶水不足的缺陷,使得书艺更加成熟。就这样,唐耿良跌爬滚打了近十年,逐渐成为码头响档。

第六章

良葩美玉结同心

前文交代唐耿良"背包囊、走官塘",行走于江南水乡各地书场码头时,总有父亲随行的身影。是的,父亲就是唐耿良的"经纪人",就是唐耿良的"随行保姆"。

当然,在婚姻大事上,父亲对唐耿良也有着深刻影响。

民国三十二年(1943)年档,唐耿良做吴江黎里镇蒯厅书场。书场外是数九严冬,书场内人声鼎沸,春意盎然。那天唐耿良正说到兴头上,忽然发现角落里坐着一位清秀、安静的女子。原来此女子,便是书场老板的堂妹——李志芳。

李志芳早年是在上海纺织厂做挡车工的,经年累月穿梭于车间,每天来回总要走上几十里的路程。长期劳累过度,使年纪轻轻的李志芳患上了小腿静脉曲张的毛病,只得从工厂回家静养。因为喜欢听书的缘故,李志芳选择到开书场的堂兄家休养。机缘巧合,结识了唐耿良。

过去的说书先生在码头上,遇到待情好的场方,是很有福气的,不光吃住得好,而且倍受礼遇。李志芳在书场休养的时候,帮助兄长给说书先生烧饭做菜,开书之前还兼做书场售票员。一来二去,唐耿良吃惯了李志芳做的饭菜,也越发觉得此女子朴实大方,深明事理,是一位典型的苏州姑娘。但此时一心向艺的唐耿良并未萌生出"窈窕淑女,君子好逑"的男女之情。

每当闲来无事,李志芳便静静地找个角落,聆听唐耿良在书台上舌粲莲花。时间久了,李志芳不仅像听众一样被唐耿良的书情拉牢,更折服于唐耿良的人格魅力。

唐耿良与李志芳相识之蒯厅书场外景

等做完年档准备剪书之时，李志芳来到唐月奎的屋里询问下一档去哪里演出。唐月奎一听便知道这个女子喜欢上了唐耿良。后来李志芳连续听了唐耿良好几档书场，也时常对唐月奎嘘寒问暖，很快就得到了唐月奎的认可。

当唐月奎将此事告诉唐耿良时，唐耿良既兴奋，又激动，自然同意。唐耿良为什么会如此爽快答应呢？一来唐耿良自幼丧母，父亲替他承担了许多，他非常信赖父亲。另一方面，实际上已经二十出头的唐耿良，内心深处有自己一套择偶的标准，这就是："一、不想娶有钱人家的千金小姐，怕娇生惯养脾气任性，我受不了。二、不要求形象娇艳，怕会不安于室。"李志芳就是符合这两条标准的人。唐耿良两条标准制定的原则，其实也是他从书中学得的（说书人，时常会在有意无意间，与自己书中的人物有些许相似）。《三国》中有"莫学孔明择妇，止得阿承丑女"，意思是劝诫世人不要效学诸葛亮娶黄承彦的丑女儿。然而唐耿良却愿意效仿孔明先生不片面追求外表，而是将心灵美放在首位。此外，在唐耿良看来，说书虽能赚钱养家，但毕竟属于跑江湖的，常年在外奔波，如果家中妻子不安稳，对事业、对艺术都是非常不利的！

就这样，唐耿良与李志芳开始了正式的交往。空闲时，二人漫步在黎里水乡，讨论着艺术，憧憬着未来。眼看就要准备谈婚论嫁，谁知道发生了一件节外生枝的事情。

唐耿良本打算与李志芳在结婚之前举办一次订婚喜酒，恰好李志芳在上海教书的胞兄来黎里度假，得知此事后勃然大怒，认为唐耿良只不过是一个说书卖艺、吃开口饭的江湖人，阿妹嫁给这样的人既辱没门楣，又不能保证婚后生活的如意。然而李志芳对唐耿良情有独钟，不能接受胞兄的观点，于是向作为书场老板的堂兄求助。书场老板认为唐耿良为人厚道，醉心于艺术，没有一般艺人的江湖气，同意唐李婚事。李志芳的胞兄一怒之下拂袖而去，还在苏州花钱登报声明与李志芳脱离兄妹关系。消息传来，让唐耿良内心郁闷了好一阵子，他既感谢李志芳矢志不渝的爱，又发愿今后一定奋发图强，做一个不被别人瞧不起的说书人！

订婚风波过后，李志芳为唐耿良做了一双拖鞋、一双布鞋，希望他在未来的人生路上脚踏实地，干出一番事业来。而唐耿良在做完黎里的场子

唐耿良与夫人李志芳结婚照

后，去朱家角演出，生意特别的好，他用赚来的钱为李志芳买了金戒指、金手镯作为结婚纪念品。后来回到苏州，唐耿良在西善长巷55号租了房子作为新房，房东吴玉良，是一位善良正派的教员。[①] 唐耿良又买了一套八成新的二手家具，虽说简陋，毕竟是唐耿良说书辛苦所得，无须仰人鼻息。

民国三十三年（1944）初夏，唐耿良与李志芳在苏州结为秦晋之好。先生唐再良特地从上海赶来参加爱徒的婚礼，并作为证婚人讲了话。遗憾的是，李志芳的家庭无一人出席婚礼，随后的三朝还娘家也只好取消。

新婚燕尔，生活虽清苦，却充满了欢声笑语。现在，让我们从唐耿良次女唐力平的文字中，进一步认识李志芳，以及唐、李夫妇的感情生活吧：

父母是在书场里相识的，一个是说书的艺人，一个是书场老板的堂妹兼书场售票员。父母又是在艺术的殿堂里相恋相爱的。因为父亲，母亲的胞兄登报与她断绝兄妹关系，但她却仍然一往情深。因为父亲是艺人，母亲风尘仆仆，追随着父亲漂泊于江南水乡，奔波于城镇码头。即使怀孕两个月的胎儿因颠沛流离而不幸流产，她却仍然义无反顾。父亲常年在外忙碌，操持家务，拉扯大五个子女的重担，是母亲独自默默地承担了22年。没有母亲，就没有"唐三国"这朵评弹艺术的奇葩。这是一朵父母用汗水、智慧和心血共同浇灌的花朵。这是他们爱的结晶。

---

① 1994年，唐耿良重返苏州寻梦，找到了当时结婚时租住的房子，房东已然谢世，房东的太太已年过七旬，相隔五十年还是马上认出了唐耿良。

父母都爱美，爱人生的美，爱艺术的美，也钟爱大自然的美。

母亲特别爱花，生前珍藏着一只非常美丽的水晶花瓶。春夏秋冬，她总会买回一束束四时鲜花：腊梅，水仙，康乃馨，玫瑰，菊花。然后小心翼翼地插在花瓶中，天天换水。花瓶中的花还没有完全凋零，新的就已经买来换上了。几十年，从未间断：我们就生活在花的世界中。

记忆中的母亲，在我很小的时候，不管家务怎么忙碌，每天都会打扮得漂漂亮亮的，然后在胸前的纽扣上佩上一排用细铁丝串上的白兰花。看着她，谁都会觉得赏心悦目。微风拂过，从她身边便隐隐地飘来一阵阵淡淡的、优雅的香味，顿时令人心旷神怡。母亲是用她的乳汁哺育我们长大的。她的乳香和她胸前佩戴的白兰花的清香直到今天，还一直伴随着我们，在我们的鼻前，更在我们的心中。

母亲爱花，让热爱妻子的父亲也深深地爱上了花。1962年，父亲去香港演出，他用发下来作为零花钱的仅有的些微港币，买了一束李嘉诚的长江工业有限公司生产的塑胶花，带回来送给母亲。母亲甜滋滋地把它装在花瓶里，放在壁炉架上，还不时地用清水加洗洁精清洗它。虽然是塑胶的，但这瓶浸染着父亲对母亲的爱的花却一直是那么鲜美，永远在母亲的心中绽放着。

通过这些饱含深情的文字，一位胸前总是佩戴着白兰花、勤勤恳恳操持家务的女性跃然纸上。在唐耿良与李志芳的婚姻生活中，李志芳义无反顾地承担了家庭的各种"重担"。唐耿良坦言："我当时工作很忙，在家的时候很少，照顾孩子、教育子女的重任都落在她（即李志芳——笔者注）一人的肩上，全靠她忙里忙外地张罗着。我能没有后顾之忧地深入生活，编演一些书目，做出一些成绩，都和她的支持分不开。"

次子唐力先回忆："小的时候，我们很难见到父亲，因为父亲平时很忙，既要开会，又要演出，时不时地还要到外地出差。我们平时多数时间是与母亲相处，母亲时常带我们出去逛公园，父亲很难做到。"李志芳去世后，已在安徽师范大学任教多年的长子唐力行带着土特产回到上海时，伤感地对唐耿良说："要是姆妈看见我带着那么多东西回来，她勿晓得有多少高兴

唐耿良（坐者）与长子唐力行全家合影

呢！"可见母亲李志芳在孩子们心中的地位。

后来唐耿良进入上海市人民评弹工作团时，与韩士良既是同事，又是近邻，李志芳常常携带孩子们去韩家玩耍。韩士良的儿子回忆说："我父亲长唐耿良一辈，又因为父亲年岁大的缘故，那时候我们家有需要帮忙的地方，唐耿良的妻子李志芳时常会来帮忙解决。"唐耿良与弹词名家蒋月泉是终身挚友，两家的感情很深。1962年，蒋月泉的妻子邱宝琴病逝，李志芳倍感哀痛，主动前往蒋家帮助料理丧事。由这些点滴的事例，我们都可以看出李志芳不仅是操持家务的好手，更是亲戚朋友的知心人。

唐耿良与李志芳共哺育子女五人，长子力行（1946年生）、长女力敏（1947年生）、次女力平（1950年生）、次子力先（1951年生）、小儿力工（1953年生）。在母亲李志芳精心培育下，在父亲钻研精神感召下，子女们均有所成就：长子现为上海师范大学历史系学科带头人、博导、教授，长女上海清华中学高级教师退休，次女定居加拿大担任幼教工作，次子任北京科技大学成教学院上海分部主任及北京科技大学远程教育学院上海学习中心主任，小儿在苏州监理公司任副总经理。除了父亲榜样的力量，子女们还更多体会到来自父亲的关爱。谢毓菁曾在《上海书坛》（1949年4月2日）发表文章，记载了一段往事：

星期一唐耿良兄于沧洲，彼云：小犬病矣（这一句多客气，子为小犬,则耿良兄实授之老犬矣),病乃痧子,病况经过良佳,唐子(唐耿良子),聪明伶俐,活泼逾恒,其父爱若掌珠,因此心绪不宁,刻刻挂念,怕不要将刘备误说曹操,乃向各隶书场乞假庖代,己则床上睏睏看看杂志,外表悠然自得,其实内心不宁已极……

从谢毓菁的戏谑之言中分明能读到唐耿良外严而内慈的父爱。彭本乐曾讲述了唐耿良的另一则父爱故事:

　　1974年,唐老师、江文兰和我,为了编写中篇《春满水乡》,去青浦的商榻公社深入生活,住在淀山湖边上,那里水产丰富。

　　某天,食堂里卖给我们一些金钱蟹,一斤要有10多只。在江文兰老师的指点下,各自制作了醉蟹。没过几天,我们的醉蟹都已吃完,可是唐老师一只都没有动过。他说,要把醉蟹带回去,"孝敬"伲子、媛五。我们都说他"想勿穿",他也承认自己有点想勿穿。

　　每过几天唐老师就要倒腾一次,把浸在下面的醉蟹调到上面,再把上面的浸到下面。一边倒腾,一边笑眯眯地嘀咕着:"嗨!想勿穿,真是想勿穿!"有时还要微微摇头,看得出,他的心里是甜滋滋的。

　　据唐老师的子女们回忆,在"文革"中因工资削减生活拮据,家中伙食不好。一次,把旧报纸卖了,买回点猪肉。唐老师只吃肥肉,把精肉让给子女们吃,还说,肥肉好吃"秃落落"。因他的胆固醇很高,子女们对他的饮食限制很严。

　　在20世纪70年代初,上海评弹团的厨师潘阿泉擅长红烧走油肉,唐老师买了之后总是舍不得吃,要带回家里,再放些蔬菜和豆腐之类的东西烧成一锅,全家一起享用。想勿穿!

　　唐老师的张飞脚色起得很好,父亲脚色起得也好,或许更好。[①]

不同于某些艺人在婚姻生活、家庭生活中的不愉快、不和谐,唐氏夫

---

① 唐力行主编:《别梦依稀:说书人唐耿良纪念文集》,商务印书馆2015年版,第139—140页。

妇一辈子都能做到相敬如宾、相濡以沫,从来没有所谓的"绯闻"之说。有人说"唐耿良怕老婆",实质上这是对现象的一种误读,只能让人微微一笑而已!唐耿良与李志芳共同生活了二十二年,晚年在其回忆录中写道:"我呢,10岁丧母,中年丧妻,这人生中的三大不幸中我竟轮到两大不幸!只能哀叹自己的命乖运蹇了!"可见唐耿良对妻子刻骨铭心的爱!

第七章

申城响档共扶携

1944年9月30日（农历八月十四日）上海《申报》刊载了一则演出广告：

　　　　沧洲书场中秋日起
　　　　日场二时半，唱足一小时
　　　　韩士良《水浒》
　　　　魏含英《珍珠塔》
　　　　唐耿良《三国志》
　　　　夏荷生《描金凤》

　　这是唐耿良首次进上海演出的广告信息。实际上唐耿良早就萌生了进上海演出的想法，他认为："我说书十年，在苏州以及江浙码头也有了名气，可以称为码头响档，但这只是低层次的响档。我的奋斗目标是争取成为上海响档。"

　　唐耿良之所以看重到上海说书，主要是因为开埠后的上海得风气之先，逐渐成为中国经济文化中心，评弹新气象层出不穷：男女共坐一书场听书；男女评弹艺人同台献艺；用苏州话做广告，足见占移民75%的江南人在租界的人气之盛，以及评弹市场之大；各游戏场纷纷推出融入海派文化元素的苏州弹词戏；知识精英为评弹定位造舆论；上海响档优于苏州响档。①

　　对于新婚燕尔的唐耿良来说，进上海说书、成为"上海先生"成了他心头最大的愿景，但一直苦于没有机会。就在唐耿良苦闷不已的时候，

《申报》广告

① 参见：唐力行为"评弹与江南社会研究丛书"撰写的总序。

1944年农历七月的某天,在章练塘长春园书场说书的他接到了一封来自上海的信笺。拆开信封一看,唐耿良惊呆了!

给唐耿良写信的是当时蜚声书坛的、光裕社第一号大响档夏荷生。原来上海沧洲书场的老板邀请夏荷生中秋节去演出,还委托夏氏安排阵容。夏荷生在信中邀请唐耿良中秋节前往沧洲书场说书,如果同意进上海的话,还可以代为

夏荷生

安排东方、大陆等书场。夏荷生在信中还告知唐耿良,拟定头档韩士良、二档魏含英、三档唐耿良、送客夏荷生。

捧读夏荷生的来信,唐耿良激动不已——终于有机会进上海演出了。沧洲书场是上海最高级的新型书场,原创设于上海静安寺路(现南京西路)沧州饭店内,创办人为陈子桢、江守陆,1943年迁至成都北路470号二楼,称为新沧洲,书场的三楼是中国画院、四楼是吴淞福致饭店和著名的亚美麟记电台。沧洲书场是狭长形的所谓扁担场子,书台置于场子的正中,正面座位都是藤靠椅,两面是帆布座椅,客满时连加座约有五百客左右。书场装修新颖,墙壁为粉红色,顶部天蓝色,灯光柔和,扩音设备一流,每一位到场的听客都能清晰听到艺人每一句说表和每一段唱词。此外,沧洲书场还率先以七折优待的票价实行月票制,后为一些书场效学。沧洲书场聘请的说书先生多为名家响档,如夏荷生、薛筱卿等;亦说红诸多名家,如张鉴庭、姚荫梅都是在沧洲书场奏艺后享誉书坛的。

唐耿良对于能进沧洲书场演出,兴奋之情溢于言表。更为重要的是,夏荷生安排的阵容对唐耿良大大有利——安排在第三档,这是最好的档次,既没有抽签的压力,又容易出彩讨好。回家之后,唐耿良将此事告知了妻子,李志芳很是开心。当天夜里,唐耿良在灯下诚惶诚恐地给夏荷生写了回信。信中首先感谢了夏先生的提携之恩,同时也陈述了自己的困难,

毕竟唐耿良从未进过上海，人生地不熟，除了吃需要自理外，还有住宿等方面的问题。没过几天，唐耿良又接到夏先生的第二封亲笔来信，信中表明愿意让唐耿良先借住在夏家，吃饭也可搭伙，等到熟悉了环境后，有条件了再另租房子。可以说，夏荷生对后辈的关心是无微不至的。深谊高致，却之不恭，唐耿良感愧有加，当即答应了夏先生的邀请。

进上海之前，唐耿良更加勤学苦练自己的书艺，为的是要一炮打响，不负夏师雅望，不被"漂"回来。此外，因为毕竟是借住在别人家里，不便偕妻子前往，唐耿良便将李志芳安顿在苏州的家中，要等在上海租到房子后再接妻子去沪。

这一年农历八月十三，唐耿良抵达上海，住进了夏荷生府上。夏先生的家在法租界贝勒路（今黄陂南路）望志路（今兴业路）的一所石库门西式房子的三层楼里，家中雇有娘姨、大姐、包车夫等数人，生活讲究排场，伙食也很精美，这让初来上海的唐耿良大开眼界。

为了不辜负夏荷生的信任，也为了自己能站稳脚跟，唐耿良反复思考着如何能在沧洲书场说好让听众和同行满意的书。

唐耿良首先想到的是，在上海说书一定要适应上海的节奏。众所周知，评话为了适应上海听众的听书习惯，艺人们不断革新着自己的说书方式。过去老听客听书讲究个"慢"字，尤其是上海柴行厅和汇泉楼书场，那里的听客本身没有火气，要求说书人也要讲究"慢"。"清末四大家马姚赵王，说的书无一不慢，上得台来，咳嗽、嗅鼻烟、调弦、打扇、饮场，再咳嗽，然后开口念'定场词'，一刻钟过去了，正书尚未起头。听的人没有反感，认为这是应有步骤，或者'味道'正在其中。"然而到了这一时期，上海书坛的风气明显变了，那些属于名家响档的评话艺人多属于"快口"，《铁报》记载张鸿声（1908—1990）就因为说书快被称为"飞机英烈"。

唐耿良晚年是这样谈到张鸿声的：张鸿声自幼遍听名家说书，14岁拜蒋一飞习说评话《英烈》，18岁进上海未能立足，21岁出道后长期在苏州、常熟、无锡等地演出。1935年中秋节，27岁的张鸿声到上海演出，受聘于城隍庙得意楼书场做日场的头场。当时城隍庙是上海书场较为集中的地方，就在得意楼旁边同时有三家书场都在开说评话《英烈》，这三位演员都是说评话的名家：一位是老响档叶声扬、一位是在电台中有相当号召力的许继祥，还有一位则是张鸿声的先生蒋一飞。与三位大响档敌档，加之得意楼书场的二场是有着"塔王"之称的魏钰卿，张鸿声的压力可想而知。在说书的前三天，张鸿声虽然非常卖力，但却只做到四五十位听客。说到第四天的时候，张鸿声仍只有50名左右听客，眼看生意要"漂掉"了。就在这一天，恰巧二档魏钰卿迟到一刻钟，原先准备听魏钰卿书的人已经进场占座了。张鸿声灵机一动，抓住魏钰卿迟到一刻钟的机会，使出浑身解数，为自己做广告。当说到常遇春马跳围墙的时候，龙驹宝马有一声长嘶，张鸿声底气充沛，将马嘶发挥得淋漓尽致，博得听众的热烈鼓掌。等魏钰卿这时再进场，张鸿声的一刻钟广告已经征服了听众。从这之后，张鸿声的听客越来越多，他也更加卖力，把长篇书里琐碎的枝蔓统统略去，行书爽快，听众们觉得他比其他三位大响档好听，结果得意楼书场的头场客满，上座率超过了其他三位前辈响档。正是因为张鸿声能迎合听众口味，行书爽快，听众称其为"飞机英烈"。除此而外，张鸿声"每一噱头，必能使一般听众仿佛谏果回甘，忍俊不禁。他的好处，一不卖关子，二不牵丝板藤，一口气说到底，听客大为欢迎。有人甚至说他的书艺，比老师蒋一飞还要登峰造极。"为此，张鸿声说的书在上海深受女听众的欢迎。

　　唐耿良对评话《三国》的整理加工适应了上海听众行书"快"的要求。如在他的书中，"赠马"只有一回，而同时代的其他艺人多是两三回说完，在听众看来，唐耿良的书精炼、不拖沓。

　　上海大多数听众除了要求书路快之外，还要求"说书说势、说书说时"。为了能获得上海听众的认可，唐耿良反复琢磨上海听众的口味。唐耿良知道，过去许继祥说书说法新颖，语汇能切合时代潮流，每天读报，选择报端新闻穿插书中，很受听众欢迎。唐耿良平时也喜欢看书读报，对时势新闻有一定的了解，所以他也运用了许继祥的这一方法去演出。当时正值全民族抗战的第七年，美国的远程轰炸机轰炸了上海杨树浦发电厂，发电机炸毁了，造成电车停驶、电灯熄灭、电梯停运，唐耿良结合这条新闻在当天的演出时放了一个噱头，全文如下：

苏州说书老前辈朱耀庭，今年81岁了，到上海来探望他的儿子朱介生，刚走到国际饭店门口，电厂被炸毁，马路上一片漆黑，他住在西区，电车停驶回不了家。他想反正身边有钱，开开洋荤，住一夜国际饭店吧。于是推门进去，只见柜台上点着洋蜡烛，他问职员："有房间吗？"回答说："电话不通了，你自己到楼上去问吧。"朱耀庭要乘电梯上楼，被告知："停电，电梯不能开，你走上去吧。"老人无奈只好从楼梯走上去，到二楼一问房间客满。走到三楼还是没有，他一层一层走上去，直问到24楼，房间仍是没有。他朝窗外一望，东方发白天亮哉。房间不要借了，下楼吧，电梯仍旧停驶，他一层一层走下来，等到走到国际饭店门口，天倒又夜哉……①

这样的噱头结合了当时的社会形势，听众听后哄堂大笑。实际上唐耿良放这样的噱头不是随意乱放的，在他看来，说书的开场白很重要，"开场白中的噱头更是重中之重，开场白引得听众哄堂大笑，书场里的气氛活跃了，接下来正书说唱就容易引人入胜了。说书人的行话就叫做'戳开'。"

噱头用得恰到好处，可以辅助说书，引起共鸣。在上海说书时，恰逢汪精卫去世，南京汪伪政府下令所有电影院、戏院、书场一律停止文娱活动七天。说书人一天不说书，一天就没有进账，因而心里对汪伪政府这一举措很痛恨。等到七天终于熬过去，第八天唐耿良再次登上沧洲书场书台，便放了一个噱头：

刚才有一位听众问我："这七天你在做何消遣？"我说我在家哭了七天（这时听众都愣住了，你怎么会为大汉奸之死而伤心痛苦？）我接着说："我们说书人一日不说书，一日不活，我一天赶四付场子，七日不说，一个铜钿都没有进账，我越想越伤心，眼泪哭了两脸盆。"②

---

① 唐耿良著，唐力行整理：《别梦依稀：我的评弹生涯》，商务印书馆2008年版，第43页。
② 同上书，第44页。

听众因深以汪伪政府附逆为耻，唐耿良的噱头起到了讽刺的作用，故而深受听众欢迎而博得满堂笑声。唐耿良在传统书中加入现代元素，这种新颖的说法赢得了上海听众的好评。《新民晚报》1947年2月16日载罗汀语："唐耿良在新仙林开讲《三国》，有时他所加的穿插倒很有点意思……说书而能穿插笑料，已很不易，再能加上点时代的讽刺，确是难能可贵的。"

在沧洲书场说了一个月左右，唐耿良与头档韩士良逐渐熟悉了起来。得知唐耿良目前正借住在夏荷生家，韩士良决定将自己在大世界附近保安坊的一个四层阁楼借给唐耿良。欣喜之余，唐耿良将妻子接来团圆。此后的日子里，李志芳每天都为唐耿良准备可口且营养丰富的饭菜，日子过得悠哉游哉。唐氏夫妇最开心的是，妻子李志芳怀孕了。

天有不测风云。就在夫妻俩憧憬着未来美好生活的时候，一场突如其来的变故让唐耿良陷入了深思。当时社会因战局越来越紧张，交通运输日益困难，北方的煤不能及时运到上海，居民烧饭只能用柴禾作为燃料。柴禾点燃时浓烟滚滚，加之上海的厨房多为几家共用，油烟特别大。这样的环境对于怀孕两个月的李志芳来说是极其不利的，为了不影响丈夫说书，她默默忍受着烟熏带来的咳嗽。待等唐耿良知晓时，妻子已然流产了。

唐耿良内心十分难受和内疚，在他看来，妻子的流产是他造成的，如若不是他选择进上海说书，就不会没有地方住，妻子也就不会因烟熏而咳嗽、流产，因为上海之外的场子都是提供住宿和伙食的。眼看就要到春节了，请唐耿良说书的场子很多，为了不让妻子再被烟熏，唐耿良决定去码头上说书。临行前，唐耿良请了保姆服侍卧床妻子，并嘱咐其在上海安心静养。晚年的唐耿良回忆说："虽然圆了进上海说书的梦，然而这梦的结局却又是苦涩的。"

在这几年间，唐耿良接了不少场子。1947年大年初二，横云阁主张健帆到东方书场听书，头档就是唐耿良之《三国》，说的是徐庶为夏侯惇看相一回，张评价唐"噱头百出，以轻松见胜"。经过各种码头和书场的锤炼，唐耿良的艺术渐趋佳境，深受各地听客好评。《书坛周刊》第17期（1948年10月17日）记载："唐耿良隶'中央''大观园'等数显面场子，红极一时。据苏州光裕社理事长钱景章君谈：某刊所载一落千丈，显属恶意中伤，该社将代耿良函沪追究谣传来源，以免为奸徒所乘云。"更有人写文章对唐耿良的书艺大加褒扬，《书坛周刊》第28期（1949年1月9日）发表了一篇署名为知音客的文章——《唐耿良的现代三国》记载：

唐耿良是近数年来窜红起来的少壮评话家，说三国志到处吃香，已成为响档。自从和张鸿声、张鉴庭、周云瑞、蒋月泉、潘伯英诸档同场献艺，或联合出码头，更使书迷瞩目。

擅说三国志的评话家，昔推许文安、何绶良、郭少梅、黄兆麟、汪如云、唐再良诸人，最受人爱戴。目前仅余汪唐二老辈，其余都已下世，唐耿良在数年前，初到上海，登台献艺的时候，见他年轻貌俊、风度翩翩，也像少年时代的唐竹坪一般漂亮，因此座上听客，误认他是唐再良的儿子，后来才知道是唐再良的门生之一。同门顾幼良和袁显良，书艺都很佳妙，在各码头也很出锋头，可是总不及唐耿良名闻遐迩，就为了他登龙有术，"出相"又佳。

评话家的正宗传派，自须起足脚色，而且限于昆剧中的人的念白动作，方算得体，若是仿效平剧，就被认火爆，失之太"野"。至于不起角色，像讲故事一般的闲闲说来，叫做"平讲"。即如半路上出家的郭少梅，说三国志偏重考据，也使书迷听得津津有味。他的传人，只有改名健康的沈惠堂，有五六分似处。还有脱尽火气，纯用静功的评话家，当推已故的许文安。状两军交锋，刀来枪去，端坐着伸指蘸臭桌上的鼻烟，指东画西，运用眼神口劲，看似平淡，神情独到。唐再良就是这种说派，可是他发音太闷，难得起立，过于呆板。唐耿良功力既浅，并不学像他的业师，这是他的聪明处。

唐耿良的唯一特点，在台上说法现形，飘逸自然，显得非常轻松，噱头俯拾即是，妙在将古比今，雅俗共赏，并不低级，完全仿效已故英烈名家许继祥的作风，不过嗓音既较继祥嘹亮，虽脚色不能起足，可是他身材并不魁梧，在台上跳来跳去，也很有劲。最难能可贵的，就是这部敷陈历史的三国志，在他口中说来，描摹刘关张、赵子龙、曹操、鲁肃、诸葛亮等角的个性行动，好像近代人物，如在目前，并不陌生。因此使新型书场的座上女听客，也听得趣味尽然，绝不厌倦，所以被称"现代三国"。他的成功，半恃说书天才，半靠联络响档。出道到上海，就隶显面书场。据说三国志用轻松语气开讲，曾经说刺马的潘伯英暗中提调，指导过的。

这篇文章的作者不愧为深谙评话历史的"知音客"，对《三国》名家的风格如数家珍，对唐耿良的艺术特点评论精到，更对唐耿良的成功作了简明阐释。在"知音客"看来，唐耿良的成功原因无外乎两个——"半恃说书天才，半靠联络响档。"

唐耿良站稳书台，尤其是成为上海响档，的确靠了前辈名家的提携（如夏荷生）、同道响档的相互协作。评弹艺人为了能长期把持显面场子，提高上座率，艺术相当的评弹艺人往往选择组合在一起应聘花式场子，有四十个档、三十个档、十兄弟、九兄弟等形式。说到底，强强结合的目的就是为了多赚钱。在唐耿良的艺术生涯中，也有与同道响档结成"联盟"的经历，这就是著名的"七煞档"。

每年正月二十四、十月初八为评弹业祖师爷诞辰，依例书场要停业一天，评弹艺人们集聚在一起庆祝三皇老爷的生日。据唐耿良回忆，1948年的正月二十四这天，全上海的书场照旧停业，全体艺人中午在三和楼聚餐，同时也邀请书场老板前来参加宴会。这一天，张鸿声多喝了几碗黄酒后，言谈间与沧洲书场老板张亚庸发生了争吵。本来是一场可大可小、可有可无的小事，岂料张亚庸不依不饶，与书场同业公会的老板们协商，要把张鸿声逐出上海书场。已然傻眼的张鸿声

1947年唐耿良（右）与潘伯英在嘉兴

无力抗拒书场老板们的决定，正彷徨落魄间，蒋月泉挺身而出，托东方书场经纪人高尚德通风报信转告书场同业公会，如果毅然揩掉张鸿声牌子，他们一批艺人将集体剪书。当时唐耿良、潘伯英、张鉴庭等都响应了蒋月泉的主张。书场方面生怕请不到名家响档，决定大事化小小事化了。张鸿声感谢蒋月泉等人的仗义言行，为表示感谢，相约八月中秋共同前往苏州奏艺，书场由张鸿声安排。当时参加的人员有张鸿声、韩士良、张鉴庭张鉴国昆仲、蒋月泉钟月樵、周云瑞陈希安、潘伯英、唐耿良等七档书。七档书强强联合，所到之处，卖座极佳，其他档子很难与之匹敌，便有人谑称其为"七煞"，于是"七煞档"之名逐渐闻名书坛。实际上，开始的时候"七煞档"是贬义词，意为凶神恶煞、不给别人活路，时间长了，"七煞档"反而成了书坛响档的代名词。

天下没有不散的筵席，何况本就是逐利而生的"七煞档"。中秋刚到苏州演出的"七煞档"，声势浩大、名动书坛，盛况空前。但很快七档书即决定分道扬镳，"该七大响档均定于农历十月初八三皇忌辰时，剪书离苏，各自分道扬鹏技。首次决定奏艺之地计：韩士良、周陈档赴常州'大观园'；张鸿声无锡'蓬莱'，蒋月泉常熟'仪凤'，潘伯英老吴市'天忆园'，唐耿良枫泾'渭园'，张鉴庭鉴国昆仲昆山'畅乐'等。"[①]1949年年档，"七煞档"仍由张鸿声安排场子进上海演出，后因各种原因利益矛盾纷杂丛生，自端午节起各自接洽场子，"七煞档"无疾而终。

唐耿良走红，最根本的还是应该在于他的表演艺术精深。他总能将故事情节用听众能够理解的方式展现出来。如《华佗别传》里说"热气乃蒸出，嚣嚣高二三尺"，唐耿良不说高度，而是改用了每一个中国人都能明白的几种比喻："病人身上冒出一股热气，像蒸笼里的馒头；汗流得跟下雨一样"。故事变得具体了，也就更加有助于增强画面感，历历细节都能给听众留下深刻印象。在评话《三国》众多脚色中，听众分明可以感觉到他就是

---

① 据《苏蒋月泉等七大响档，三皇忌辰起分道扬镳》，《书坛周刊》第18期，1948年10月24日。另据《书坛周讯》1948年10月13日报道："张鉴庭昆仲与韩士良赴梅李龙园开书，蒋月泉、钟月樵应聘常熟仪凤书社，张鸿声赴无锡蓬莱帮忙一时，周、陈档将去沙溪第一楼登台，潘伯英到老吴市雅乐献艺，唐耿良则去枫泾渭园淘金。"

"活张飞""活鲁肃""活周瑜"。他说表稳健、从容、富有书卷气,这是说《三国》者的最佳风范。彭本乐认为唐耿良的《三国》,既合情理,又颇夸张;既重史实,又富想象;既重说表,又多脚色;既讲历史,又论现实。这一点,评弹理论家周良先生也深为赞同。[1] 报人秦绿枝(吴承惠)也说过,"唐耿良好在什么地方,所说的《三国》也比其他人说的《三国》有水平。什么道理?他的文化基础好,他的理论基础好,条分缕析,所以讲得好!"作家沈善增说,唐耿良的唐派《三国》富有文学性,是他最喜欢的。评弹作家窦福龙也说在演说《三国》的诸多名家中,他最推崇唐耿良的《三国》。

唐耿良的《三国》在听众中有着相当大的影响。学者翁敏华的父亲,直至晚年仍是一位名副其实的唐耿良、"唐三国"迷。翁敏华曾在文章中这样介绍父亲痴迷的程度:

> 我父亲是个评弹迷,唐耿良、"唐三国"迷。听了一辈子,听不厌,如今陪母亲住进了敬老院,依旧是不可一日无此君。那年春节家庭聚会,恰到电视书场播出"唐三国"的时候,父亲酒喝到一半推杯挪盏,独自坐到电视机前侧耳聆听。人声喧哗,他一步步挪近,终于光火:"你们说话声音小点好吗?"众人瞠目:都听了半个多世纪、倒背如流了,还这等痴迷?正待回嘴,一瞥父亲的认真样,全体结舌。众声息,只略略沙哑的"唐"音,在屋檐下久久回荡。[2]

彭本乐曾告诉笔者,2011年上半年的一天,严雪亭的长子严梅生从西班牙回来,在上海1号饭店请客吃饭,席间,严梅生的太太大谈其在西班牙的生活:"每天在打扫卫生时听评弹录音,从上海带去的所有长篇全部听过,听下来还是唐耿良的《三国》好听。"由此可见,唐耿良的《三国》在听众中的影响。

成为上海响档后,唐耿良的收入得到了明显的改善。当时评弹界的响

---

[1] 笔者采访周良,2013年12月15日。
[2] 唐力行主编:《别梦依稀:说书人唐耿良纪念文集》,商务印书馆2015年版,第244—245页。

1994年，唐耿良回苏州站在乐桥上，背景为干将路，即豆粉园故居所在地

档们，如蒋月泉、张鸿声、严雪亭等纷纷在苏州买了房子。1947年中秋节，唐耿良在苏州书场演出，他物色到一所位于豆粉园16号的房子，于是便用1946年全年，加上1947年半年的全部积蓄买了这房子。房子很大，是民国时期造的西式房子，进去是一个大天井，天井后面是客厅，客厅后面是白颜色、很高的门，边上是厢房，再往后是储藏室和厨房，客厅后面是个柴房，再往后是个小门，小门后面就是现在干将路上那条河。那条河当时就从屋后流过。二楼更大一点，后面是个大阳台。刚搬进新居的时候，唐耿良的心里充满了自豪感。他想到："在我十二岁时，父亲把房子典押给人家让我学说书的。在我二十岁的时候便赎回了这所房子。因为地段偏僻，租给人家住。到我二十六岁的时候，自己买下了新房居住。将来后半辈子说书的积蓄，到老来开一爿小杂货店，可以安度我的余生了。"

第八章

革故鼎新应风潮

　　国共战局到了紧要关头，来沪避难的艺人逐渐增多，加之有些书场已经关闭，整个上海说书艺人失业者众多。此时，上海市评话弹词研究会这一评弹行会组织在理事长杨斌奎带领下，迅速展开了一系列救济活动。1949年4月5日，上海市评话弹词研究会假沧洲书场特邀唐耿良、潘伯英、范雪君、顾宏伯、杨振雄、蒋月泉、王柏荫等响档名家举办了一次特别会书，所得票款用来购买大米，分给处于困境中的道众。5月，唐耿良等人又在沧洲书场再次举行"救助失业道众特别义务会书"。《上海书坛》1949年7月30日载："唐耿良周四日'评弹会'为流动诊疗车筹募经费，假座亚美电台，举行义播，成绩良佳。"评弹组织的自救、自治功能以及评弹艺人间的互助得到充分体现。

　　解放前夕的上海，时局已经越来越紧。铁路运输中断，身处上海的唐耿良与在苏州的父亲失去了联络。蒋月泉早年为了赶场子方便购置了一辆奥斯汀小轿车，在这个兵荒马乱的年月也早早卖掉，改用三轮车代步，以免招摇惹祸。当时社会上谣言四起，有人听说共产党来了要共产共妻，就想逃到台湾，但台湾没有书场且语言不通，又如何维系生计呢？也有传言说共产党来了要大家做工劳动，不劳动者不得食，人们没有空余时间听书了，说书人也就此失业了，这该如何是好？蒋月泉准备自己买了帐篷、凳子开露天书场。唐耿良与蒋月泉商量，二人可以到苏州去买一辆二手的小汽车，经营往返常熟到苏州的客运路线，到时候唐耿良只管吆喝："喔唷，要去常熟的快快来啊，请来上车哦。"蒋月泉负责开车，一路上再奉送"蒋调"开篇一只！这虽然只是"聊付一笑"的想法，并没有真正实行，但实在不行只有放弃说书，而为稻粱谋的各种打算都是有过的。

　　战火逼近上海的时候，晚上城里戒严，搞得人心浮动。5月24日的上午，唐耿良从报纸上得知上海郊区战况激烈，整日里坐卧不安。然而此时的孩子却是天真的，四岁的儿子、三岁的女儿在沧洲书场的园子里奔跑嬉戏，儿子甚至调皮爬到顾宏伯说书的台子上，顾宏伯做一个动作，他就学一个，惹得台下哄堂大笑。睹此情景，唐耿良心想"幼儿不识愁滋味，假如这里发生巷战，子弹不生眼睛，妻儿的命运又将如何呢？"下午，唐耿良照常前往维纳斯书场说书，散场后回宿舍吃晚饭，妻儿们睡下后，唐耿良与比邻而居的刘天韵站在沧洲书场二楼的阳台上遥望南京路上的夜景。一面是早已关门休息的店铺、昏黄的马路路灯；一面是由西而东的军用卡车，上面装载的是撤到市区的国民党士兵。唐、刘二人忧心国事家事，却只能徒唤奈何。

1949年5月25日，上海苏州河以南地区解放了。

当天清晨，唐耿良起床后从沧洲书场底层烟纸店旁的侧门跑到街上了解局势，眼前的一幕让他惊呆了：成都路两旁的水泥人行道上，躺卧着熟睡的士兵，旁边贴着"三大纪律八项注意"的告示。居民老太拎着吊子茶杯慰问士兵，被婉言谢绝。目睹此情此景，唐耿良联想到苏州家中的房间被国民党军一个连长太太破门而入强行占住的情景。个中差异，让人感慨万端。唐耿良犹疑着打电话到维纳斯书场，询问今天是否照常开书？场方说戏院影院照常演出，书场自然也照常营业。吃过午饭，唐耿良到书场一看，听客依旧坐得满满的，"他们都被解放军的秋毫无犯所感动，放下心来按照原来的消遣习惯，仍旧到书场来欣赏评弹艺术。"[1]

在迎接和庆祝解放的日子里，评弹界协会组织了一个乐队，预备参加庆祝解放的大游行。协会把囤积的大米拿出来售卖，用这些钱购买了大小铜鼓等音乐器材，由评弹音乐家周云瑞担任指挥，每天在协会弄堂里操练。大游行那天书场全部停歇，但天公不作美，下起了瓢泼大雨。唐耿良和其他艺人一样，一大早就从家里出发，抵达游行现场时衣襟早已湿透。巧的是游行开始的时候，骤雨居然停歇，天空一碧如洗，云淡风轻，舒爽怡人。唐耿良随着游行队伍浩浩荡荡进了跑马厅（即人民广场），接受陈毅等市领导检阅。著名戏剧研究专家傅谨先生指出，"参加这种大型的公众游行，尤其是为了这种政治内涵非常明确的目的而参加公众活动，对于绝大多数艺人而言都是从未有过的新鲜体验，它在中国的戏剧艺人脑海中留下的深刻

---

[1] 唐耿良著，唐力行整理：《别梦依稀：我的评弹生涯》，商务印书馆2008年版，第54页。

印记，使此类活动的意义远远超出了一般意义上的时令庆典。"① 实际上，这类游行还有很多。如报纸《上海书坛》1949年9月28日刊载"火炬游行"预告：10月2日晚上，全体评弹艺人将参加国际和平斗争日的火炬游行。

1949年10月1日，中华人民共和国中央人民政府宣告成立，一切旧的东西都在按部就班地接受改造、改革，评弹也不例外。当务之急同时也是最重要的，是民间艺人纷纷表示了对新政权的认同。滑稽界泰斗周柏春在开国大典当天的《剧影日报》上说："希望剧艺界同志们一致起来，在空气中及舞台上广大宣传，以期达到全世界和平。"唐耿良则代表评弹界说："新政协是几千年来的划时代的大喜事，我们怀着非常兴奋的心情，来迎接这个人民自己政府的成立。"

早在解放前夕，中国共产党已经意识到解放之后有必要进行全国范围内的戏曲改革，1948年11月13日《人民日报》（华北）发表题为《有计划有步骤地进行旧剧改革工作》的社论，强调"旧剧的各种节目，往往不受限制、不加批判地，任其到处上演，在广大人民群众的思想中传播毒素，这种现象，是与新民主主义文化建设的方向相违反的，是必须改变的。"评弹的改革亦是如此。

1949年7月23日，《上海书坛》发表了谢毓菁的一则消息："星期二早与唐耿良、周云瑞，及老师（即刘天韵）访问左絃君（左絃即吴宗锡，后长期担任上海评弹团团长）于文艺处，谈改革事，应采如何之步骤，左絃指示颇详，然因题材缺乏，所有之新书，如《小二黑结婚》《李家庄变迁》《死魂灵》等，或以书性散漫，或书太短，颇难即可献唱。"显而易见，评弹的改革从来都是有计划地进行的。

如果说艺人访问左絃，体现了艺人在改革之初的懵懵懂懂，那么接下来的官方召集艺人集体开会，则更能说明官方对改革的重视。

1949年12月9日出版的《影剧新地》第9期发表了署名为穆幽的《新评弹的方向》一文，透露了评弹自改革伊始即受到官方的重视和领导："为了推进改良戏曲运动的实际工作，剧艺室曾一连串的举办了商讨有关各剧

---

① 傅谨：《新中国戏剧史（1949—2000）》，湖南美术出版社2002年版，第2页。

的编导问题的座谈会,本月五日上午九时至十二时,该室内乃召集了评弹工作者第一次座谈会,到会的有评弹界林孟鸣、陆淦、潘伯英、刘天韵、李隆基、姚荫梅、黄兆熊、陈雪犀(陈灵犀——笔者注)、唐耿良、杨振雄、张鉴庭、张梦飞、杨斌奎、徐雪月等。会由刘厚生副主任主持,首先他说明了座谈会的目的是在于对戏曲的改进提出具体而正确的原则,并以此来交换彼此的各种经验和心得。至于对剧艺室各种措施,也希望大家彻底地指点出来,以供随时的参考改进。"

作为个体的唐耿良庆幸着新时代的到来,但他的心中也在不断地思考一个问题——如何去适应这个新时代。

1949年6月8日《上海书坛》的一则报道,描述了解放之初唐耿良的心态。

唐耿良的书艺我们姑且不谈论,他的品行的确是好的。他不吸烟、不吃老酒、不赌博,起身很早。他十六岁便说书,但小学只读到四年级,他现在能读懂《史记》,看得懂《鲁迅外集》,这是说书界难得的。他自未解放前,就说一定人民军打赢的。待等解放了,他却又终日满面的心事,说我们说书先生不对的地方太多了,以后下去的俭改是很严重的。又说最好大家不要著毛货长衫,马上组织布衣会,因为我们著毛货长衫是不正常的。有的道中说他是投机,有的道中说放着现成的毛货长衫不穿,反而另做布衣,这是因俭而费了,有的道中说你现在也著毛货长衫,为何不马上穿布长衫呢?他被道中们说得面孔红起来,嗫嚅地说,"你们叫我一个人穿布长衫,我不要被听客笑我肉麻吗?我不高兴。"

未解放前对比国共两党的作风和行事,觉得"一定人民军打赢的"。甫一解放,则又"满面心事",因为"说书先生不对的地方太多了"。但唐耿良的思想还停留在形式方面的"俭改",满以为组织布衣会,换上布衣就可以顺应"解放"了。

说书先生不对的地方到底在哪里呢?《上海书坛》另一则署名"衡若"的作者在《与评弹界书》中对评弹的过去、现在和将来有着深刻的看法。

作者认为,旧时评弹界的"工作同志"曾遭到无限的苦闷,有时连话都不能痛快地说,只能钻向封建的圈子里去,专谈些符合反动派的说部。作者还动情地指出:"我知道这是每一个工作同志的精神苦闷,现在言论自由了,我们能够说出自己的衷肠话,并且要跟随了'解放运动'进而发展出一个'评弹改革运动',从旧阶段跳入到新民主时代的新艺术新文化圈子中去。"在这里作者两次将评弹演员称之为"工作同志",一方面作者的身份可能是共产党中人,另一方面也表明作者希望将评弹演员拉入共产党队伍中。作者深知评弹的受众范围广,"除了江南、浙北一带的大城区邑之外,还要进入到穷乡僻壤,那一个乡村没有书场的设备呢?"既然受众范围广,人民所受影响当然也就来得大,因而"评弹不废除,封建思想之说书人与旧说部却应绝对地淘汰与废除,这才不会贻害人民。"将评弹改造成为"人民至上主义说书"成了当务之急。

为了跟上新的时代,1949年6月底,上海市评话弹词研究会组织了一场说新书的会书,在沧洲书场演出。首先是会长杨斌奎的致辞,接着有陈莲卿和祁莲芳的开篇,范玉山、陈继良、陈鹤声的评话《赤石暴动》,刘天韵、谢毓菁、高美玲、杨振言的《骆驼祥子》,朱耀祥、徐天翔、杨德麟和范雪萍的《白毛女》,张鉴庭、张鉴国、朱慧珍、蒋月泉和周云瑞的《阿Q正传》,以及潘伯英、张鸿声、顾宏伯和唐耿良四位评话名家演出的《大渡河》(由潘伯英改编)。唐耿良在此回书中起一位苏州籍的红军脚色。他凭借想象,说这位红军战士,小时候在玄妙观用藤圈圈套泥菩萨练出一副好眼功,他在铁索上攀了过去,甩出一颗手榴弹炸毁一挺机关枪。这是唐耿良生平第一次说新书。

1949年7月1日,上海市评话弹词研究会在南京大戏院又组织了一场书戏,目的是募捐义演和慰问解放军。演出内容是潘伯英根据赵树理的《小二黑结婚》改编而成,由蒋月泉饰演小二黑,范雪君扮演小芹,刘天韵反串三仙姑,张鉴庭扮演二孔明,张鸿声演反面人物金旺。此外还有严雪亭、朱耀祥等大响档参加演出。因为书戏较短,在书戏演出之前又加演了唐耿良和顾宏伯的双档评话《李闯王》。当时的戏院坐得满满当当,听众反映强烈。唐耿良记得,当时的评弹协会为此受到了政府的表扬。这也充分证明，政府始终是评弹革新幕后的推手。为了响应共产党的号召，当时蒋月泉还与杨振言拼双档，每天去人民广播电台播唱陈灵犀写作的《白毛女》连续开篇，而且分文不取，积极表示靠拢共产党。唐耿良则每次开会必然到场，积极发言，而且还勤跑书店，买了不少苏联小说及解放区出版的书，以期从中学到政策精神跟上时代。

有一次在文艺处开会，发生了一件让唐耿良意外的事。他回忆："一个干部带头喊口号：'把唐伯虎送进坟墓去！'我闻'虎'色变，心情紧张，极担心自己的《三国》也被送进坟墓去。因为《杨家将》《英烈》都有反对异族入侵的爱国主义思想，《三国》只是军阀混战，刘、曹、孙争当皇帝的内容，很难找到什么符合时代要求的积极意义，日后会不会被批判或禁演？"

形势越来越紧，唐耿良感觉到评弹的改革不如其他地方戏，他开始思索如何能够进行评弹改革，于是便有了《剧影日报》1949年10月1日唐耿良题为《对改革评弹的希望》一文：

《小二黑结婚》演职人员后台合影（后排左二为唐耿良）

最近地方戏的改革颇呈蓬勃的气象，如越剧的《牛郎织女》《东王杨秀清》《李闯王》，沪剧的《九件衣》《王贵与李香香》等，成绩甚好，而评弹界的改革，与越剧沪剧相比，似较逊色，仅薛筱卿、郭彬卿的《新桃花扇》、周云瑞、陈希安的《陈圆圆》在电台播唱，其他会员甚少有新的创造。

究其缘故，因说书之性质与戏剧不同，如戏剧界有编剧导演，创作剧本，指导演出，演员们只须排练纯熟，即告成功，而说书的艺术不是那种集体艺术，它集编导演员于一身，且说书人大多自幼拜师习艺，读书甚少，限于学问条件，欲其自编一部思想正确的新书，的确困难，因单编一回两回或能敷衍，但说书系连续性的，要一下子编成一百多回，更为困难。但评弹会员们鉴于别的地方戏剧都有新姿态演出，而我们的成绩表现得最少，内心是非常苦闷的。

如此说来，评弹是因困难而不改革了，抱着旧的本子等新时代来淘汰它吧？不，决不，每一个有思想的评弹会员，决不愿使具有相当历史的艺术遭受淘汰，都急切的希望有一部新内容的书来说唱。但自己不能够编著，新书如何产生呢？幸有爱好评弹的李隆基先生代着我们编著《小二黑结婚》，该书将由刘天韵、谢毓菁播唱，再有一位林先生编的《梁祝哀史》，将由张鉴庭、张鉴国播唱。

一方面希望文艺界爱好评弹的先生们供给我们以正确思想的新本子；一方面我们也在自我检讨，旧本子中属于迷信的封建的内容尽量删除，设法改革，目前最要紧的是搞通自己的思想，不要有意无意的为封建意识张目，更不要迷恋旧本，自甘被弃于新的时代里，这是我对改革评弹的一点希望。

由此可见，评弹的改革或革新一要有新本子，二要检讨旧脚本。为了"尽量删除"旧本子中"迷信的封建的内容"，上海市评话弹词研究会成立了"检讨委员会"以审查不良旧脚本。并于九月二十二日上午在会所内举行，分数小组，《杨乃武》由李伯康负责，《玉蜻蜓》由俞筱云负责，《三国志》由唐耿良负责，《描金凤》由杨斌奎负责，《岳传》由张汉文负责，《三笑》

由徐云志与刘天韵负责,《落金扇》由黄兆熊负责,《彭公案》由陈继良负责,《水浒传》由韩士良负责,《刺马》由潘伯英负责,《英烈》由张鸿声负责,《珍珠塔》由薛筱卿负责,《果报录》由唐逢春负责,各组脚本互相交换删改,由检讨会查核,再送文艺处审核。

唐耿良发表的文章

在此之后,唐耿良还积极主动联系评弹作家编写新书。"唐耿良自本月九日起开始和陈灵犀先生取得联络,因为他近来正在埋头编《太平天国》新书,未免有些历史情形是不明了的,需要向陈老夫子讨教。"(王朗:《空中报导》,《上海书坛1949年11月12日》)所编之书受到听众欢迎:"他说得非常流利纯熟,还将旧历史翻身,从洪秀全在金田村起义开书,把一百年前的民族革命英雄,描摹得如生龙活虎,报告年代和赔款等数字,非常正确,好像听讲历史,值得佩服……"(百批:《第三期实习新书开始》,《上海书坛》1949年12月3日)为了提高新书的质量,唐耿良还与后来被称作"苏州四老"之一的范烟桥先生商议从"取金陵"写起,先搜集材料,然后把故事组织起来,为了方便唐耿良回到上海在电台试播,范每次只写一点,打个样子而已。因为范写惯了小说,重在结构,不关注故事的详细叙述,使得唐在演出时遇到了极大的困难。因此可以说第一次编写《太平天国》是失败了。后来唐耿良又对《太平天国》脚本进行了处理,并前往电台试播。虽然每天他在电台说书时间为中午十二点三刻至一点半,但唐耿良总是提前三刻钟抵达电台进行准备,翻看所带的参考书进行研究。

当时出现一股编新书、说新书的热潮。已然声名显赫的蒋月泉看出《水浒传》农民起义、造反有理的题材符合新政权的宣传,便投拜擅说《水浒》的名家韩士良门下。1949年11月2日的《上海书坛》发表题为《韩士良正式收录蒋月泉为徒》的文章,报道"介绍人为张鸿声、唐耿良,十万元拜师金,介绍人也有;蒋拜师是因为要改说新书,当时艺员均纷纷改编新书,想改《水

唐耿良演出照

浒传》。实际上唐耿良深知，要编演一部像传统书一样的作品将是一个长期的艰巨过程，因为《三国》是经过一百多年几代人的反复锤炼，才达到今天这个水平，匆忙间要编出一部受听众欢迎的新书，恐怕是力所难及。但形势已经不能由艺人掌控，"编说新书是保住饭碗的必由之路"。

除了积极编写新书之外，唐耿良还参与各项社会活动。如1949年9月9日上午，在汇泉楼书场，他和潘伯英合作，免费演出《李闯王·饥民借粮》一段；又每逢周五下午七时起，到工厂给工友说书。次日《解放日报》也提到唐耿良自告奋勇进工厂说书。除了为工人服务外，唐耿良还积极参加公益活动。上海市六大弹词票房为贫儿工读院捐募经费，特在亚美麟记电台义务播音。播至下午六时许，刘天韵、唐耿良二位热心人士居然也上播音室里来向各界呼吁报告，他们之热心慈善公益由此可见一斑。显而易见，唐耿良希冀获得一个全新的社会身份，而不是简简单单的民间艺人。

第九章

香江初渡意如何

从 1947 年到 1949 年，唐耿良每年春节至端午都在上海演出，其余的时间则会到苏州、无锡、常熟及浙江各地说书。1949 年端午之后因时局变化，唐耿良没有离开上海，起先上座率还算可以，到了 8 月中旬之后，已然没有新鲜感的听众们开始不买账了，上座率骤然下降。唐耿良心想，1950 年春节无论如何不能再留在上海演出了，否则肯定会漂掉。

正当唐耿良考虑春节该到何处演出时，一个新的机会来了。一天演出后，蒋月泉约请唐耿良散了夜场后到他家里去谈谈。唐耿良如约前去，蒋月泉对唐耿良说："西藏书场的老板孙洪元中秋之后离开上海，在香港六国饭店屋顶阳台用帆布搭建了一个书场，派谈和尚到上海来请艺人，要我帮忙组织四档书去演出。包银是每档一个月十两金子，包三个月，管吃管住管接管送。如有堂会演出，收入全归演员。"

唐耿良一听，先是喜，后是忧。喜的是，在上海演艺不景气的情况下，香港是一个令人向往的地方，过去曾有王畹香、徐剑衡、范玉山、范雪君等人均去演出过，近期也有李冠卿、顾玉笙等人奏艺，能够到香港演出，可能会名利双收。唐耿良还考虑："那里包银优厚，收入不菲，演出三个月可以积蓄一笔钱，将来编说新书，演出收入减少可用于贴补生活。"忧的是，新中国刚刚成立，虽然人民政府有明确的政策，任何人都可以去香港，来去自由，但香港毕竟属于英国管治，是资本主义社会，贸然前去，会不会被误解为政治上不进步，对将来有影响？回到当时的时代来看，作为个体艺人的四响档，演出赚钱是天经地义的，何况单干艺人一日不演，一日勿活。这些解放前过来的旧艺人，为了生存而寻求较好的市场，本来是无可非议的。于是唐耿良与蒋月泉商量四档书的组成，三档弹词分别是蒋月泉、王柏荫；张鉴庭、张鉴国；周云瑞、陈希安，一档评话为唐耿良。四档书确定后，七人相约要保密，临走时要悄悄动身。

世间从来就没有不透风的墙，四响档赴港的事情还是走漏了风声。当时上海军管会文艺处正筹备举办上海市戏曲春节竞赛，说唱七天新书。有一天评弹协会在沧洲书场召开动员大会，文艺处一位剧艺室的联络员上台发言，动员新书竞赛的事情后，紧接着话锋一转说："上海有四档书，不参加为上海人民说新书而要到香港去为那里的白华说书！你们同意不同意？"台下的同行们群情激愤大声高喊："不同意！"坐在唐耿良旁边的一位晚报记者拉着唐耿良的袖子对他讲："你赶快表态说不去了！"唐耿良等七人迫于形势的压力，只得表示退回包银，不去香港了。

散会后，唐耿良将会上的内容告知住在沧洲书场楼下宿舍的妻子，妻子非常紧张地对唐耿良说："快回绝香港吧，不要去了。"不甘心就此放弃香港包银的七艺人晚间聚在了一起，共同讨论该如何办。张鉴庭说："英国已经承认了中国是邦交国，我们到朋友的属地去演出，为什么不可以呢？"但现在代表官方的文艺处干部声言不给七艺人去香港，如果七人强行前去，这里就有了对抗的意思，万一干部不高兴，让评弹协会开除他们的会籍，势必会影响他们的生意。当此境况，蒋月泉、唐耿良等人决定放弃香港之行。

就在蒋月泉去找谈和尚谈判的时候，预备将包银退回给谈和尚。谈和尚闻听此言，急得直跳脚，一是因为他经手请人，开书场他有利可图，二是孙洪元投资开办书场，屋顶阳台、帆布装置，还有几百把藤靠椅都已付款，书场开不成投资泡汤，他要寻死路的。蒋月泉告知谈和尚，不是他们不想去，是文艺处那里有难处了。谈和尚表示，"既然你们想去，文艺处那里我通路子，想办法。"

又过了几日，谈和尚约请蒋月泉、唐耿良去他家里吃夜饭，席间还有一位上海的市级干部，他对蒋唐二人说："去香港的政策是来去自由。我去问过文艺处的领导有没有不让艺人赴港的事情，领导说：'没有呀！是艺人自愿留下来参加说新书的竞赛呀！'因此文艺处并没有不让你们去的说法。当然，我不是鼓励你们到香港去，也不是不让你们去。去与不去由你们自己决定，自己拿主意。"

听了市领导的话，原来去香港演出和进步不是非此即彼、不可调和的对立面。蒋唐二人决定前往香港演出。王柏荫说："我们七个人，其实是以蒋月泉、唐耿良马首是瞻的，他俩是我们的主心骨，他俩拍板决定去香港，我们便共同进退了。"[①] 于是他们一方面找上海的其他评弹艺人写联名信，

---

① 笔者采访王柏荫，2014年1月11日。

表明七艺人去香港是为评弹开市场,将来大家都可以去赚铜钿;另一方面分头去公安局领路单。

同时,七艺人还齐聚蒋月泉家中开会,商讨去港后的具体事项。唐耿良对大家说:"香港去做一档生意,拆(戳)穿点讲,主要是为多赚两个铜钿,因为解放后看上去老书不能说,进账大大交要减少,阿能现在赚两钿将来慢慢交好贴贴(贴补家用)。格次去香港,文艺处是劝侬勿要去的,而侬要去,因此到了那边要争气点,勿要弄点鸭屎臭事体出来,回来勿好交账。"唐耿良还提醒大家注意几点:"第一,我们到那边说书赚铜钿,政治事体一概勿谈,他们要问大陆的情形,我们尽量避开。第二,那边女听客捧场一定多格,但勿准'胡调',勿要弄出点事体回来难做人。第三,那边行请客应酬,凡有人请我侬吃饭等交际场面,尽量七个人勒一道;如有女听客要请我侬当中任何一个人单独吃饭,我侬一定要派一个'宪兵'跟去看牢。这三点大家一定要遵守。"

话分两头,谈和尚已经为他们买好了去广州的火车票。

当时上海的评弹界对四响档赴香港演出,给予了高度的关注。其实,早在解放之初,四响档就和其他一部分评弹名家一道,接受各方面意见,带头革新评弹,如蒋月泉和杨振言拼档,参加人民电台播唱配合时代的新开篇;周云瑞、陈希安获得平襟亚编写的弹词《陈圆圆》;唐耿良开讲《太平天国》已很娴熟。有人希望四响档到香港后,不要只想着赚钱,更要练习新书,万勿松懈。

为了保住四响档农历新年前能赶到香港的缘故,1950年的春节会书只得提前进行。为了提前举行会书,上海的书场只得提前于1950年1月29日一律剪书。剪书的那天上午,唐耿良等人与评弹同仁们从评弹协会出发,整队,各穿列宁装,由乐队前导,宣传认购胜利折实公债,口里还呼喊着口号,足足走了三个小时。下午,七艺人在东方电台参加劝募流动诊疗车捐款义务播音。晚上,唐耿良等七人前往平襟亚的寓所赴钱别宴。1月30日上午,唐耿良等人前往文艺处开会,与领导话别,刘厚生处长希望他们到了香港之后要注意言行,并希望他们早去早回。下午,七艺人跟着谈和尚去香港做淘金梦了。

1950年2月10日,农历十二月二十四,星期五,唐耿良等一行七人离沪赴港。

唐耿良一行先抵广州,次日到深圳,走过罗湖桥换乘去九龙的火车。孙洪元早已等候在九龙车站迎接,见到来自上海的评弹名家们心中说不出来的开心。寒暄过后,唐耿良等人坐上汽车前往孙洪元家中,那里已摆好了接风酒。酒过三巡、菜过五味,在孙洪元的引导下,唐耿良等人被带至临时的住处。这里是半山的麦当奴道,房子是刚刚盖好的,里面有自动电梯、大小卫生设备、冷热水龙头,为了照顾响档们的日常起居,孙洪元还雇了一个广东保姆,港方的热忱招待可见一斑。唐耿良等人都希望能在香港把生意做好,起码不能让孙洪元吃亏。

抵达香港的第二天,杜公馆即向唐耿良等人发出邀请,约他们下午三时去公馆演出。杜月笙是民国年间上海三大亨之一,上海解放前夕来到香港做寓公。四响档经过开会商量,认为到公馆后不能口没遮拦,否则将来回去是要吃不了兜着走的。蒋月泉还要脑子清爽的唐耿良作为发言人,代为讲话。下午三时,四响档如约来到比坚尼道的杜公馆拜访。

进得公馆客厅,唐耿良一眼就看到年过六旬,剃一个平头,身穿长袍,面色苍白,似有病态的杜月笙。面前的杜月笙已少了往日的大亨气魄,多了些许落寞。四响档走上前去向杜月笙问好,杜很客气地回礼。此时站在杜月笙旁边的一位陪客吴季玉开口问:"上海的共产党不让你们到香港来,是吗?"唐耿良感觉这个问题很敏感,不能随便回答,思考一番之后说道:"没有呀,上海文艺处不过是希望我们能留下来说新书,参加春节竞赛。"吴季玉似乎没有得到他想要的答案,进而说:"上海打电话来说共产党不许你们来嘛。"唐耿良马上说:"没有,没有。我们现在不是都到香港来了嘛。"杜月笙显然被吴季玉的追问搞烦了,冷冷地说:"伊拉要回去格末。"唐耿良此时心想:"杜月笙真是个厉害的角色,看透我们的心思,不会也不敢讲不满意的话语,怕将来回上海惹麻烦。"

当夜,四响档在杜公馆各说了一回书。因为喜欢听评话,杜月笙决定请唐耿良和张双档从年初三夜开始,来此唱长堂会。大年夜那天,杜月笙邀请在港的名流吃饭,马连良、张君秋等人均在座,四响档也被邀请赴宴。

那天，马连良还即兴清唱了《王佐断臂》的选段。乐此不疲的四响档们多少都喝了酒，蒋月泉、张鉴庭和唐耿良甚至醉倒被人抬回住处睡觉，周云瑞等人则趁着夜色逛街游览。

年初一到了，香港百乐门舞场开日场书，时间是下午三时至六时，次序是周陈档、唐耿良、蒋王档，张双档送客，票价三元。在正式开书之前，香港方面做足了宣传，他们在报上登载巨幅广告，七位评弹家的玉照都被铸成铜版刊登，这是以前新开书场所从未有过的。六国饭店夜场因为申请执照还未批下来不能开书，四响档没有损失，孙洪元则损失惨重。为了减少损失，孙洪元不得不到九龙金殿舞场增辟一家日场，还在报上大肆宣传，甚而出现"评弹四响档，个个梅兰芳"的溢美之词。金殿书场的地址是在弥敦道395号平安戏院隔壁，演出次序与百乐门舞场相同，时间则提早一小时，为二时至五时。之所以提前，为的是不与百乐门舞场冲突，艺人可以有一刻钟时间摆渡赶场子，辛苦倒是蛮辛苦的。年初三开始，唐耿良和张双档晚上到杜公馆唱长堂会，第一天来听书的客人有陆京士、吴开先、赵班斧等旧上海军政界的头面人物。此后的两个月间，他们偶尔也来杜公馆听书。据蒋月泉回沪后所说，他们当时是碍着情面才去唱长堂会敷衍一下的。眼看着这些寓公醉生梦死，书是无论如何说不下去的。当然，我们要考虑到蒋月泉说此话时的时代背景。

虽有孙洪元的大肆宣传，又有杜公馆的长堂会，但四响档在港的生意并不如人意。九龙金殿舞场听客寥寥数人，唱了几场就不得不剪书；百乐门也只有六七成座。"……港地书场，百乐门长听客约有二百数十人，故每日上座，总在三百左右，好的时候，能上四百人，九龙书场开了十余天，即告'六门三'，因为开幕至闭门，没有上过一百客，最惨的一天，只有三十客，还有一层，九龙上五六十人，香港百乐门即少上五六十人，弄来弄去，还是这一班人……在六国饭店屋顶开夜书，但是六国屋顶并无房子，由书场老板化钱搭的木屋，据说也化了四万多港币，这一下硬伤，生意再好也捞不回来的了，前日起书场内捆卖听书券，每本十一张售三十元，就是听十次送一次，如此作风，大概都是书场老板的新脑筋了……"（《九龙金殿已剪书 六国饭店新开幕》，《上海书坛》1950年4月1日）

山上的公寓不能租住了，就搬到六国饭店住下，保姆也辞退了。第二个月的包银付不出来，包账改为拆账，比原先约定的包银少许多，仅够家用开销。当时蒋月泉还自我调侃：七个梅兰芳，弄得像时小芳。上海滑稽艺人时小芳早年到香港淘金，没有场子可唱，且染上吸白粉的陋习，在香港的下场很惨。艺人们萌发了回上海的打算。"因港地听客究属只江浙人士，偶尔消遣，故迩日售座不如理想，虽有堂会，但收入方面，不无影响，故彼等归心如箭，已动乡思，虽堂会方面，仍加挽留，惟究竟留港收入平常，终虽久留，加之港地物价，异常高涨，虽极微之物，动辄数十金，故最近期内，决将联袂回沪云。"（《香港四响档即将返沪：香岛不宜久留　营业难如理想》，《上海书坛》1950 年 3 月 11 日）当时有位上海金都电台老板，名叫陈福庆，跟蒋月泉熟悉，希望四响档香港演出结束后再去台湾。如果想去，他可以与台湾有关部门联系办入台证。唐耿良知道后，觉得万万不能去台湾，一来去香港已经受到牵制，二来去了台湾将来恐怕再也不能回转家门。蒋月泉也深知唐耿良的心思，很有心机地对陈老板说："谢谢你的介绍，让我们商量商量再和你联系。"蒋月泉生怕一口回绝，会引起事端。

在香港期间，虽然生意不如人意，但是唐耿良等人仍关心内地的动态，每天清晨、晚间都开小组学习会，唐耿良还时常从报纸上剪下时事政策的新闻。七艺人在一起，时常研究新评弹。谢毓菁在《上海书坛》发表文章，说四响档"孜孜不倦，甚至到钟鸣五下，方上床安睡，毅力精神，令余（谢毓菁——笔者注）敬佩。"以至于待等四响档后来回沪时，"新书阵营中，增此四档生力军，相信必为寂寞已久之新评弹放一异彩。"此外，大家纷纷表示愿意尽量购买公债，蒋月泉先期购买 220 份，打破了上海范雪君的纪录，张鉴庭和唐耿良先买 100 份，其他诸人购买数十份不等。为了表现自己的爱国，四响档后来又争相购买公债，并及时向上海评弹公会报告。1950 年 3 月 27 日，四响档报告购债总数，"计蒋月泉三百份，唐耿良三百份，张鉴庭一百份，张鉴国五十份，周云瑞五十份，陈希安十份，王柏荫十份，共计八百廿份。"后来收拾行李回上海的时候，他们把公债放在箱子的最上层，以防路上碰到检查，这样开箱子即见公债，以表示他们的爱国之心。艺人的工于心计可见一斑。

正当四响档奏艺港九之时，夫人们都想去"看看男的在那边过什么日子"，于是部分响档的夫人组成了"索夫团"前往香港探访。笔者在采访张鉴国次女张建华（1949年生）时，谈到那次随母亲的香港之行。"我是49年养的，50年带到香港去了，当时陈希安的大女儿也带过去的。我是我母亲带着的，还有周云瑞的太太大着个肚子，所以他女儿比我小一岁，大家带了小孩就到那边去了。……七几年我和我父母到香港，我姐在香港，我母亲就说我们一定要到六国饭店原来的包房里去吃个饭……我母亲说，她当时预备带我姐和我两个孩子一起去的，我姐当时有个保姆领着她，不愿去，我妈就把我带去了，当时我父亲很喜欢我姐姐的。在香港的时候，我父亲说：'这边生意也不好，我们不如回去吧，我还有个女儿在家里'，这是我'文革'中帮我父亲写材料时知道的……"①

当时四响档在香港的生意并不好，妻子们的探访，更让他们忙得晕头转向。庆幸的是，当时唐耿良的夫人李志芳正身怀六甲，留在苏州待产，旁人以"唐兄事前布置有方"揶揄唐耿良。当时在香港的周云瑞、王柏荫等人时常给谢毓菁写信，有一次还附上照片数帧，其中就有唐耿良小影，"精神饱满，宛如坛上只丰菜"。"索夫团"中缺少张鉴庭、唐耿良、王柏荫的夫人，故而谢毓菁在报上作了打油诗一首："探夫心切往香港，万苦千辛项一项；远别胜于新婚乐，风光羡煞张唐王。"

1950年4月4日下午，探夫团除周云瑞夫人尚留港之外，其余均顺利回沪。甫一抵沪，她们即发布了一则信息："四响档在港，大约说到旧历二月底三月初一定剪书，约在三月初十左右返沪。"此外，蒋月泉的夫人还受蒋月泉委托，命蒋月泉的徒弟潘闻荫到蒋宅面嘱接场子事宜。蒋夫人告知潘闻荫，蒋月泉希望潘闻荫代为联系上海仙乐书场、杭州三元书场，以期四响档回沪后即能有场子演出。可惜，风声鹤唳的场方，无一敢邀请四响档。

四响档中的领头羊蒋月泉在1950年5月1日回到了上海。唐耿良、张鉴庭、周云瑞等人则迟至8日黎明才抵达上海。行人见到六位艺人，均风尘满面。唐耿良体形稍胖，亲自搬运行李铺盖，让人印象深刻。相较于归

---

① 笔者采访张建华，2012年5月9日采访。

王柏荫、张鉴国、唐耿良、
陈希安（自左及右）赴港
淘金归来

途的劳顿、行李的笨重，艺人们的心情更是沉重，毕竟接下来的书场还没有
安排好，政府和评弹公会那里又如何交代？会不会被政府视为落后而受歧
视？抵达上海后，唐耿良前往蒋月泉住处了解情况，蒋月泉告诉他，"评弹
协会打电话告诉我，文艺处联络评弹的干部打电话给协会会长说，四响档
从香港回上海了，协会不要去批判他们，而要团结他们……"唐耿良听后
非常激动。

　　除了买公债，为了表示进步，唐耿良还劝说张鉴国、王柏荫、陈希安一
道去剃头店理一个平头，以表示革命的开始。蒋月泉、张鉴庭、周云瑞没有
听唐耿良的话。不管是否剃一个平头，七位艺人都将他们追求进步的热情
落实到一个个实际的行动上。回头看来，一场正常的商业演出，实际上影
响了他们今后几十年的命运。在不正常的极左思潮日益泛滥的时代条件
下，香港演出由进步与落后的评判而升级到犯罪的高度。"文革"中更被污
蔑为集体到香港加入特务集团，遭到关押，以至家破人亡，妻离子散，这是
后话，暂且表过。

　　正当四响档愁闷不已之时，一个机会来到了。当时苏州成立了中华全
国文化艺术节联合会苏州分会，即将举行成立大会。为筹募基金起见，由
苏州全体曲艺界同仁担任盛大演出，苏州评弹协会工作者更是热烈筹备唱
会书两天，时间定为1950年5月17日、18日下午，地址是苏州北局静园书
场，日夜共四场。主办方唯恐留苏艺人不足号召，于是由协会主席钱景章

唐耿良在仙乐演出

于1950年5月11日乘夜车来上海，邀约上海评弹工作者赴苏参会，以壮声势。钱景章原本打算邀请六档沪上享有盛名的评弹名家，惜乎几经商讨，艺人们因早已谈好场子演出，去苏演出两天颇觉不便，故而纷纷推辞。正在此时，钱景章得到消息，从香港返沪的四响档目前正在休息中，并没有受到任何书场的演出邀请。于是钱景章便联系了蒋月泉、唐耿良，双方一拍即合。

第十章

新书编就身北上

回到上海后，因为没有接到场子，四响档只得接受钱景章的邀请去苏州演出。地点是苏州北局静园书场。静园书场创办于20世纪30年代中期，初名为中华书场，后改为乐园，抗战后更名为静园，在苏州可以说是蛮好的专业书场。当四响档初到静园书场时，敏感而心细的唐耿良发现书场门口贴着一张大海报，上书四响档"由港返苏"，顿时紧张起来，他马上去通知场方将"由港返苏"四个字撤下。钱景章原想以此广告语招徕生意，但在唐耿良看来这是帮倒忙，说明他更识时务。

虽然文艺处说过不追究、不批评，但是社会上对于四响档的香港行多少还是有些微词，毕竟他们没有参加新政权举办的那次新书竞赛。为了挽回声誉，蒋月泉、唐耿良等人觉得有必要组织学习、编演新书。于是苏州演出结束后，四响档分道扬镳，唐耿良和蒋月泉、王柏荫、周云瑞、陈希安去了无锡演出，张双档则去常熟奏艺。评话演员陈景声在此时听过唐耿良说书，据他回忆，"那个时候，唐耿良来我们无锡演出，听书人很多，书场里的凳子不够用了，还到我家借过凳子"①。

解放初期，各种"开会"、"学习"多如牛毛。"解放以来，每个人的生活里仿佛多了一件事情，那便是开会：晨会、晚会、小组会、大会、筹备会、检讨会……一天平均一个会不稀罕，一天赶上三五个会，也是常有的事。'三个臭皮匠，抵个诸葛亮'，开会能够集思广益，取长补短，而多数人的意见、经验、学问的总和一定会胜过一个人或少数人智商，这也是毋庸怀疑的。而且，为了施行'民主'，开会这一种形式和手段，更是不可或缺的。"无论是改造艺术、还是改造艺人，首先就得改造思想，这样的学习带有一种仪式化的色彩。

上海文艺界在军管会文艺处的组织下，同样举办了多次学习研究班。军管会文艺处重视对曲艺的管理，为了统一思想，宣传马克思主义，使艺人们的思想能跟上新的时代，曾指定了十二种"干部必读"理论书籍，包括

---

① 笔者采访陈景声，2013年9月25日。

《社会发展简史》《政治经济学》《共产党宣言》《社会主义从空想到科学的发展》等，号召社会各界广泛学习；也开办了学习班，如第一届地方戏曲研究班；还有各种形式的座谈会，如1949年9月22日文艺处召开了"本市游艺界、维扬戏、江淮剧三地方戏剧团体为了共同研究旧剧改革的方向，加强编导和演员的学习"的座谈会，等等。

1950年6月5日，由上海市戏曲改进协会筹备委员会和总工会联合举办的"戏曲界干部学习班"在沧洲书场举行开学典礼，各剧团戏院学员共三四百人，他们中有编导、演员、前台职工、灯光、技工、音乐工作者等，也有范瑞娟、傅全香、王宝云、解洪元、邵滨孙、赵春芳等主要演员参加。开学典礼上，总工会马培、文艺处戏曲改进室主任刘厚生莅临讲话，指出主要学习改革戏院剧团制度问题，鼓励大家学习与行动联系起来，并作思想上之准备。这说明对剧团和艺人的掌控是早有打算的。本届学习班于6月6日正式上课，暂定学习时间约两个星期。1950年8月，第二届戏曲研究班也开办了起来，这次更大范围的研究班的开办，无疑对接下来评弹改革做好了充分的准备。8月21日在大舞台上课，研究班邀请了中央文化部戏曲改进局秘书主任马少波主讲《关于戏曲改革的方针》。在为期六周的第二届戏曲研究班上，张鸿声因表现良好，被评为二等模范。

曾经同为"七煞档"，如今张鸿声参加学习班后成为二等模范，这无疑给唐耿良等人以相当的震撼。消息传来，蒋月泉、唐耿良等人觉得自己也有必要参加学习了。于是他们去拜访了苏南行署文化科代科长陈允豪。陈允豪是一位老革命，参加过抗日战争，为革命出生入死过，但陈允豪绝对不是那种只会打仗的干部，因为他能分析政治形势、理解党的文艺方针。此外陈允豪还能创作小说，如中篇小说《涧河水》以抗日战争为背景，描写两个青年所经历的不同道路。

既有革命经历，又有理论素养的陈允豪为艺人们做了一个有关政治形势和文化政策方面的报告，艺人们听得津津有味。鉴于上海的评弹界都在参加学习班，唐耿良等人也决定在无锡剪书后就地自发组织学习。他们之所以这样做，其实也有基于现实的无奈，毕竟此时上海还没有书场邀请他们演出。于是唐耿良和大家一道，上午去文联参加政治学习，下午则自学

1950年夏,唐耿良在无锡

《全沪空中书场一览表》,内有唐耿良演出《太平天国》信息

社会发展史和中国历史,仍请陈允豪来做辅导报告。晚上艺人们则各自排练新书,以备中秋节回上海演出。当时,蒋月泉请陈灵犀编写长篇《林冲》、张双档请上海人民广播电台戏曲组编辑周行(笔名江子扬)编写《红娘子》,周陈档请平襟亚编写《陈圆圆》,唐耿良则请苏州著名作家范烟桥编写评话《太平天国》。前文已经交代,唐耿良之前已有与范烟桥合作的经历,此次则为梅开二度,这在范烟桥的自编年谱《驹光留影录》中有所记载。

然而毕竟范氏非评弹中人,并不熟悉评话的创作规律,唐耿良拿到本子仍是不能满意。他只能根据以往说书的经验,辅之以买来的太平天国资料,自己重新进行加工整理。为了检验自己编书的水平,也为了赚取日常开销的伙食费,唐耿良和其他艺人一道,星期天回上海到东方电台做一整天的特别节目。后来还在无锡花园书场连演三场,将新书先练一遍,以做到心中有底,这样在上海演出时才不至于太紧张。唐耿良晚年回忆:"虽然我们都是书台上有些名气的响档,但对于说新书是否能为听众所接受还是没有底的。"

转眼到了蟹肥菊黄时节,唐耿良等人决定回到上海演出。他们在上海接了四家场子,日场是仙乐、米高梅,夜场是沧洲、大陆,算起来都是上海最显面的场子,这当然也与他们大响档的身份相符。唐耿良等人在仙乐、米高梅、沧洲书场说的都是传统书,上座率非常高。大陆书场则演说新编的长篇书目,这一次说新书在上海形成了一股热潮，受到了广泛的关注。

1950年9月26日，农历八月十五，中秋佳节，从这一天起，大陆书场约集了多位响档联合奏唱新书，这些新书都出自名家之手，可以说这是一段时间以来新书大会师。兹将中秋夜场演出书目列表如下：

书 目	演 出 者	编 写 者
林 冲	蒋月泉、王柏荫	陈灵犀
陈圆圆	周云瑞、陈希安	平襟亚
太平天国	唐耿良	范烟桥
九件衣	徐雪月、程红叶、陈红霞	黄异庵
红娘子	张鉴庭、张鉴国	周 行
李闯王	黄异庵	郑东里

表中所列十一位艺人，不但所说的书目是新的，连他们的思想也新了不少。苏南行署文化科代科长陈允豪认为，这些说新书的艺人"有的在上海戏曲研究班学习过，有的在苏南学习过，在思想上认识上都经过了初步改造，对新书的学习研究都化了不少精力的，有的艺人为了新书的准备，头上增加了不少白发，有的艺人磨尽了好多深更，废寝忘食，小心翼翼，认真严肃的读过了准备阶段"。事实上，有人事后回忆，1950年的中秋，"文艺处并没有号召说新书"，以至于有一些同道私下议论唐耿良等人是到香港去说过书的，现在趁着中秋说新书以将功补过。

这次说新书的意义不凡，从上述表格中我们同样可以看出，除了黄异庵，其余演员全是在次年成立的上海市人民评弹工作团中的成员，说明上海团的班底是以能否说新书为入选标准的。说新书是齿轮和螺丝钉，组织演员学习和改造，只有一个最终的目的，要把演员改造成为为新中国服务的文艺工作者。这是中共文艺政策的出发点和归宿，并贯穿于整个实践之中。

9月26日的大陆中秋夜场，从下午六时起，就有很多听客前往书场购票进场了，到七时左右，书场内外已被听众挤得水泄不通，秩序大乱，几乎无法开书，即便是公安人员的到场劝解仍然无效，后来允许在场内站着的听客仍可留着，才平静下来。因为现场的混乱，导致当天的演出效果不甚理想。原定七时十分登台的头档蒋月泉、王柏荫延至最后五分钟，才从账房间挤出来。因为时间匆迫，来不及说《林冲》新弹词，二人只得提高嗓子奏唱《宫怨》开篇一曲，匆匆落回。曾在电台播唱过《陈圆圆》弹词的周云瑞、陈希安双档，在嘈杂的书场内从陈圆圆和张壁人同游石湖定情开书，书路紧凑、不过唱腔悦耳而已！三档唐耿良开讲《太平天国》，笑嘻嘻地先向听客打招呼，感谢听客拥护新评弹。唐氏说正书的新观点，引证史实，非常轻松有味，最后以新噱头落回，博得哄堂大笑。到了第四档，站着的听客已经陆续散去，秩序才渐渐恢复下来。

经过学习的唐耿良等人在这时已经表现出了积极的态度，自觉自愿地联合起来说新书。本次中秋六档新书，得到了政府的认可，陈允豪科长在中秋当天发文对六档新书大加赞扬，认为"这次大陆的新书会说，是一件喜事，评弹界走上人民道路的一个具体表现，对说新书的艺人来说是一种荣誉。"《上海书坛》为了宣传报道本次六档新书，特在中秋当日开辟"新评弹特辑"，鼓吹革新。

正在艺人们陶醉在"说新书得了名，说传统得了利"之中时，抗美援朝

《我伲一定赢》脚本

战争爆发了，前方战场形势的吃紧让艺人们一时有点惊慌失措："全国刚解放，就跟美国开战，能顶得住吗？如果挡不住，台湾的蒋介石反攻过来，我们带头说新书，倾向共产党，那时要跟我们算起账来，这日子能过得下去吗？"好在形势的发展渐渐开始有利于我军，艺人们的顾虑打消了。为了配合形势宣传的需要，唐耿良创作了一个对口评话——《我伲一定赢》，与蒋月泉在东方电台演出。这个对口评话以一问一答的形式，讲述了为什么中国要抗美援朝、为什么先帮朝鲜后解决台湾问题、原子弹不能解决战

争胜败、爱好和平的社会主义阵营一定能战胜帝国主义等。这段对口评话虽是政治宣传，但语言生动、言之有理，加上由两位著名的语言大师操刀，影响效果良好，这是一般政治报告所不能企及的。

与此同时，上海评弹改进协会编了两出书戏，一个叫《群魔末路》，剧中有当时世界上著名的政治"反面人物"，由周云瑞饰蒋介石、朱介生饰宋美龄、张鸿声饰麦克阿瑟、唐耿良饰麦克阿瑟手下的杰克逊，这出戏是个活报剧，宣传敌人被我方打得一败涂地。另一个叫《三雄惩美记》，写的是一对情侣在逛马路时，女青年被两个美国水手调戏，这时三个三轮车工友挺身而出将美军打走，由蒋月泉和杨振言饰美国水手，黄静芬饰女青年，姚荫梅、张鉴庭、刘天韵饰三轮车工友。《三雄惩美记》在上海卡尔登大戏院（黄河路，后来的长江剧场）演出，新的演出形式、契合政治主题的内容，以及艺人们精到的表演技巧，吸引了广大听众，赢得了满堂彩。

为了扩大影响，唐耿良与蒋月泉、张鸿声等人商量，决定通过上海市评弹改进协会，以协会的名义成立一个抗美援朝巡回演出队，去苏州、无锡、北京等地巡回演出。张鸿声因为在协会担任职务，被推举为巡回演出队队长。参加演出队的成员有唐耿良、薛筱卿、陈希安、朱介人、周云瑞、冯筱

1950年抗美援朝巡回演出队合影（二排右三为唐耿良）

庆、杨振言、谢毓菁、姚荫梅、张鉴国、蒋月泉、王柏荫、杨震新、黄静芬、姚声江、张鉴庭、韩士良，以及《新民晚报》记者秦绿枝、苏州文联、苏州曲协干部、队医等数十人。

抗美援朝巡回演出队在苏州新艺剧场演出了书戏《三雄惩美记》。又去无锡，假座中国大戏院演出，节目有：唐耿良、周云瑞、刘天韵、陈希安、冯筱庆、张鉴国等的《立志参军》；蒋月泉、薛筱卿、谢毓菁、王柏荫、黄静芬等的《翟万里》；张鸿声、杨震新、谢毓菁、姚声江等的《李闯王》；张鉴国、张鉴庭、王柏荫、刘天韵、蒋月泉、黄静芬、杨振言等的《三雄惩美记》，中场并有全体大合唱。

为了纪念这次有意义的巡回演出，全体成员统一穿上当时流行的解放装，头戴八角帽，在无锡照相馆拍下了演出队的合影以作留念。他们又出席了由苏南及无锡文联共同举办的招待会，随后便踏上了开往北京的列车。唐耿良、谢毓菁、杨德麟还给远在千里之外的《新民晚报》发了第一封通讯：

×× 同志：

很抱歉，在无锡来不及给你寄信，原因是太忙了。

我们是在十八日晨到苏州的，由苏州评弹协会众会员欢迎，乘马车进城，到会所，他们马上开了个欢迎大会。我们由张鸿声、姚荫梅、刘天韵三位致谢词，并勉励在苏会员响应政府号召，推陈出新，改革改进，多唱新书。当天假座新艺院演出，日夜两场，日场除全体大合唱外，有姚声江、杨震新、谢毓菁之《李闯王》，张双档《红娘子》，及《群魔末路》《三雄惩美记》两书戏。夜场仅将红娘子换了刘谢姚荫梅三人之《小二黑结婚》，其他节目均同。两场均卖了满座，可见故乡人士对我们的欢迎。是夜宿于乐乡饭店，该饭店为欢迎抗美援朝宣传队，不收房金，并燃爆竹表示欢迎。夜饭前，我们还出席苏州文联的招待会，听到了不少好意见。

十九日晨，乘九点四十分快车到无锡。锡地评弹会员乐队迎接赴泰山饭店休息，并互相献旗。下午，在迎园明园二书场会书，节目为蒋月泉、唐耿良、王柏荫、杨振言的《林冲》，张鸿声、杨振新、姚声江的《李闯王》，薛筱卿、周云瑞、陈希安、杨德麟的《陈圆圆》，张鉴庭、鉴国、姚荫梅的《红娘子》，送客为刘谢黄静芬、冯筱庆的《小二黑结婚》。二场均卖满场，听客在上午十一点即已入座（二点开书），饿了肚皮听书，可见熟诚，给我们以极大鼓舞。夜场为中国大戏院演出之大合唱，姚声江、杨震新、谢毓菁之《李闯王》，蒋月泉、谢毓菁、王柏荫、唐耿良之《翟万里》，又加上《群魔末路》和《三雄惩美记》。二十日日场仅将李闯王换了周云瑞、刘天韵、姚荫梅、冯筱庆、杨德麟、唐耿良之《立志参军》，其余一样。盛况亦与在苏州时相同。二十日早晨，出席苏南及无锡文联招待会，高野夫、张蒉二同志并将《群魔》一戏作了极大努力的修改，使更臻善美。其余各位也都十分奖勉我们，我们深感光荣。

二十日深夜十一点四十七分上京沪通车，午夜过长江，各同志大家观看轮渡，而且初次出远门，倍觉兴奋。到浦口方睡，一觉醒来已将到蚌埠了。

此次旅行，跟以往绝不相同，大家都服从团体，有纪律，有组织。我们常常想起临行前夕戏曲改进处周信芳、刘厚生两处长的指示（他们是处处为我们想到的），苏州文联钱江同志为首的六位工作同志的照顾，以及苏南及无锡文联高恽二同志为首的各位同志的帮助，真正觉得了翻身的快乐。真（正）如张队长在锡地文联招待会上所说，"反动派对于我们是从来看不起的，他们的长官只会带了姨太太来看戏，谈不到帮忙，更谈不上照顾，我们出码头时更处处碰壁。现在就不同了，我们得到了多大的鼓励和重视啊。所以，我们更要努力宣传，完成任务，才对得起这一番好意。"

为了想在兖州车站寄出，不多写了。到北京再通信吧。

谢毓菁，唐耿良，杨德麟，同上。（一月廿一日兖州发。）

（《评弹宣传队，途中的活动：谢毓菁、唐耿良、杨德麟寄给本刊的第一封通讯》，《新民晚报》1951年1月26日）

在北京期间，唐耿良等人的演出受到时任中央文化部戏改局局长田汉的好评，田汉在政协礼堂宴请了演出队，并赠送锦旗一面，以示鼓励。此外，田汉还对评弹音乐提出了看法，认为"评弹要在音乐性上提高，当有更大发展。"是的，评弹音乐是评弹美学的重要组成部分，评弹音乐也是江南文化的有机构成。唐耿良等人还与侯宝林、魏喜奎等著名曲艺家进行南北曲艺交流演出，这在旧社会是难以想象的。演出之余，唐耿良等人还自掏腰包游览了故宫等名胜古迹，开阔了视野，涵养了文化。

抗保宣传队回到上海之后，举行了公演，唐耿良在出版的《公演特刊》中发表题为《旅行宣传公演前言》的文章：

在抗美援朝保家卫国的运动中，我们评弹艺人不仅在时事学习上加紧努力，同时以实际行动来宣传仇视鄙视和蔑视美帝，在卡尔登戏院演出了三个早场，除了以评弹固有的方式来揭露美帝的罪恶外，尤其在化装演出的书戏上，获得了更大的效果，在观众热烈的反应中，可以看到我们的宣传是达到一定的目的。事后又得到了戏改处处长的奖励函件，我们全体同志，都感到无比的兴奋。但我们并不满足于已有的成绩，我们为扩大宣传起见，都愿意献出最大的力量，于是我们组织了抗美援朝的旅行宣传队，决定在苏州、无锡及北京等地演出，一方面我们为"抗保"爱国运动尽力，同时又怀了无比热忱到首都去访问北方戏曲界。尤其是北方评书，在南北交流中，彼此吸收经验，使我们在原有基础上提高一步。此行，蒙有关机关的大力

评弹改进协会会歌

帮助，使我们进行得很顺利，这是应该致最大的谢意的。

唐耿良和他的同道们，在时代浪潮的裹挟下参与到当时的各类政治运动中去。作为民间组织的上海市评弹改进协会（其前身是上海市评话弹词研究会，1950年1月23日改为上海市评弹公会，1951年4月1日，重组为上海市评弹改进协会），在这个前所未有的全新时代也必须紧跟政治形势。

评弹改进协会徽章

第十一章

风云突变刃光寒

从北京归来的唐耿良很快投入到文化局举办的第二届上海戏剧界春节竞赛中去了。

1951年1月16日,成立第二届上海戏剧界春节竞赛委员会,发布《上海市1951年戏曲曲艺春节演唱竞赛条例》,指出竞赛宗旨为总结过去一年的戏改工作,掀起爱国主义的戏曲演唱运动。后来又发布修改后的条例,明确"评弹曲艺由于情况特殊,可允许去年曾参加竞赛的作品加以继续编写后参加"。

唐耿良看到通知后,开始了积极的准备工作。首先,竞赛委员会公布的条例规定,可以拿旧作品参加新竞赛,这就打消了他的顾虑。其次,当时正值太平天国起义一百周年,社会各界都在举行纪念活动,太平天国俨然成为热门话题,春节竞赛说这部书,肯定能引起关注。于是,唐耿良决定携他的《太平天国》参加这次春节竞赛。当时评弹艺人参赛的也有不少,如张鉴庭、张鉴国《红娘子》《华尔洋枪队》,张鸿声《李家庄变迁》《鲁智深》,杨震新《李闯王》,沈俭安、薛筱卿《林冲》《翟万里》,曹仁安《信陵公子》,朱介生、朱介人《红楼梦》,凌文君《活阎王》,秦纪文《情探》,刘天韵、谢毓菁《小二黑结婚》《三上轿》《一脚跌进泥淖里》,姚荫梅《金素娟》,韩士良《水泊梁山》,姚声江《文天祥》,黄异庵《李闯王》等。

在竞赛前,唐耿良做了充分的准备工作。他先是到人民广场参观那里正在举行的大型展览会,还到电影处借了有关鸦片战争的电影本子做参考。他一边向剧作家陈白尘请教(陈曾于20世纪30年代创作过《石达开的末路》),一边埋首将大陆书场演出一个月的本子浓缩成十三回,从林则徐禁烟开书到李秀成大败洋枪队结束,这样就突出了反帝反封建的主题,此外还增加了评话技巧。在比赛期间,唐耿良更是为竞赛的顺利举行多有奔走,他承担了决赛借场子等工作,受到了重视与好评。

本届春节竞赛的时间是1951年2月6—15日初赛,2月20—25日决赛。经过紧张的比赛,成绩终于揭晓。唐耿良、刘天韵、谢毓菁、张双档等人获一等奖;秦纪文、汪雄飞等人获二等奖;沈薛档、张鸿声等获三等奖。

其中唐耿良的《太平天国》、刘谢档的《三上轿》分别代表评话和弹词获得最高奖——荣誉奖。文化部戏改局、华东文化部、上海市文化局向荣誉奖得主赠送了锦旗，文化局还发给100元奖金及奖状。唐耿良第一次被官方认可，去香港的阴影终于可以扫除了。当时的报上还发文介绍唐耿良，强调"只要思想性与艺术性结合的戏曲曲艺，听众必然表示欢迎，……唐耿良的成就给予今后评弹创作更好结合现实一个强有力的启发。"因为唐耿良说新书获奖了，受到重视了，评弹协会改

唐耿良演出照

选时，他被选为副主任委员兼秘书长。当时唐耿良开讲的《太平天国》效果非常好，别人说新书是7天结束，他一直连说了13天才收场。可见，只要是艺术性与思想性有机结合，是能受到听众、市场、官方欢迎的。

前文已交代，有着评话状元之称的杨震新以《李闯王》参赛，但是在评奖的时候并没有获得任何奖项。要知道，1950年的春节竞赛中，杨震新就是凭借此书获得状元的。既然竞赛条例规定"可允许去年曾参加竞赛的作品加以继续编写后参加"，为何杨氏没有获奖？唯一可以解释的就是评委认为他的节目没有新意。唐耿良知道内情后，自己也一下子陷入了沉思："倘若明年再要竞赛，我若仍以《太平天国》参赛，岂不重蹈了杨震新的覆

辙。如果再另编一部吧，这又谈何容易。因为工程太大了。何况，如果每年都要换书，那又如何能说得好？"回过头来说，唐耿良在当时能有这样的想法着实难能可贵，他深知评弹书目之于评弹艺人的重要性，他深晓一个艺人不可能一直不停地换书，而这也是当今评弹界中人应该深思的。

形势的变化，从来都是让艺人们始料未及的。1950年10月10日，中共中央下达《关于镇压反革命活动的指示》，明确要求对影响社会稳定的特务、恶霸、土匪等反革命分子坚决予以肃清。镇反运动很快便波及评弹领域。1951年4月27日夜，苏州公安局逮捕了钱景章。5月4日，《新民晚报》即发表了弹词作家苏凤的《镇压反革命开篇》。随后，有关镇反的宣传铺天盖地而来。5月31日上午九时，上海评弹改进协会在上海共舞台召开"钱景章罪行控诉大会"，于伶、刘厚生等领导，以及潘伯英、刘天韵等评弹界中人士参加了大会。控诉大会的最后，群情激奋的人们要求枪毙钱景章。没过多久，政府处决了钱景章。这在评弹界引起了不小的轰动。

几乎同时，社会上又发生一起让评弹艺人们紧张的事情。1951年5月19日，毛泽东修改胡乔木起草的《为什么重视〈武训传〉的讨论》一文，将标题改为《应当重视电影〈武训传〉的讨论》。毛泽东同时还加写了这样一段话：

> 《武训传》所提出的问题带有根本的性质。像武训那样的人，处在清朝末年中国人民反对外国侵略者和反对国内的反动封建统治者的伟大斗争的时代，根本不去触动封建经济基础及其上层建筑的一根毫毛，反而狂热地宣传封建文化，并为了取得自己所没有的宣传封建文化的地位，就对反动的封建统治者竭尽奴颜婢膝的能事，这种丑恶的行为，难道是我们所应当歌颂的吗？向着人民群众歌颂这种丑恶的行为，甚至打出"为人民服务"的革命旗号来歌颂，甚至用革命的农民斗争的失败作为反衬来歌颂，这难道是我们所能够容忍的吗？

电影《武训传》原创于1944年，主题是歌颂武训"行乞兴学"的义举。毛泽东在这次批示后，又多次提及对《武训传》及武训本人的批评与否定。

对于这样的义举题材进行否定，一定程度上也影响着评弹艺人们。唐耿良晚年回忆："我去看过这部影片，觉得电影拍得很好，因此对于为什么要进行全国批判，感到很不理解……《武训传》尚且要批判停演……今后该怎么办呢？"

1951年端午节前后，唐耿良、刘天韵、谢毓菁、周云瑞、陈希安、蒋月泉、王柏荫、张鉴庭、张鉴国等九艺人在上海剪书后，去苏州静园书场演出，全部不说传统节目，只唱新书。这五档书，都是在上海春节戏剧竞赛上获奖的，岂料他们在苏州的卖座却并不理想，可见听众不买新书的账。陈云也曾说过，"听众出了两角钱，不是来上政治课，作报告也要讲点笑话。"虽然如此不上座，九艺人仍坚持演出新书，为的就是要表现出进步的姿态。

在苏州期间，九艺人还过起了文工团式的集体生活。他们借了调丰巷吴剑秋伯父吴玉荪家的大厅，放了九张单人铺，雇了一个炊事员烧饭，晚上睡觉前还有文娱活动，八仙过海各显神通，刘天韵唱宁波滩簧，周云瑞洞箫独奏《彩云追月》《春江花月夜》……九艺人沉浸在集体生活的欢愉之中。虽然唐耿良与蒋月泉在苏州都有房子，但是他们都没有回家，而是与大家挤在一起。这种集体式的生活，象征意义远大于所谓的开心和乐趣。

自从上海解放以后，评弹艺人在说旧书的同时掺杂着新书。在艺人们看来，旧书能确保他们的艺术生涯，新书能确保自己的政治生命；旧书可以适应大多数听众的需求，新书能满足官方的要求。但不管怎么说，最终决定权仍然在艺人一方，所以也就会产生即便官方要求新书会演，但艺人不予全力配合的情况出现。这种折中的想法，在艺人看来是两全其美，而在部分激进的官方代表看来却认为艺人们太过狡猾了，应该果断"停止演唱"旧书。上海档案馆馆藏编号为B172—4—75—26的档案披露了当年的文化局干部（后又长期领导评弹的干部）向国家文化部写了一份《关于报请批准停止演唱〈济公传〉等四评弹的函》：

一、流行苏浙各地之评弹剧目，约共四十余种，因为都是封建社会的产物，其内容差不多尽是宣扬封建思想的。

二、自解放以来，由于戏改运动的开展，艺人编写新书的日有增加，迄目前为止，据初步统计，新编评弹脚本已有《红娘子》《小二黑结婚》《林冲》《太平天国》《井儿记》《三上轿》等，可以连续弹唱二、三个月以上者十部左右。

三、根据去年七月文化部戏曲改进委员会举行会议的讨论决定。对（一）宣扬麻醉与恐吓人民的封建奴隶道德与迷信者；（二）宣扬淫毒奸杀者及（三）丑化和侮辱劳动人民的语言和动作，应分别情况予以修改或停演。遂照决定，我局对于一般宣扬封建意识及才子佳人思想之旧脚本，拟采取与艺人协商修改，或以新评弹与之自由竞争，逐一淘汰的方式进行推陈出新，然对于个别毒素甚深，犯了不应演剧目的三项原则之严重毛病的，则拟报请先行停止演唱，以杜绝其流毒。

四、为此，我局进行了对旧评弹剧目之初步审查，并参照了把《奇冤报》《九更天》等京剧列为不应演出的实例，用特报请钧部将下列四部评弹列为停止演唱剧目：甲、济公传（评话）——《济公传》主要讲述济颠僧与南京宰相秦禧相勾结，以小恩小惠施给百姓，帮助统治阶级"除暴安良"，维持社会秩序的故事。他的"普渡众生"正与武训的"行乞兴学"是一样的，是十足"宣扬麻醉与恐吓人民的封建奴隶道德与迷信"的。

乙、下江南（全名为《乾隆下江南》评话）——讲述乾隆下江南故事，为封建帝王张目，宣扬神权思想。

丙、落金扇（一名《游龙传》弹词）——讲才子周学文如何为了假扮女戏子与"佳人"陆庆云私订终身，受到父亲斥责从家中逃出，正逢正德皇帝出巡，他尽力保驾之责，最后被封为文武状元。其中正德出巡各节与《乾隆下江南》雷同，亦是"宣扬麻醉人民的封建奴隶道德"的，其中有关乡下孩童周元等段，除了宣扬奴隶道德外，更是侮辱劳动人民的。

丁、玉蜻蜓（一名《芙蓉洞》弹词）——故事讲地主申贵升游庵，淫奸女尼，产子元宰，考中状元。该弹词在游庵一段是宣扬淫奸的。其中"义仆"苏妈殉主身死等段，是宣扬奴隶道德的。而穷人抱了状元郎,家里就遭天火,拿了地主掘□□来的银子,就闹的□家不安以及申金氏(应为金张氏——笔者注)游地府等,又都是宣扬麻醉人民的封建道德与迷信的。

　　五、特此报告,是否有当,务祈核示祗导。

　　在这位年轻的干部看来,《济公传》《乾隆下江南》《落金扇》《玉蜻蜓》四部书要么有侮辱劳动人民的成分,要么有宣扬封建道德与迷信淫奸的成分,显然与"文化部戏曲改进委员会举行会议的讨论决定"相违背,因此他主张此四部书停止演唱。虽然后来在于伶副局长的过问下,认为"对四部书的罪状下得不够周全,文字含混,不能恰当地定下应被禁之罪",因此,"不同意将本件发出",但这样的内部文件还是传到艺人们耳朵里了,引起艺人们的恐慌自不必言。

　　实际上艺人们早在之前已经是噤若寒蝉了。唐耿良有一次在军管会文艺处开会,有一个干部带头喊了一句口号:"把唐伯虎送进坟墓去!"闻"虎"色变的唐耿良"心情紧张,极担心自己的《三国》也被送进坟墓去。"真正触动唐耿良的是听说沈笑梅被听众批评的事。沈笑梅(1905—1970)成名于自编自演的《济公》,后又编演了《水浒》《乾隆下江南》等书,1946年,他与姚荫梅在上海沧洲书场越档演出时被称为"双梅"档,红极一时。有一天,正在苏州的蒋月泉收到杨振言由上海寄来的信,信中讲沈笑梅在上海东方电台播讲评话《乾隆下江南》的时候,把乾隆作为正面人物来评价。当时有70多名工人联名写信给东方电台提出了尖锐批评。东方电台是民营电台,不敢多事,接到群众的信件后赶忙将沈笑梅的《乾隆下江南》撤了下来。当蒋月泉将此信给正在苏州过集体生活的唐耿良等九人看过之后,大家感觉到这是一个信号,现在虽然没有官方的明文禁令,但今后电台、书场肯定不敢播此类型的书了。唐耿良清楚记得当时大家就此信展开的讨论:

　　　　刘天韵的《三笑》,唐伯虎有8个老婆,还要去追求秋香,这是严重违犯婚姻法,文艺处开会时有个干部曾高呼'把唐伯虎送进坟墓去'！看来这部书没救了。刘还有一部《落金扇》，正德皇帝是主角，皇帝是站不住的。张鉴庭的《十美图》，顾名思义宣传的是一夫多妻，也是被否定的，还有一部《顾鼎臣》，顾鼎臣是阁老，也是大地主，怎么可以歌颂？蒋月泉的《玉蜻蜓》前段书金贵升在庵中与尼姑淫乱，是黄色书，后面的金大娘娘是苏城首富地主婆，也是站不住的。周云瑞的《珍珠塔》，方卿一夫三妻也违犯婚姻法，宣扬封建，同样有问题。我（唐耿良）说的《三国》呢，刘备、曹操、孙权他们相互之间的战争，都是为了自己做皇帝，是军阀混战，还有一个正统思想问题不易解决，最严重的问题是刘备、曹操、孙坚（孙权的父亲）都剿灭过黄巾，是双手沾满农民起义军鲜血的刽子手，属于历史反革命，一个都不能肯定。《三国》不像《水浒》有反抗压迫的意义，也不似《岳传》和《杨家将》有反抗异族入侵的爱国主义思想。因此，这部书也经不起批判。

艺人们以当时官方品评文艺作品的尺度来审视自己安身立命的"出囊书"或"拿手书"，觉得也可能是些有毒的书，这是万般无奈之下说出的心里的话。多年之后，他们会对此有反思，此处暂且不提。经历过土地改革、镇压反革命和抗美援朝运动的九艺人感觉到，这是个天翻地覆、变幻莫测的年代，与其将来受到别人批判而停演，还不如自己放弃旧书目、斩掉旧书的尾巴，也能博得个自我革命的好名声。为此，1951年6月25日，九艺人经过商讨，由唐耿良执笔，撰写了一份题为《坚决为搞好新评弹而斗争》：

我们在苏州看到报纸上各方面对旧评弹的批评和对新评弹的要求后，当即展开了讨论，以我们九个人而论，解放已经两年多还没有一部比较完整和典型的新书，主要原因是学习理论不能连系实际，一方面对新社会的远景认识不足，一方面迷恋于目前的利益而得过且过，在改书和改人的过程中怕受损失，怕吃苦头，说新书不过是应付应付春节竞赛和保重任务而已，生活主要来源依靠着充满封建毒素的老书，这种落后情况是非常严重的是值得深刻检讨的，为什么常宝堃、程树棠可以牺牲在朝鲜战场上，我们连目前的小损失也不能忍受，何论为人民服务！论至此九人都非常惭愧，因为我们忘记了自己的阶级立场，漠视解放后我们在政治上翻身的事实，无视于目前的抗美援朝的轰轰烈烈大革命时代，而继续在书坛上对人民散布着封建毒素，这是一个不可原谅的严重的错误，今后我们为纠正错误站稳立场全心全意为人民服务起见，我们九个人自今天起坚决不再说唱充满封建毒素的《落金扇》《三笑》《三国志》《顾鼎臣》《十美图》《玉蜻蜓》《珍珠塔》等老书，克服一切困难，坚决为搞好新评弹而斗争。

唐耿良起草完毕后，又誊写了6份分送苏州文联、上海文化局、《解放日报》《文汇报》《新民晚报》《大众戏曲》。宣言已经寄出去将近一周，仍没有得到上级回复，九艺人表现出了担忧。焦虑之下，唐耿良又以集体之名给上海文化局写了一封信：

处长：一星期前寄来一信，不知收到否，没有回音非常盼念。我们九个人到了苏州，在学习及说新书的工作上，是尚有成绩，最近我们九个人决定从现在起不说老书，下决心搞好新书，斩断尾巴。

虽然我们的新书尚在萌芽和幼稚时期，但不放弃老书，对说新书是有妨碍的，所以发表一番宣言，由苏州文联代转往各报馆及大众戏曲，作为推动新评弹的一个具体表现。最近我们又发现一个问题，即是我们所说的新书"三上

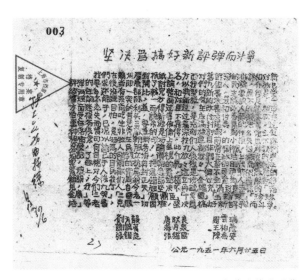

九艺人的公开信

轿""小二黑""林冲""红娘子""打渔杀家"和"太平天国"和当前的政治任务不能紧密配合,如(除)非经常能编说配合当前政治任务的短篇新书,到各个地方去进行宣传,把现阶段的宣传任务通过我们的表现方式向群众进行宣传,那末这个效果,就比较在原来的新书中加以穿插,不知要大多少倍。所以我们就更希望处长把我们组织起来,使我们在岗位上发挥最大的效率,来从事工作。我们希望能够做一个人民的宣传员。但是这个希望,只有在有领导有计划的步骤下才可能做到。因此我们再一次向你要求,希望能尽早实现这个希望。我们只有一个要求,仅仅能维持家庭的生活,那末需要我们做什么我们就做什么,望你马上给一个回信来。我们再向你报告一个计划,预备在苏州学习终了后——约二个月后,向常州、无锡、昆山及杭州等七八处地方每处作一天演出,内容结合抗美援朝,演出款子除川资饭食外,作为捐献飞机大炮,使宣传与捐献结合,然后中秋前回到上海来。①

九艺人再次表达了"搞好新书、斩断尾巴"的决心,并进而认为自己所说的《三上轿》《小二黑结婚》《林冲》《红娘子》《打渔杀家》《太平天国》等长篇书目与当前的政治任务不能紧密结合。九艺人意识到长篇已经不能适应形势,因而希望能编说配合当前政治任务的短篇新书。

唐耿良晚年有所反思:"现在看来,把传统书目一锅端,统统扔掉,这是民族虚无主义的表现,殊不知《珍珠塔》是弹词的经典之作,是文学性极高的作品;《三笑》是长篇喜剧,被弹词界誉为'小王'(小书——弹词之王);《玉蜻蜓》语言精练,有丰富的人情味;《十美图》《顾鼎臣》故事紧凑,矛盾尖锐,人物性格鲜明;《三国》是中国古典小说四大名著之首,影响亚洲乃至欧美。这些书目诞生于封建社会,虽含有封建性糟粕,但仍有其菁华之处,应该深入细致研究分析,剔除糟粕,保存菁华,逐步整理

---

① 《苏州文联致函上海市文化局关于唐耿良等九人为坚决搞好评弹而斗争的决心书》,上海档案馆藏,档案号:B172—4—85。

提高。而我们倒脏水,连婴儿也倒掉了。"痛定思痛,比不思要来得更真诚,这毕竟是走过几十年弯路后的反思。陈虞荪后来也说:"'斩尾巴'连屁股也一道斩掉了。"

当时除了评弹界有"斩尾巴"运动,实际上很多剧种都存在着这样的问题,以至于《人民日报》1952年11月16日发表题为《正确地对待祖国的戏曲遗产》的社论,在充分肯定建国三年来戏曲改革取得的成绩基础上,对那些粗暴地对待民族文化遗产的错误倾向进行了批评。于是评弹界才陆续开始恢复"斩尾巴"以前的状态。陈云事后谈到"斩尾巴"运动时,首先肯定了它的积极意义,"抗日战争前后这一段时间内,评弹艺术趋向于商业化,庸俗、黄色的噱头泛滥,可能因此才有解放后的'斩尾巴'。事物的存在,总是有原因的,'斩尾巴'就是对前一时期不良倾向的否定,有积极意义。"话锋一转,陈云又认为当时"斩尾巴"运动未免过于草率——"现在情况不同了,不能再来这种简单的做法。"细思量,陈云前一句话也有值得商榷之处,评弹界的"斩尾巴"是1949年后多种合力造成的,不能简单归咎于抗战时期评弹商业化。

第十二章

建言组创评弹团

在给上海文化局的第二封信中，唐耿良希望处长能够考虑将他们组织起来，使他们在岗位上发挥更大的效率，来从事工作。唐耿良代表九艺人提出，希望能够做一个人民的宣传员。相应的，他们提出的要求则是"仅仅能维持家庭的生活"。只要能满足他们组织起来的愿望，"需要我们做什么我们就做什么"，此外还表明了预备到"常州、无锡、昆山及杭州等七八处地方每处作一天演出，内容结合抗美援朝，演出款子除川资饭食外，作为捐献飞机大炮，使宣传与捐献结合，然后中秋前回到上海来。"

在这则材料中我们读到"我们再一次向你要求"，显然可以想见艺人们在此之前已经表达组织起来的愿景。更进一步说，艺人们自觉提出"斩尾巴"，也是对新政权的主动示好。

早在唐耿良等九艺人来苏州演说新书、参与学习之前，唐耿良在上海就曾与蒋月泉有过私下的交流。唐、蒋二人觉得应该到苏州革命大学去读点书，学些新思想再来说书。但是读书就要脱产，而说书人一日勿说，一日勿活，家里的开销没有着落。脱产读书的道路看来是走不通的。当时唐耿良又想到自己从报上看来的信息，知晓京剧名角李少春、叶盛兰放弃高额收入，参加中国京剧院，拿固定工资；上海的袁雪芬带头将雪声越剧团加入到华东越剧团，以示意参加革命。唐耿良感觉单干艺人的出路在于参加国家剧团。蒋月泉表示赞同。在唐、蒋二人看来，"表面看单干很赚钱，实际上是不稳定的，而且请作家编书所付稿费也很高，夏天要脱产学习就没有收入。参加了国家剧团，将来老了有退休工资，请作家编书稿费由单位付钱，夏天脱产学习照样有工资拿。"于是他们二人分头去串联，争取更多人的支持。

四响档同赴香港演出，本来就是唯蒋、唐马首是瞻，现在他俩提出成立团的想法，其他人当然很快接受。唐耿良、蒋月泉又去动员刘天韵。刘天韵是说新书的典型，两届春节竞赛荣誉奖得主，目前正受到当局的重视，说服了他入团，既可以扩大队伍，也可以得到重视。刘天韵经过思考，也觉得成立评弹团是大势所趋，所以同意了。这样要求组建评弹团的队伍扩大了，一共有五档书、九艺人。于是众人推选唐耿良作为代表到文化局戏改处找刘厚生处长当面申请。刘厚生对艺人们的进步表现予以充分的肯定，但并没有给出明确答复，只是说要向局长于伶汇报后再给答复。过了没多久，唐耿良等人要剪书去苏州演出，刘厚生代表组织在南京路新雅酒楼为他们饯行，多年之后，唐耿良仍记得当时的情形："政府宴请艺人，这是从未有过的。席间我问刘处长，建团的事有回音吗？刘说他请示过于伶局长，于局长很感兴趣，要我们扩大人员，创造条件组团。建团是有希望的。我们听后大喜过望。"很显然唐耿良当时是很激动的："几百年来一向是单干的说书艺人，有希望组织起来走集体的道路，我们是真正地革命了！"

实际上，关于成立团的问题，不仅是艺人的主动申请和要求，政府一方也早在酝酿成立评弹团。所谓"党和政府组织评弹团的意图一开始就是很明确的，是为了要更好地把这种拥有较多群众的旧有曲艺艺术改造成为新的革命的文艺遗产。"沈鸿鑫也曾回忆："1950年10月，上海市文化局副局长于伶传达潘汉年副市长关于上海为了适应文化交流和促进戏曲改革工作需要，筹建京剧、沪剧、淮剧、杂技、评弹五个国家剧团的指示，研究具体筹建事宜。"究竟是政府一方先有成立团的意思，还是唐耿良等人提出建团的想法在前，目前尚无定论，但唯一可以肯定的是：政府和艺人都有成立团的想法。

于是，我们便可以明白唐耿良等九艺人提出"斩尾巴"的背景：钱景章的被枪毙、《武训传》的被批判、沈笑梅的被批评，让艺人感受到新书的大势所趋；政府的建团默许，让他们必须拿出更加革命的姿态让政府信服。

九艺人在苏州演出时，有从抗美援朝战争归来的志愿军代表到苏州宣传他们在朝鲜抗击美军的英勇故事，苏州市民纷纷捐献财物。九艺人表示他们不能没有动作，因为文艺界已经有常香玉捐献一架"香玉"号飞机的典型，为此他们决定到江浙大码头上作一次巡回义演。他们的想法得到了苏州文联的支持，于是成立了评弹义演小分队，由刘天韵担任队长，唐耿良为会计，行走在杭州、硖石、嘉兴、昆山、沙头、常熟、无锡等地，由吴剑秋打前站，负责联系场子。

九艺人在巡演过程中，依旧过的是那种集体式的生活。在新时代里，国家宣传集体主义,艺人们也尽量使自己成了集体的一分子,所有的一切都要服从集体,就连生活也必须是集体化的生活。九个人一式的行囊,一样的包袱,步行前进。刘天韵手执一面三角红布队旗,走在前头,八个人跟在后头,走近书场时,认识的听客都来围观,蒋月泉怕难为情,从队伍中溜出来独走人行道。唐耿良见状一本正经地批评蒋月泉:"无组织,无纪律,自由散漫,脱离集体。"又把蒋月泉拉入队伍中。虽则是朋友间的揶揄,但或多或少可以看出当时的集体生活已然在社会上广为流传。唐耿良始终觉得,"这些都不是领导规定,而是我们自觉地进行"。实际上,领导是"躲在"后面的,艺人所谓的"自觉"也不过是一种心领神会。唐耿良回忆:"我们制作了一面队旗,三角形的队旗,上书:捐献飞机大炮巡回义演队。选刘天韵为队长。我们都穿了灰布人民装,背着三弦、琵琶和简单的行李,从杭州出车站步行到大华书场。我们向往着文工团的样子,刘天韵手执队旗站在最前面,八个人跟着他整齐地行进。"

七天七只码头的义演结束,除去必要的开支,结余两千多元,唐耿良悉数交给了苏州文联,得到了文联的表扬。九艺人在义演中分文不取,甚至于还往里面贴钱,刘天韵的太太就兑去了一对金耳环做家庭开支。

中秋前后回到上海时,唐耿良知道上海评弹协会的同行也在举行义演捐献,尤其当他知道唐再良等老艺人也热心参加会书义演时,更加坚定了义演的决心。为了能筹募到更多的款项,唐耿良等人决定演出一场书戏——《野猪林》,基础是蒋月泉的长篇《林冲》,请原作者陈灵犀执笔编剧,请热爱评弹的老听客——上影厂的应云卫任导演,全剧分为五幕:林冲鲁智深菜园结拜、高衙内调戏张贞娘被鲁智深斥打、白虎堂陷害林冲、长亭夫妻泣别、鲁智深野猪林救林冲。

书戏《野猪林》的演员阵容是强大的:杨振雄、蒋月泉、杨振言分饰前、中、后林冲,张鉴庭饰高俅,顾宏伯饰鲁智深,刘天韵、俞筱云饰陆谦、富安,严雪亭饰张勇,徐琴韵饰前贞娘、朱慧珍饰后贞娘,高美玲饰丫鬟,王柏荫、谢毓菁、张鉴国、陈希安饰四泼皮,杨仁麟、朱耀祥、沈笑梅、杨震新饰四旗牌,姚荫梅饰高衙内,张鸿声、唐耿良饰董超、薛霸,徐云志、魏含英、徐丽仙、朱雪琴、祁莲芳、杜剑鸣等人饰众乡邻。音乐伴奏冯筱庆、吕逸安、杨德麟等，周云瑞任指挥。服装是从上海京剧团借来的，在沧洲书场排练，1951年11月9、10、11日在大众剧场连演三场，场场爆满。演出票价二元五角，当时梅兰芳到上海才售二元六角。当然，这也与当时的阵容有着密不可分的关系，众乡邻多是流派唱腔创始人，一场演出下来俨然成了精彩纷呈的各流派展演。这也是多年后有些团体热衷于流派演唱会的缘故吧，毕竟能具有轰动效应！

唐耿良记得，当时书戏演出过程中闹过一次笑话："《野猪林》一场，我和张鸿声扮演两个解差薛霸、董超。杨振言扮林冲，穿了囚服出场，他有几句唱词：'可恨高俅用毒谋，害得我披枷戴锁走沧州。一路上受尽欺凌遭毒打'，这个'打'字高音甩腔未落，我就举起水火棍往地毯上狠打一下，杨振言票过京剧，有两下三脚猫，他跃起一个'吊毛'摔倒在地，台下一片叫好声。不料杨振言头上戴的一个发髻网巾扎得太松（因为扎得太紧了头要痛的），这一个吊毛掼下去，把发髻摔下来了，里面露出了西式小分头，台下又一片哄笑。我那时慌了手脚，放下棍子，捡起发髻，急忙把网巾往杨振言头上套上去，不料这网巾套是套不上去的，必须解开来重扎。这时台下笑声不断。导演应云卫跳上台来，关照放下大幕，叫杨振言进后台，由化妆师重扎网巾，叫我跟张鸿声在幕外放两个噱头过渡。张鸿声是噱头大王，他马上插科打诨引得听众大笑。五分钟后大幕拉开，董超、薛霸押解林冲重新出场，再把野猪林演下去。演出结束，观众散场时议论纷纷，说'看说书先生唱戏，顶好看就是他们出洋相……'"①

书戏《野猪林》是评弹史上阵容最强大的书戏，它适应了时代的需要，透露出评弹界中人不计名利的爱国热忱。这样的书戏，偶尔为之，当然可以为听众所欣赏。演出结束后，唐耿良等人将演出收入全部捐献出来，以实际行动支援了抗美援朝。

不久，文化局通知唐耿良等人建立评弹团的申请已经被批准，评弹开始了组织化。

政府一方，为筹备建立评弹团制定了相应的政策。1951年9月14日

---

① 唐耿良著，唐力行整理：《别梦依稀：我的评弹生涯》，商务印书馆2008年版，第76—77页。

《上海市文化局关于建立上海人民评弹工作队、人民大舞台京剧团、上海人民杂技团的情况报告》披露，政府开始时明确建立上海人民评弹工作队，任务主要是团结进步的优秀评弹艺人，改造旧评弹，创造新评弹，用为江南人民所喜爱之曲艺艺术，服务人民，教育人民。人事方面，成立评弹工作队，"由何慢同志负责，陈灵犀同志任业务指导"，要以"最近宣言放弃旧书，坚说新书之刘天韵、唐耿良等九人为基础，加上若干进步优秀评弹艺人及作者，约二十人左右，于十月内成立，年底前将演唱时间尽量减少，争取较多时间进行学习，改旧书，写新书。"于是艺人一方开始为扩大阵容而奔走。

唐耿良与蒋月泉是成立评弹团的发起人，他俩分头去动员其他艺人的加入。蒋月泉去动员了评话泰斗张鸿声。张鸿声自解放以来多有进步表现，且新近长子刚刚被批准入伍参军，闻听成立评弹团，欣然同意，并且自报的工资比单干收入缩水了三成。蒋月泉又动员姚荫梅，姚也同意。报工资时，姚起先报了180元，后来听说唐耿良报了150元，于是自己也报了150元。

唐耿良则去动员徐雪月。徐雪月在评弹界素有"小老太婆"的绰号，因为她身材矮小、说表老练。解放后的徐雪月带头说新书，也获过奖，更为关键的是她目前还担任着评弹协会的妇女组长。当时徐雪月和她的徒弟程红叶、陈红霞拼三个档，于是便一同入团。七艺人在苏州时居住在吴剑秋家中，与吴剑秋、朱慧珍夫妇熟识，知道朱慧珍的俞调唱得好，且目前朱慧珍也是被官方认可且不吝褒奖的艺人，唐耿良又去做了吴剑秋夫妇的工作，他俩也表示同意入团。在唐耿良、蒋月泉动员艺人的过程中，评话艺人姚声江、韩士良听说领导上有成立评弹团的想法，多次跑到文艺处主动要求加入团体，得到批准。从谋划成立组织，到宣传动员艺人参加，唐耿良都起到了非常关键的作用，用王柏荫的话说："他是建立上海评弹团的主心骨……他对评弹的贡献是非常大、非常大的。"

至此，首批入团的艺人已经有十八人，他们分别是：刘天韵、唐耿良、蒋月泉、王柏荫、张鉴庭、张鉴国、周云瑞、陈希安、谢毓菁、徐雪月、程红叶、陈红霞、张鸿声、姚声江、韩士良、姚荫梅、吴剑秋、朱慧珍。唐耿良将加入评弹团称为"参加革命"。因为聪明的评弹艺人已经体验到新政权与

酝酿成立评弹团的九艺人与朱慧珍夫妇（前排左二为唐耿良）

旧社会的不同，"参加革命"既是现实的需要，又有长远的考量，加入评弹团成为"公家人"，毕竟可以解决后顾之忧。

评弹团成立前夕，制定了上海人民评弹工作团的守则，这里我们不妨全文加以引用：

第一章：总则

（一）本团定名为上海人民评弹工作团。

（二）本团以改革评弹提高政治业务水平，说唱新书，为人民服务为宗旨。

（三）本团为公营性质，由上海市人民政府文化局戏曲改进处直接领导。

本团工作期限，并不规定，将由领导机关，参酌具体情况而决定之。

第二章：团员

（一）团员条件：

甲：须是职业评弹工作者，为协会或工会会员，对于新评弹有相当贡献者，及有相当业务水平的，非职业会员人员。

乙：承认本团团章。

丙：有相当业务文化，政治水平者。

丁：思想进步，学习努力，品行端正，无不良嗜好，而能有志于评弹改革，全心全意为人民服务者。

（二）团员入团手续：

甲：须填写入团志愿书，经团员二人介绍，或团务委员会（筹委会）委员一人介绍。

乙：凡申请入团者，须经团委会审查批准乃方得为正式团员。

（三）团员离团手续：

甲：团员可中途申请离团，须经团委会批准乃方可离团。

乙：在工作期间，一般不得申请离团，若对本团任何一方面具有意见，可尽量提出，或报告领导机关。

丙：在工作期间，若有特殊事故，具有正当理由，需要离团者，得经小组同意，团委会批准，方可离团。

丁：若因疾病或其他重要事故，确须请假者，可准予给假。

（四）团员权利：

甲：有选举及被选举权。

乙：有参加讨论团的一切工作，及其他有关全团问题的权利；

丙：有享受本团演出所得薪金权利，（经民主评定按劳分等支配）及福利权。

（五）团员义务：

甲：有切实遵守本团团章的义务；

乙：有实在为本团服务，不得参与其他演出活动（经团委会许可者例外）的义务；

丙：有接受团的领导，及服从工作分配的义务；

丁：有认真学习政治，文化，业务，及戏改政策的义务；

第三章：组织与制度

（一）本团以民主集中制的组织为原则，设团委会为最高领导机构，由正副团长（由选举或领导机关指定）负责执行日常领导；（以正副团长为最高领导，以团委会为咨询协商机构）团务委员应根据具体情况而定，最高额不得超过九名。

（二）本团设定以下行政组织管理日常工作学习与生活。

甲：生活组：负责管理团员日常生活；

乙：福利组：负责管理团员福利及保健事宜；

丙：保管组：负责保管本团乐器及各种器物；

丁：图书组：负责保管书报及收集学习创作资料；

（三）本团设立以下机构，分别负责全团的演出、编导、总务及学习事宜。

甲：演出部：负责全团的演出事宜；

乙：总务部：负责全团财政，文书，交际事务，行政工作；

丙：学习委员会：负责全团的文化、政治与业务的学习；

丁：创作委员会：负责编写脚本唱词等。

以上各部门均设正副主任，由选举（或团委会指定或聘任）产生，同受正副团长直接领导。

（四）本团设立以下各种制度，以保证工作学习顺利进行，及生活安定。

甲：薪水制度；乙：请假制度；丙：学习制度；丁：工作制度；戊：会议制度；己：奖惩制度；以上各项制度，按照实际情况，另行订立。

第四章：附则

本规章为有未尽善处，得由团员二人以上联名提出，经团委会同意及召集全体团员讨论办理。（《上海市文化局关于筹建人民评弹工作团的补充说明报告》，1951年10月29日，上海市档案馆藏，档案号：B172—1—40）

如此完备的纲领性文件的产生，标志着一个组织筹建的成熟。

1951年11月20日上午，唐耿良和妻子李志芳参加了在上海人民大舞台隆重举行的"上海人民京剧团、上海人民杂技团、上海人民评弹工作团成立典礼"。文化局戏改处周信芳对三个公营团体的成立表示祝贺,并且"希望公营剧团,在今后的戏改工作中起示范作用,工作同志们在工作技术和品行上有很好的上进。"最后他希望戏曲界的同志们努力学习加紧团结,使戏曲做到百花齐放的地步。刘厚生在致辞中强调成立三个公营团体"这在上海的戏改工作中是一件重要事件……现在三个团体成立了,它们成立之所以重要,就是因为它标志了这个从无到有的转变,显示了上海戏曲事业的一个新的开端。"同时,刘厚生还阐述了为什么要建立评弹工作团——"我们为什么建立评弹工作团呢?评话弹词是江南最重要的曲艺形式之一,它和杂技一样,具备着最有利的条件,可以从大都市到分散的农民,可以为上千人演唱,也可以为一二十人演唱。它是文艺形式中的轻骑部队。农民们和小市民们之知道许多历史故事和民间传说,恐怕从听书中听来的比看戏看来的为多。在上海的约二百家戏曲演出剧场中,书场就有七八十家之多,其中又有一半是在郊区,从这里可以看出评弹的影响。但从内容上来说,评弹却又是封建毒素最深重、改革起来最吃力的一种剧种。我们建立评弹工作团,以国家的力量,把原为分散的、单独活动的部分评弹艺人集中起来,改变生活与工作的方式,目的就是要把这种曲艺从根本上予以改造,使之能够以正确的内容为人民服务,也只有这样才能把评弹艺术保存下来并且改进发展。"这显然是从政治上考虑的。当然,率先成立评弹工作团,也有实际关注——"杂技和评弹都是曲艺形式,人数有限,设备较为简单,人力财力都很节省,而影响却很巨大。我想在我们今天的具体条件之下,这样做是对的。"

据上海市文化局档案所示,成立评弹团的宗旨是:一、配合政治宣传任务;二、艺术上的创新实验;三、演出中的示范作用;四、重要的内部演出;五、国际交流和出国访问演出。唐耿良认为,之所以与京剧团、杂技团不同,评弹团加"工作"二字,是因为评弹演员都是单干的,将来要到评弹界中去做示范工作,所以加"工作"二字。

上海人民评弹工作团首任团长为刘天韵,副团长为唐耿良、蒋月泉,张鸿声任秘书兼演出股长,陈灵犀为业务指导员负责文学创作,何慢为政治

上海人民评弹工作团成立时合影（前排右二为唐耿良）

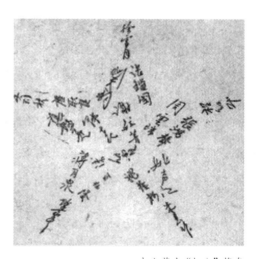

十八艺人"红心"签名

教导员。多年后，唐耿良回忆："我当时正是30岁，从一个历来是江南卖艺的说书人变成为国营评弹团的干部之一，这个变化让我感奋不已。"当时首批入团的艺人们都怀着一颗炽热的心，他们对党的忠诚和真诚是发自肺腑的，表现在形式上则有了设计"五角星"形状签名的创意。

上海人民评弹工作团团址在延安中路549号，隔壁547号就是人民杂技团，两个兄弟团紧贴在一起。评弹团的"团址是建筑非常好的大洋房，前面是一片大草地，大树巍立，满眼青葱，还种着许多珍贵的花。房间的光线又明亮，适宜于学习和写作，又有卫生设备。业务学习、开会，也有了很好的地方，团员们看了后，大家都感动地说：'组织上对我们太照顾了！我们不好好的改造自己，为人民服务，那真对不起人民了！'"

前文已经提到，艺人们为了表出"革命"的决心，在自报工资时纷纷压低自己的工资。后来经过各方协调，艺人们的工资普遍比自报的有所提高。十八艺人中最高者为张鉴庭440元，其次是张鸿声404元，蒋月泉376元，张鉴国与刘天韵均为330元，唐耿良和姚荫梅、周云瑞均为275元，王柏荫、陈希安、姚声江、谢毓菁、徐雪月为220元，朱慧珍、韩士良147元，程红叶、吴剑秋110元，陈红霞73元。当时制定这样的薪水标准主要是依据艺人业务水平和个人家庭负担情况而定的。

从当时的社会环境出发，从将来的日常生活考虑，唐耿良等人带头倡议成立评弹团无可厚非。然而几十年后再看这一组织的利弊得失，也有让人唏嘘之处。唐耿良的长子唐力行说过："当时评弹界的精英集中在一起研讨书艺，对艺术的进步也是大有裨益的，中篇评弹形式的创造，传统折子的整理，一些优秀现代作品的问世，都是明证。但是，一系列的问题也随之突出。以前说书人在单干时，有着激烈的艺术竞争，有听众与市场的淘汰机制，当初的十八艺人正是在数以千计的说书人的竞争中脱颖而出的。评弹团设立学馆，老艺人精心培养接班人，比起父亲这辈人拜师学艺的条件不知好了多少倍。但是缺乏竞争的体制出不了大家，他们可以模仿得惟妙惟肖，但却创造不了流派……"

时代洪流，滚滚向前，艺人们以新的身份开启了他们新的艺术人生！

第十三章

治淮大计多英豪

上海评弹团成立之前的 11 月 13 日，艺人们就已经知晓要去"体验劳动人民的生活，出发参加治淮工作。"当时上海市文联组织了一个"上海文艺界参加治淮工作队"，十八艺人积极报名参加。13 日上午，上海评弹界的部分艺人集中于沧洲书场，为报名参加治淮的十八艺人开欢送大会。20 日评弹团成立大会上，文化干部伊兵再次作加油鼓劲的动员报告。

"上海文艺界参加治淮工作队"的成员有：评弹团十八位艺人和话剧界剧工团二十余人全部参加，此外还有文化局和文联的干部，以及沪剧、淮剧、越剧、滑稽、话剧界的编导演等，一共八十六人。队长是著名导演杨村彬，副队长为音乐指挥司徒汉、文化局干部吴宗锡。文化局长夏衍作动员报告，之后唐耿良等人在文联学习了两天，然后各自准备行装。

对于参加治淮，艺人们的想法也是单纯的，唐耿良认为："淮河是灾区，毛主席号召'一定要把淮河修好'，又号召知识分子要思想改造。我们是旧社会过来的旧艺人，过去说书先生的生活很窄，从书场、电台、堂会到家庭，如今我们从单干到参加集体，还要到广阔天地去深入生活，真是破天荒的第一次。安徽是灾区，民工是灾民，到灾区与灾民同吃同住同劳动的艰苦是可以想象的，但这又是光荣的。我们就是冲着这份光荣去治淮工地的。"多么真诚的话语，无疑说出了很多同行人的心声！

时令已是初冬，唐耿良考虑到淮北的天气很冷，行李要自己背，带多了怕背不动，带少了又怕耐不住寒冷，于是在地摊上采购了美军遗留下来的剩余物资——野鸭绒睡袋、毛毯和一只旅行包。当时文化局给艺人们发了三个月工资，后来又追加每人 20 元一月的伙食费，唐耿良将工资悉数交给妻子，自己只带伙食费及零用。

1951 年 11 月 23 日下午，大雨倾盆。"上海文艺界参加治淮工作队"的成员们从文联登上了帆布篷车直奔北火车站。车站内人潮涌动，家属们早已扶老携幼等候在此，李志芳自然也在人群中。唐耿良远远看到了妻子，大步走过去与之见面，嘱咐了妻子多多珍重后就依依不舍地登上了火车。五点整，火车缓缓发动。看着妻子渐渐远去的身影，唐耿良想到自己走后，妻子"要顶掉上海的房子,寄存家具,携带孩子回苏州去,赡养老父,抚育六岁到一岁的四个儿女,她的担子不轻啊!"想到此,唐耿良不觉心中一酸。是的,他之所以能全身心投入到工作中去,就是因为家中有着妻子的照顾和支持!

上海到蚌埠,车程要整整一夜,为了节约,大家都坐在硬座车厢里,吃的是各自家中早已备好的晚餐。车过苏州时,窗外已经漆黑一片,大家已然相互依偎着打起了瞌睡。第二天,天刚刚泛起鱼肚白,随着一声长鸣,火车已然抵达蚌埠站。皑皑白雪中,大家打起背包提着行李鱼贯出站,剧工团的话剧演员擎着"上海文艺界参加治淮工作队"的红旗行走在队伍的最前列,副队长司徒汉吹着哨子,队长杨村彬领着大家排着整齐的队伍,踩着白雪迎着朔风向宿营地"蚌埠大旅社"进发。此情此景,不就是集体化、军事化的吗?这也与当年唐耿良"批评"蒋月泉多少有些相似!

宿营地虽说是大旅社,陈设却非常简陋,远不如上海的三流客栈。打前站的人已经把房间分配好,唐耿良进房放下行李,稍事盥洗休息。中午去饭店吃饭,队长宣布今天是第一天,请大家吃中灶。所谓中灶,就是每人每天八角钱的伙食费。明后天就要吃大灶了,也就是四角钱一天的伙食费。等到了工地上,要和民工同吃,条件比大灶还要差,队长希望大家有个思想准备。其实,说是八角钱的中灶,不过是粗糙的籼米饭,菜也很差劲。唐耿良心里清楚,"对于我们这批旧艺人来说,锻炼从这顿饭就开始了。"后来唐耿良知道,工地上吃的是秫秫饼,这是用红高粱粉烙的饼,热的时候还可以,冷了就硬得嚼不动。吃的菜则是胡萝卜丝放上一把盐再浇上红辣火酱一搅拌,又咸又辣就着饼吃。

饭毕,大家集体去治淮委员会指挥部去听报告,领导上首先对上海文艺界人士能够到条件艰苦的地方来表示欢迎。从领导的报告中,唐耿良知道淮河源自河南桐柏山,流经安徽、江苏入海,这条河大雨大灾,小雨小灾,没有雨旱灾。诚如凤阳花鼓中所唱:"说凤阳,道凤阳,凤阳本是好地方,自从出了个朱皇帝,十年倒有九年荒。大户人家卖田地,小户人家卖儿郎。奴家没有儿郎卖,身背花鼓走四方……"黎民身遭不幸,偏遇上国民政府的导淮委员会中有人私吞救灾经费,治淮徒有虚名。解放后,遇上了灾荒,一穷二白的政府还是下了大决心治理淮河。1950年10月17日,政务院颁布了由周恩来主持制定的《关于治理淮河的决定》。11月6日,治淮委员会在蚌埠成立,华东军区政委会副主席、上海市副市长曾山任主任,安徽省委书记曾希圣等四人为副主任,钱正英等十三人为委员。

领导还介绍,过去灾民们遇上灾荒只好逃荒流浪,现在政府组织他们以工代赈,让他们既治理了淮河又能领到粮食度过荒年,先进事迹不断涌现。有一个民工叫张定发,为了参加治淮,把胡子剃掉,表示自己年轻能够劳动。还有一个青年叫葛爱山,推迟了婚期,报名上了淮堤。领导的报告鼓舞了唐耿良等人的士气,大家进一步认识了参加治淮的意义。

当时参加劳动的评弹团十八艺人分成两个小组,由唐耿良和刘天韵分别担任小组长。作为小组长,且是评弹团副团长,有责任和义务做好成员的思想工作。据唐耿良回忆,当时他做了一件劝说张鸿声主动交酒的事情:

> 我们知道张鸿声有饮酒的嗜好,这次参加治淮,他带来了十瓶"五茄皮",每夜临睡前喝上一瓶过过瘾。在火车上和旅馆里每晚饮酒没有什么问题,但是到了工地,与民工同住在一个窝棚里,如果喝酒,影响会不好。我和蒋月泉商量去说服他把这些酒上交,不要带下去。蒋月泉觉得很为难,他了解张鸿声散了夜书场之后必到东方书场去喝酒,这是人生一乐,也无可厚非。可我和蒋月泉都是副团长,这事又不能不管,我和蒋再约了张鉴庭一道去张鸿声房间里做工作。我先说:"鸿老,您真不容易,这里的大灶那么差劲,您也能和大家一样坚持下来,明天就要乘船到工地去了,到了工地要和民工住在一起,您带来的'五茄皮'怎么喝呢?况且您只带十瓶来,喝光了在工地上又没法再买的,与其喝光再戒酒,何不现在就戒,您把酒交给我,我交到队部去,队长开大会时一定会表扬您,您看怎么样?"张鸿声听后,表情很尴尬,嘴唇紧抿,一言不发。蒋月泉这时又说:"鸿老,您饮酒已经几十年了,这本来无可厚非,现在思想改造,只能顾全大局,您上交了酒,一人得表扬,全团都光荣,为了集体的荣誉,您就做

一点贡献吧。"张鉴庭也说:"您让我在您身上也沾一点光。"张鸿声听罢,就从旅行包里拿出来七瓶"五茄皮"排成一列,他两只眼睛扫瞄着酒瓶,像大元帅检阅列队的士兵一样。突然,他拿起一瓶酒,拧开盖子咕嘟咕嘟把一瓶酒一口气喝光,然后把六瓶酒推到我面前:"你去上交吧。"我大喜过望,拿了六瓶酒到队长杨村彬房间里上交。次日出发前,大队集合。队长宣布:"评弹团张鸿声,饮酒几十年,为了表示与民工打成一片,把带来的酒上交队部,他的决心应予表扬。"全队响起热烈的掌声,所有的目光都投向了张鸿声,我一面拍手,一面用胳膊肘碰碰张鸿声,以示祝贺,张鸿声反而腼腆地低下了头,其实他心里的高兴是不言而喻的。

　　蚌埠学习了十天,大队八十多名队员集体乘船去一个叫五河的地方。当时只有一只运粮的米包子船,没有机器,靠着人力摇船,故而速度很慢。八十人挤在一个舱内,舱底早已浸入了冰凉的河水,队员们冻得瑟瑟抖。有人提出要上岸去背纤,毕竟使劲走路能使两只脚暖和起来,后来很多人都发现这样做的好处,相继提出要去背纤,队长无奈只能点名分批轮流上岸。在船上的人则聊起了天,蒋月泉时不时说几句惹人发笑的段子,艄公称他是"滑稽老油条"。

　　次日,队员们经过一段水路,到达五河八十多名队员一分为三:司徒汉领衔一队人到最西面的朱龙大队,评弹团的姚荫梅、王柏荫、张鉴庭、吴剑秋等人同去;杨村彬带领一队人到沙城大队,评弹团有刘天韵、张鸿声等人随往;还有一队由吴宗锡领队去双平大队,唐耿良、蒋月泉、周云瑞、陈希安、徐雪月、朱慧珍等同行。唐耿良和剧工团的郑公辅、越剧青年编剧傅骏三个人一小组住到民工的窝棚去。这个窝棚是用高粱秆子搭建的,在平地挖一个一尺深的坑,宽约两米,长约六米多,坑底铺着几层高粱秆当褥子,里面要睡十几个人,一头一个倒插着睡,才勉强挤下,连翻身也很难。棚口挂一块油布当门,唐耿良身为小组长,发扬风格,睡在了门口,晚上呼啸的寒风直灌进来,唐耿良根本无法入眠。

　　唐耿良等三人放下行李到濠潼河疏浚工程的工地集合,满眼望去,民工们穿梭于河底岸上，干劲十足。只见他们四人一组，一人用铁铲挖泥，三个人挑泥上岸，把泥倒掉再返回来挑。一担泥要一百多斤。晚上收工时丈量，人均要挖三方泥，待遇是挑一方泥（两千斤）一斤米，挑三方土合计四角钱，这样强的劳动量一个月才12元。唐耿良心里盘算着，自己现在的工资是275元，对比民工的强劳动，自己真是感到汗颜！以至于休憩时，有民工问唐耿良工资几何，唐耿良支支吾吾回答不出。

艺人们没有民工那样的身板，他们不能在冰水中挖泥、挑土，只好利用休息时间为民工们唱歌。天气晴朗时，也会跑到窝棚里去把民工的被头拿出来晒一晒，让他们晚上睡得可以暖热些。有一次唐耿良发现，窝棚里十几个人只有两三条被头，有的只有几块破棉絮块，经过了解才知晓，原来他们把被子留在家里让家人盖，自己光身在工地，晚上就把棉袄脱下来当被子盖，靠着左右人挤人彼此取暖。唐耿良心中自然不是滋味，心想："想想灾区人民的生活实际，看着劳动的强度和微薄的报酬，觉得他们很伟大，自己拿着比他们高数倍的工资，却不能和他们一样的劳动，实在是很惭愧。"无疑，建团伊始的治淮之行，既能炼人、更能炼心，这也是政府所希望看到的。

恶劣的自然环境让部分队员发生了动摇，偷偷地溜回了上海，甚至于造谣张鸿声死在了工地。当然，民工中也有开小差的人，对于民工的士气产生了影响。指挥部于是号召文艺工作队晚上到各工棚去做思想工作，巩固治淮的信心。县团委副书记给大家做怎么做思想工作的示范，说"下工棚去后先问今年的收成好不好，他们回答说好。你们可以说这是毛主席土改的政策好，你们修好淮河，功在当代，利在后世。这样就可以巩固思想，振奋士气。"吃过晚饭后，唐耿良胸有成竹地到隔壁窝棚里去做群众的思想工作，显然他已背熟领导的指示。当时工棚里没有灯，只有民工吸旱烟的红光闪烁着，唐耿良问："老大爷，你们今年庄稼收成好不好？"一个老民工清了清沙哑的喉咙说："不好。"唐耿良一听愣住了，这与领导教的对白不同，他并没有相应的词儿可以接下去，心想："平时能说会道的说书艺人，如今做群众的思想工作竟笨嘴拙舌地说不下去了。"实在没有办法，唐耿良只能补了一句："我来唱几个歌给你们听听吧。"工棚里的气氛才有所缓和，唱完后唐耿良心里百味杂陈，不声不响地回自己窝棚里去了。

后来因为艺人们实在不适应跟民工同吃高粱饼，领导根据实际情况，决定自办伙食。唐耿良所在的双平大队找了一位当地的老乡当炊事员，按大灶费用包给他，早上可以吃山芋煮粥，中午有蔬菜，难得还有一点猪肉解解馋。工地上时常会发生一些让大家忍俊不禁的事情，唐耿良回忆：

> 本来早晨洗脸没有热水，只有民工打来的冷水。现在到桥头茅屋里去洗脸刷牙也有了温水供应。一天早上起来，我拿了面盆、牙具走半里地到桥头去洗脸，路上泥泞难走，每走一步都会陷在泥里，我穿着半统胶鞋走到离桥头还有十几步的地方，只见前面徐雪月脚陷在泥浆里动弹不得，拔起脚来胶鞋却又陷在了泥浆里，她手里端着脸盆，又不能弯下腰去拔出胶鞋。正在为难时，我走到她前面，叫她趴在我背上，她一只手勾住我脖颈，一只手端着脸盆，我把她背到茅屋里，让她坐好，再到泥潭里拔出她的两只胶鞋让她穿好。她千恩万谢，对我咬一句耳朵："你猫耳朵萝卜干阿要吃？"这是苏州酱园里最便宜的咸菜，可是在淮堤上却比鸭肫肝还要金贵。我连忙说"要的"，她从身边摸出一个手帕包解开来，给了我一块。一旁蒋月泉也要吃，徐雪月笑着也给了他一块。

时光飞逝，现在已是腊月二十几，转眼唐耿良等人在工地上已经一个多月了。民工们大多数已经回家过年，净等开春再来工地收尾。艺人们敲锣打鼓送走了民工，也开始思念起远方的亲人，无奈当时文联规定要待在工地三个月。就在这时，艺人们中有传言说他们也可以回家过年了，大家心里开心得不行，兴奋的王柏荫还轻轻打了张鉴国一巴掌以确定自己不是在梦中。

后来分开来的三个队伍接到通知到五河集合作总结，谈濛潼河工地的收获与体会。评弹团分为两个组进行，刘天韵和唐耿良分任小组长。十天思想总结之后，领导宣布治淮指挥部要求上海文艺队去佛子岭水库工地与坚守在工地上的民工共度春节。回上海的消息被证实是假的，艺人们空欢喜了一场。

于是，艺人们从五河到蚌埠，转往合肥，再乘卡车去霍山佛子岭水库工地。在去往霍山的卡车上，评弹团成员发生了一件意外的事情。唐耿良记得，姚声江有汽油过敏症，闻到汽油味便要头晕，在参加治淮之前，为了能够适应环境，姚事先买了打火机加油的小瓶汽油，放在鼻子下嗅，提高适应能力免得临时晕车。可是这时在卡车上，公路的颠簸已让姚声江头晕目眩、呕吐不止。车抵佛子岭时，姚已撑不住瘫倒在地。唐耿良、刘天韵、蒋月泉、张鸿声四个人用担架抬着姚过了淠河、进了宿营地。醒来的姚声江激动得哭喊："我有一百五十斤重得来，你们年纪这样大（指刘天韵和张鸿声），还要抬担架，我对勿住你们呀！"唐耿良说："我们四个人是团的负责人，照顾团员是应该的。"集体的力量得到体现。

在佛子岭，唐耿良被分配到运输队，那里好多工人都是上海招来的失业驾驶员，唐耿良参加了他们的小组会担任读报员。读报的时候，唐耿良盯着《人民日报》一字一句地念，同时唐耿良还细心留意驾驶员们的神情，他发现平平常常的照着念，不能让他们产生兴趣。于是唐耿良动了脑子，想了办法，后来读报时，总是先把报纸浏览几遍，记住了内容，读报改成了讲报，加强了与驾驶员们的眼神交流，再加上运用评话中的口技，这就增强了可听性，使得驾驶员们像听故事那样兴致盎然，读报的效果自然也就好多了。

唐耿良演出照

春节的时候，文艺队给工地上的工人和民工搞文艺节目助兴。说苏州话，大多数民工听不懂；说传统书，已经不合适了。在这种两难的境况下，恰好唐耿良发现自己买来翻阅的《解放军文艺》上有山东快书《一车高粱米》非常有戏剧性。于是唐耿良把快书的韵文改成散文，用普通话来讲，加上评话的口技，模仿汽车的引擎声、外语腔的外国人讲汉语等，受到民工们的欢迎。后来唐耿良又把这个故事改成蒋月泉、王柏荫、张鸿声、周云瑞四个档合演，使他们也有了用武之地。唐耿良还改编了一个《团结友爱》的剧本，这是描写中朝友谊的故事。就在不经意间，治淮工地上为了给民工演出，唐耿良走上了创编之路，此后一发不可收拾，治淮结束回上海后，唐耿良又根据报纸的通讯报道，改编了《空中英雄张积慧》，这个节目在电台广播后反响很好，受到广大听众的欢迎。

治淮行将期满，唐耿良和刘天韵提前三天动身回上海，向文化局汇报请示回沪后的工作安排。刘厚生接待了他们。

1952年3月11日晨，历时三个月又二十天的上海文艺界参加治淮工作队全部返抵上海。3月26日上午9时，在上海文联礼堂举行仪式欢迎治淮工作队归来。吴宗锡向大家报告了治淮工作的经过和体会，参加治淮工作的上海人民评弹团周云瑞、程红叶、姚荫梅，以及剧工团王善树做了典型报告。刘厚生在最后致辞中"希望大家在今后工作中巩固这次从治淮工作中带回来的收获，以实际行动参加到当前正在本市展开的五反斗争中去，保证五反斗争的彻底胜利。"

1952年5月5日的《文汇报》发表了题为《治淮工作教育了评弹艺人唐耿良》的文章，充分肯定了在群众实践中唐耿良在思想上得到了锤炼：

> 评弹艺人唐耿良和其他参加治淮工作的同志一样，在实际群众斗争中得到了锻炼。不说别的，只要看到那些为祖国建设的民工，艰苦卓绝地工作，在零下十五度的天气下，下水挖泥，而自己和他们一比的话，那只有愧煞。
>
> 在群众的火热斗争中，唐耿良感到那样的生活真是丰富和幸福。因为这样的生活，对一个要求自我改造的艺人来讲，那真是处处都是活生生的教育。他在抽水机队参加工作时，曾看到工人同志们在极冷的天气里赤足下水，愉快的劳动，显得那么自然。他又亲眼见到技工队长和工人同志们发明了电动抽水的工作方法，节省了国家财富二十亿元的伟大工人阶级的创造性事迹。同时在抽水机工人队伍里

出现了工人自编自导自演的结合了三反运动的话剧。这使他更感觉到翻身后的人民文化上的提高。

唐耿良是有着个人英雄主义作风的，但这个缺点，通过治淮工作，使他认识到这是有着极严重危害性的一个毛病，在群众斗争中使他更一次的下决心，加强学习，克服缺点。

看看别人，比比自己，这次参加治淮工作，等于叫唐耿良照了照镜子，洗了洗脸。他检查出自己的急躁，帮助同志们不够，个人英雄主义很强，自高自大的厉害。他检查出造成这样缺点的历史原因，由于他十四岁拜师学艺起便一直一帆风顺，压倒了其他的与他同时的艺人。解放后政治地位的提高，处处都比别人得到更多的表扬，造成了他渐渐的自满和骄傲。但这些通过批评与自我批评，同志们的帮助，使他自己觉察了这样的发展的可怕。他更进一步地想到了自己是没有什么可以值得骄傲的，过去说旧书非但不能帮助人民革命事业，反而作了反动统治阶级的帮凶，今天更没有能进一步地对革命事业有更多的贡献，自己只懂得了一些革命理论的皮毛便自高自大看不起别人，比起工地上的劳动人民，真该彻首彻尾的否定自己的过去。

唐耿良下了决心，他给自己指出一个努力的方向："痛改前非，下定决心，学习劳动人民的老老实实的作风，警惕自己，改正缺点，更好地为人民服务。"

第十四章

满城争说中篇忙

　　前面我们提到，在为期三个月的治淮工作即将结束的时候，唐耿良与刘天韵提前三天回到了上海。唐、刘二人甫一回沪，即前往上海市文化局向刘厚生汇报近况，并请示回沪之后的工作安排。刘厚生在谈话间，提到艺人们是否能将淮河工地生活的素材编成一个故事，分为四回书，一个晚上全部演完，这样可以适应听众工作忙不可能每夜连着听长篇的时代变化，这个形式可以叫作中篇。

　　所谓中篇，就是将一个完整的故事分为三四回书由多名演员在三个小时内演出完毕的一种评弹形式。资料显示，早在1946年，评话演员潘伯英就曾根据一桩离奇的案件改编成四回书，邀请多位同仁在空中书场演唱（一说是在1940年年终会书时演出）。1950年10月1日，为庆祝第一个国庆节，潘伯英根据赵树理的《李家庄的变迁》编写中篇《刘巧团圆》，与朱慧珍等人在苏州静园书场公演。1951年春节又有陆耀良等数十位演员集中常熟做会书，为配合新婚姻法的宣传，将一桩婚姻纠葛编成故事演出。

　　究竟哪一个作品才是评弹发展史上第一个中篇评弹？彭本乐先生认为，应该是《一定要把淮河修好》，他给出了这样三个理由：一、有了《一定要把淮河修好》，才有了中篇评弹的名称和其特定的演出形式。二、《一定要把淮河修好》的演出资料完整，有唱本、录音、图片、报道及评论等，其他几个作品少有实物佐证。三、《一定要把淮河修好》的演出时间长达数月，在听众中影响深广，而其他几个作品皆演一场而已，影响有限。因此说，由上海评弹团在1952年编演的《一定要把淮河修好》，是评弹历史上第一个中篇评弹。

　　虽然只是刘厚生的建议，但唐刘二人显然将之视为"重要指示"，于是等全团返沪，唐耿良便和陈灵犀到图书馆看《安徽日报》合订本，从连篇累牍的报道中搜集素材。在淮河工地时，艺人们经常性地配合工地上开展"三反"运动展开宣教和文娱工作，开始编写《一定要把淮河修好》时，艺人们当然考虑到要将这部中篇的"内容以治淮与三反"为主。后来他们发现，目前上海又在开展"五反"运动，于是又调整思路，增加了"五反"的内容,将"劳动模范舍身忘我的工作精神和奸商唯利是图的恶劣行为作了强烈的对照"。该中篇分为四回:第一回,经过土改之后的农民政治觉悟普遍提高,积极投入到治淮运动中去。青年农民赵盖山,为了参加治淮工作,推迟了婚期,体现了参加国家建设的积极精神。第二回,农民赵盖山、工人姜阿土过年不回家,表示愿意继续留在工地工作。第三回,揭露不法奸商腐蚀干部,破坏治淮工作的罪恶事实。第四回,在工农紧密配合之下,揭发了贪污分子与奸商的阴谋,众人坚定了一定要把淮河修好的决心。后来随着形势的变化,该中篇还进行了修改,例如曾经将"五反"的内容抽去,换成挖掘冻土的故事,以赞扬和歌颂劳动人民的智慧;又比如在1953年4月1日维也纳书场做一周年纪念演出时,增加了赵盖山与未婚妻王秀英相互鼓励、积极工作的故事,这样就配合了婚姻法的宣传工作。

当时的十八艺人觉得,大家已然接受过淮河工地的实践锻炼,思想上有了很大的进步,完全可以以淮河工地的所见所闻为基础编演中篇。在命名的时候,大家讨论了良久,后来一致决定以"一定要把淮河修好"这一毛泽东在1951年5月15日提就的豪言壮语为题目。

不到一个月的时间,中篇创作完成。1952年4月1日晚,经过集体创作的中篇评弹《一定要把淮河修好》在沧洲书场开演。名义上是集体创作,但无论是从资料收集还是具体执笔写作上来看,唐耿良、陈灵犀和姚荫梅三人的贡献无疑是最大的。据资料显示,当时建团的十八艺人中,除了韩士良、吴剑秋、姚声江之外,其余均参加了中篇评弹《一定要把淮河修好》的首演。演员的阵容无疑是强大的,也足以说明上海评弹团对此的重视。该中篇首演的阵容是:

　　第一回:刘天韵、唐耿良、陈希安、徐雪月、程红叶
　　第二回:蒋月泉、王柏荫、张鸿声
　　第三回:唐耿良、周云瑞、张鉴庭、姚荫梅、蒋月泉
　　第四回:朱慧珍、陈红霞、刘天韵、谢毓菁、张鉴国

演出产生了轰动效应,各方人士都给予了高度的关注。当时上海评弹

团只想将此中篇拿出来演出三天或一个星期，没想到该中篇初次演出即在评弹界创造了新纪录，连演了250余场，听众有26万余人次。唐耿良说："本来以为听众的欣赏习惯是以长篇为主，中篇重复演一个星期就没人听了，结果沧洲书场450个座位，连演了三个月客满。创造了评弹演出历史的新纪录。"

需要补充的是，演出中篇评弹《一定要把淮河修好》过程中，蒋月泉演民工过年推迟婚期的唱腔，突破了旧的框框，创造了快节奏的蒋调。蒋调的节奏一般是每分钟68到72节拍，而在《留过年》中的节奏达到了每分钟98到107节拍。在蒋月泉看来，之所以这样运用快蒋调，主要是因为要表现主人公赵盖山意欲参加火热的治淮斗争时激动的心情！此外，朱慧珍演女民工的唱腔也是非常优美，一曲由谢毓菁写就的《新年锣鼓响连天》风靡上海书坛。

苏凤在报上发表题为《新评弹的划时代的优异创造——〈一定要把淮河修好〉》的文章写道："《一定要把淮河修好》是真正有了全新的内容，并且用全新的形式表演出来的新评弹。用评弹来表现新人新事不单是完全可能的，而且还可以比表现旧人旧事更加合适、更加动人。"评弹作家周行撰写《新评弹：论〈一定要把淮河修好〉的重大启示》一文指出，"《一定要把淮河修好》是新评弹创作的一个卓越的新成功！……这一个作品的成功已经在各方面发生了必然远大的影响乃至十分明确的启示，这种影响是应该能够使整个的评弹从此脱胎换骨地走向一条前程远大的新路的；这种启示是应该能够使所有的评弹工作者从此肃清了迄犹残存的各种错误的想法——包括对于新评弹的迄未巩固的信心，对于自己的工作的苦闷等等——而明确地看出新评弹的前途在哪里和自己的前途又在哪里、因而也明确地知道了彻底的真诚的改造（改书、改人、改制度）的重要，解答了'用什么方法来改造'以及'向哪个方向来改造'等等的实际的问题。"

当然，文化官员如周扬、夏衍的公开赞扬，则是对这一中篇的最高、最权威的评价。美国学者马克·本德尔指出，中篇评弹的出现，使得评弹艺术在新的政治气候下拥有了新的合法性。中篇评弹《一定要把淮河修好》具有一定的实验性和示范性，后来借助于上海团的优势，加上配合形势宣传的需要，上海团陆续又编演了一大批中篇，唐耿良本人就曾在1953年春节参加中篇《海上英雄》《罗汉钱》的演出。

为了便于读者对唐耿良编演过的中篇有一个全面的了解，笔者在这里将多费笔墨集中撰写。

1953年，唐耿良将魏巍、白艾合写的小说《长空怒风》改编为同名中篇评弹，并于1954年的春节演出，其中唐耿良说两回评话，周（云瑞）陈（希安）档说一回弹词。

1954年1、2月份，唐耿良与蒋月泉、朱慧珍、周云瑞、吴子安、刘天韵、张鸿声、张鉴庭、张鉴国、王柏荫、高美玲等人在沧洲书场上演中篇《林冲》上集。到了秋季，为配合肃反运动，唐耿良与马中婴合作改编了中篇《后方的前线》，因质量粗糙而失败。同年他还与柯蓝（从延安到上海来的干部作家）等合作，编写中篇《王孝和》。

1955年1月份开始，在静园书场夜场演出中篇《王孝和》，客满三个月。首演是1955年1月24日。阵容有：楔子（唐耿良）、第一回"宁死不屈"（蒋月泉、张鉴庭、姚荫梅、姚声江）、第二回"监狱内外"（蒋月泉、张鸿声、唐耿良、王柏荫）、第三回"党的叮咛"（张鸿声、周云瑞、陈希安、张鉴国）、第四回"不死的人"（蒋月泉、唐耿良、周云瑞、苏似荫）。同年，去总政话剧团观摩《万水千山》。

1956年正月，在大沪书场夜场演出中篇评话《万水千山》，首演是2月12日，阵容有：第一回"桃花寨"（张鸿声）、第二回"大渡河"（吴子安）、第三回"过草地"（唐耿良）。

1957年，农历八月，唐耿良与吴子安、杨振言、杨振雄、蒋月泉、周云瑞、朱慧珍等人在静园书场夜场演出中篇《野猪林》，他分别出演第二回

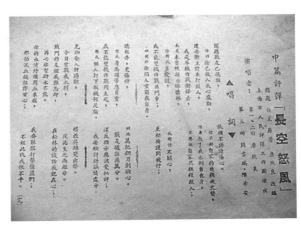

中篇评话《长空怒风》演出说明

"白虎堂"、第四回"野猪林"。农历闰八月,唐耿良与杨振雄、蒋月泉、张鉴国等人在静园书场夜场演出中篇《林冲》下集,他分别出演第一回"柴庄"、第四回"杀谦"。农历九月、十月,唐耿良与杨振雄、徐丽仙等人在静园书场夜场演出中篇《王佐断臂》,他出演第二回"诈降"。

这里需要说明的是现存关于《王佐断臂》的演出阵容有两个不同的版本,分别是:

1957 年 10 月,上海静园书场
"断臂"杨振雄、杨振言
"诈降"刘天韵、唐耿良、张鉴国
"策反"**张鉴庭**、徐丽仙
"说书"蒋月泉、杨振雄、刘天韵

1957 年录音版
"断臂"杨振言、杨振雄
"诈降"刘天韵、唐耿良、张鉴国
"策反"**蒋月泉**、徐丽仙
"说书"蒋月泉、刘天韵、杨振雄

两个版本唯一不同的是第三回的演员由张鉴庭换成了蒋月泉,有可能是不同的演出场次,亦有可能是张鉴庭被划为右派之后未能上台的缘故。此外,"王佐断臂"在上海电台播放的录音还有第三个版本,此版删去了第一回"断臂",改为 20 分钟的"楔子",由唐耿良一人以评话形式演出。

1958 年,唐耿良等编写的《聚宝盆》在西藏书场夜场上演。第一回"立志"(张鉴庭、张鉴国、唐耿良)、第二回"苦战"(张鉴国、苏似荫、江文兰)、第三回"过关"(苏似荫、江文兰、□□□——,应是姚荫梅,因"右派"未具名)。同年,唐耿良等人还编演了中篇《钢水沸腾》。

1958 年,"大跃进"运动中钢铁挂帅的口号响彻云霄,运动的余波冲击着评弹团。唐耿良为响应号召,将家里的脚炉、汤婆子都捐给了国家。在评弹团后院也设有一个小型的炼钢坩埚，经过了全团多人几天的奋战，最终炼出一块约2—3公斤重、银灰色的陀螺形铁疙瘩。这块耗费了大量人力、物力的"大跃进"成果，却被丢放在一个露天的角落里至少有一年之久，最终由废品回收站收购，这是全民炼钢的缩

20世纪50年代，张鉴庭、唐耿良、张鉴国（自左及右）在静园书场排练中篇

影。当时报纸上宣传上海有八面红旗，上钢三厂平炉车间也是红旗之一。领导指定唐耿良带领一个小组，深入到工厂去生活，编演一个中篇评弹，要求国庆节在书场演出。虽然当时已是9月10日，离开演出还有20天，这其中还要采访、拟定提纲、写作、排练，唐耿良还是欣然领命。

　　这一段时间，唐耿良没有回家，妻子送来了铺盖卷，唐耿良住在团里夜以继日地赶任务。在剧本还没有写出来的情况下，文化局国庆游行彩车张挂的宣传牌上已经宣布国庆节演出中篇评弹《钢水沸腾》。唐耿良深感到压力沉重，天天熬夜，倦的时候，就买包前门牌香烟来吊精神，唐耿良过去从未抽过烟，抽起香烟来觉得舌头上麻辣辣的，顿时没了困意。当时张鉴国陪着唐耿良一起硬拼，食不甘味、夜不安枕地赶时间。经过努力，10月1日，日夜赶排出来的《钢水沸腾》终于在西藏书场上演了。

　　《钢水沸腾》的演出者有唐耿良和张鉴庭、张鉴国、苏似荫、江文兰等人。唐耿良记得："第一夜第二回我和张鉴国、苏似荫三个档说唱，演出中，张鉴国突然脸色苍白，他向我耳语：'我肚子痛得忍不住了，怎么办？'我说：'你先下台去医院看急诊。'张鉴国跳下台先走了，这回书我和苏似荫双档顶下去。散场后我赶到瑞金医院去看他，他躺在病床上打吊针。医生说是肠痉挛引起肚子痛，不碍事的。原来是他参加集体写作并日夜赶排中篇，加上疲惫不堪、紧张过度引起的毛病。次夜，他依旧上台演出了。"由于时间太过

朱雪琴、唐耿良、郭彬卿（自左及右）演出《冲山之围》

匆匆,《钢水沸腾》的艺术水准不高,演出了20场就撤下来了,毕竟听众花钱买书票,不是来听政治报告的。

1958年,唐耿良还与苏似荫、江文兰等集体创作中篇评弹《冲山之围》。并于1959年春节演出。

　　1959年,唐耿良编写了长篇评话《太湖游击队》,在无锡实践演出。同年还参加集体编演中篇《白求恩大夫》,在节目中出演第三回"摩天岭"。当时领导找唐耿良谈话,要他离开说书岗位,下农村去深入生活,搞一个宣传人民公社优越性的中篇评弹。唐耿良内心是矛盾的,一方面他是专业说书演员,离开书台去农村编书,这是有相当大的难度的。另一方面,作为刚刚入党不久的党员,只能完全听从党的话,于是唐耿良勉为其难地接受了这个任务。

　　唐耿良从当时的党刊上读到一篇报道,位于松江的枫围公社红旗大队创造了一个"破田超千斤"的纪录。于是唐耿良开好介绍信,并径直前往枫围公社报到。接待唐耿良的党委宣传部干部十分热情,一番寒暄过后就安排他与大队支部书记孙锦清见面了。唐耿良见到老孙,典型的农民形象,四十来岁,高个头,一看就是豪爽之人。唐耿良在老孙的带领下到了镇南九里地的红旗大队,老孙将他安排在一户只有煤油灯照明的农户家里。就这样,唐耿良开始了在红旗大队的生活。

　　唐耿良有时跟着老孙参加一些轻劳动,有时则跟着老孙去公社开会,日子看似平常,但也有意外发生。唐耿良清楚地记得:"一天,接到通知,次日公社要开三级干部会议,我也可去参加旁听,不料第二天清晨,天降大雨,田岸泥泞难走,干部们跑得飞快,我跟不上,落后了。透过密密的雨幕,我遥望镇上的房子,认定方向,一步一滑艰难朝镇南走去。我穿的双层咔叽雨衣,淋得湿透,连棉毛裤也湿透了,又是一身大汗,非常狼狈。跑到镇上先去买了一条棉毛裤到公社去换上。开了一天会，连夜要赶回去传达，走九里地的夜路，摸黑到大队。老孙传达会议精神，我见有些小队干部已经打呼噜了，半夜过后散会。我回房休息，一觉醒来已是红日高照，赶紧跑到食堂去吃粥，炊事员说已经没有了。只得悻悻然回房吃了几块从上海带来的饼干充饥。"相比于这样的苦，唐耿良还是能挺得住的，当时他最担心的实际上应该是如何能完成编书的任务？

焦急的唐耿良在农村访问了很多人，以"歇凉头里摸水草"的情节作为故事的核心，与饶一尘、苏似荫、江文兰合作编写了一个中篇叫《破天荒》。

在农村备尝辛苦的唐耿良原以为，"粮食也是元帅，反映粮食丰收的作品应该会被肯定吧。"岂料8月份在上海彩排时，文化局的领导前来审查节目，听完之后，领导对唐耿良说这个节目不能上演，唐耿良莫名惊诧，忙问领导为什么。领导说："最近中央开会指示要劳逸结合，纠正前一段时间大干快上的缺点。所以你这个节目中'歇凉头里摸水草'的做法，正好和劳逸结合唱对台戏，因而不能上演！"因为领导的一句话，辛辛苦苦半年的成果就被否定了，唐耿良心中满是不快。当时有人跟唐耿良开玩笑说："你把作品里的正面人物和反面人物调一个位置，大干快上的支部书记犯错误，保守的大队长成为正面的人物，就可以通过了。"唐耿良只能一笑而过，将作品扔进了废纸篓。

当时的很多作品，实际上都是跟风而动，往往政策的改变是出乎意料的，那些不符合现时政策的作品自然会被淘汰。这也是紧跟时势的弊端所在，普通人往往是很难把握形势的变化的。

周恩来曾多次提到艺术与实践的关系。"生活锻炼对文艺工作者是很必要的，人民的生活是艺术工作者取材的主要源泉，演员应当到生活中去锻炼，作家最好的创作方法是到实际生活中去采访，整天关在屋子里写剧本是不行的。""艺术工作者要学习与实践相结合。没有实践的一面，那修养是不能到家的，在艺术上是不可能成熟的。"事实上，这种注重艺术与实践的关系，早在延安时期，毛泽东就曾强调文艺工作者要"了解人熟悉人"，"许多文艺工作者由于自己脱离群众、生活空虚，当然也就不熟悉人民的语言,因此他们的作品不但显得语言无味,而且里面常常夹着一些生造出来的和人民的语言相对立的不三不四的词句。"文艺工作者"应当认真学习群众的语言。如果连群众的语言都有许多不懂,还讲什么文艺创造呢?""你要群众了解你,你要和群众打成一片,就得下决心,经过长期的甚至是痛苦的磨炼。"(《周恩来年谱》,中央文献出版社)

注重实践、深入生活,的确可以积累素材。这一创作模式一直延续了很长时间,从1963年1月至1965年10月间《上海市人民评弹团合作改编情况表、深入生活情况表》可见一斑,如其中记载唐耿良:1963年2—6月,上海县七一公社友谊大队生活,崇明江口公社济民大队生活;1964年2—6月,大庆油田生活;1965年1—2月,山西昔阳大寨大队采访、生活;1965年4—5月,上海江南造船厂、重型机器厂采访生活。一方面艺人、作家们深入生活,可以接触到鲜活的资料,为进一步创作夯实基础;但另一方面,花费大量人力、物力、财力在工厂、农村参加实践,虽然改造了世界观、积累了素材,但产出的效果却不佳,创编的书目从长远来说也鲜有传世之作。

1963年,唐耿良与程志达合作编写中篇《如此亲家》。

1964年,参加中国作协赴大庆油田慰问团,先演出三周,后采访,与苏州评弹团的专业作家邱肖鹏合作编写中篇《英雄儿女》,未通过而报废。

虽然中篇评弹在一定时期内有效推广和传播了评弹艺术,但从长远来看,它不仅损害了长篇,更加速了评弹走向戏剧化。演员们在程式化、剧本化之下,过往的一人多角变为一人一角,进而势必导致第三人称的表白少于第一人称的官白,评弹越来越向戏曲

下基层采访(左四为唐耿良)

经木一乡驻流年——唐耿良传

靠拢。周良曾客观地指出，"中篇曾经起到吸引不少新听众的作用，他们没有逐日听书的习惯，也没有时间经常听书，听长篇演出。中篇的创作演出比长篇快，所以容易反映当代生活和现实题材。这是中篇的长处，也容易受到领导重视，参加会演和比赛。但是，中篇不能经常演出，也难以反复演出，难以在演出中不断提高，成为保留节目。而且演员多，成本高，演出需要更多补贴。难以实现市场化的艺术再生产。中篇不可能代替长篇，在书场实现常年演出、生生不息的流传。"

唐耿良为了集体的事业，多有劳心劳力，终于病倒了。

1965年，当时上海团大部分人去了奉贤搞"四清"，唐耿良等人留守评弹团。当时团里正在搞《万吨水压机》的专场演出，领导让唐耿良也加入进去，为专场编演一个段落。当时万吨水压机报纸上头版头条报道，称之为工业战线自力更生创造的奇迹。唐耿良对这个题材很感兴趣，于是不顾已然疲惫不堪的身体，全身心地投入了工作。唐耿良先去采访了总工程师林宗棠和江南造船厂搞电焊的技术员和老师们，回到团里又马不停蹄地酝酿构思，希望尽快将自己承担的一个故事写出来，以方便其他演员尽快排演。辛苦了一天，拖着疲倦的身体回到家中，唐耿良的心脏"怦！怦！怦！"地直跳，饭吃不下去了，只得躺在床上休息。第二天早晨起床后，心慌依然，唐耿良依然到团里上班，参加排练，直到下午才去华东医院看病。内科医生在做了相应检查后说："你不要回家了，立即住院治疗。"唐耿良这才感觉到事情的严重性。

护士推来了轮椅，一步也不让唐耿良走动了。夜深了，唐耿良打电话到团里，请团里告知家属就说团里排书任务重，暂时不回家了。那天夜里唐耿良住到了四楼的一个单人间的观察室，这一夜睡得很沉。次日早晨起来，唐耿良感觉心慌已止，便起床洗漱。护士进来后发现了，大声说："你怎么起床了?!"唐耿良说："我要大便。""你大便也不能起来，应该叫我们端便盆来，因为你是绝对卧床的病人呀。"唐耿良说他不知道，护士马上拿来一块"绝对卧床"的布条绑在唐耿良的床栏杆上，护士对他说："以后你有事就按电铃，不许下床。"唐耿良心想自己的病情怎么会如此重？

过了一会儿，内科主任来查房了，唐耿良言明自己已经恢复，希望尽快出院回去参加排练。主任医生说："你患的是病毒性急性心肌炎！需要绝对卧床休息，以前有个病人也是心肌炎因为下床大便，就此不治死去。所以你要耐心治病。至于团里的排练演出，让别人代替你去完成。你治好了病，还有几十年可以工作呢！"唐耿良此时已然目瞪口呆，只得遵从医生的嘱咐。

卧床治疗了一个月，唐耿良才被取消绝对卧床的"禁令"。已经一个月不曾走路的唐耿良，只得在妻子的搀扶下慢慢挪动脚步，像小孩学步那样步履蹒跚。住院一共三个月，医生又建议唐耿良到无锡疗养三个月，以期彻底治好心肌炎。在无锡大其山华东疗养院，面对碧波万顷的太湖，唐耿良感慨万千——"我这时想起我过去的同行夏冠如，他说《英烈》，艺术上有成就，患有心脏病，因是单干演出，一天不说，一天没有收入，带病上台，在无锡和平春书场说书，日夜客满，他卖力过度，病情复发，又舍不得日夜客满的收入，抱病说书，直到撑不住了，才剪书回苏州，当夜到家，凌晨心力衰竭而死，留下寡妻孤儿，实为一大悲剧。我今犯病住院三个月，疗养三个月，工资照常，这和夏冠如相比，幸运多了！"

第十五章

半岛烽火犹奏艺

侵略频频可恨他，兴风作浪总由他，举世咸知他罪大，穷凶极恶莫如他。（你要）认清他，看透他，他的宣传不信他；（你要）鄙视他，仇视他，视为死敌斗争他。花旗东西不买他，好莱坞电影不看他，（美国之音）他放屁，大家立誓不听他。全心全力反抗他，反帝援朝遏住他，保国卫家打倒他；我们有理不怕他，不怕他来不怕他！

（月子：《反美帝廿个他》（开篇），《新民晚报》1950年11月25日）

1950年6月，朝鲜战争爆发；10月，中国人民志愿军入朝作战。抗美援朝、土地改革、镇压反革命，成为新中国成立初期的三大运动。人人皆谈此，评弹界中人自然不能例外：前有艺人们的抗保宣传队，后有报章杂志上连篇累牍的抗美援朝文艺作品。

中国志愿军赴朝作战，在取得巨大胜利的同时，也付出了巨大的牺牲。为了鼓励中朝军人的士气，同时向国内宣传前方将士的英勇事迹，中央政府决定成立赴朝慰问团，于是1951年1月22日，中央作出了《关于组织赴朝慰问团的决定》。慰问团的组建方式是由各省市为慰问小组，再以各大行政区为单位组成各个分团，统一服从于赴朝慰问团。第一届慰问团总团长为廖承志，成员有著名的曲艺人连阔如、侯宝林、常宝堃等。

第二届赴朝慰问团由全国各民主党派、各人民团体、人民解放军、各民族以及各地区的军属烈属、工农劳模、妇女、青年、学生、文教界、工商界、宗教界和海外华侨的代表共361人，文艺工作者563人和工作人员173人，共计1 097人组成，规模远远超过第一届。

1952年的9月，正在上海电机厂体验生活的唐耿良，忽然接到通知要他离开工厂，到中国人民第二届赴朝慰问团华东分团的文工团报到。评弹团还有陈希安、朱慧珍同行。

当时华东分团的文工团的成员包括上海杂技团七位演员，上海音乐学院三位演员，上影厂的金焰、赵丹、孙铮，新安旅行团导演伍梨，人艺的陈家松，南京歌舞团的薛飞等两位演员，还有曲艺界的安徽大鼓书、山东快书、杭州评话和独角戏的演员等。金焰是文工团长，赵丹、伍梨是副团长，陈家松调度节目。

开始的时候唐耿良是有顾虑的，他感到"这是一个极其光荣的任务，也是一个风险很大、有生命危险的任务，因为我们没有制空权，美国飞机不分昼夜轰炸扫射，没有前方和后方的分别，去年第一届慰问团的相声演员常宝堃等人就是被炸牺牲的。我上有老父，中有妻子，下有四个子女，妻子没有工作，就靠我的工薪生活，万一牺牲了怎么办？"道众都知道唐耿良是热爱家庭又热爱工作的，在如此两难的境况下，唐耿良最终还是"想到这是党和政府对自己的信任，也是一次极其难得的锻炼机会，岂能轻易放弃？"于是他毅然决然参加了这次慰问演出。

华东分团的文工团领导告诉唐耿良，他与朱慧珍、陈希安三人排练的节目《一定要把淮河修好》中的第四回《工地慰问》务必要将时间压缩在20分钟左右。当时他们三人都开始积极准备起来了。没过多久，忽然传来一个消息，毕竟评弹是用苏州话来说表的，而部队中北方人居多，根本听不懂苏州话，这个节目需要撤下来。唐耿良知道后，立即向领导表示，他们准备改苏州话为普通话，唱词则用幻灯字幕，完全可以让战士们听得懂。领导同意了唐耿良的想法，他们三人开始改换用普通话排练。

9月中旬，唐耿良等三人随文工团到达天津集合，总团要审查节目。唐耿良、陈希安、朱慧珍三人用普通话说了一回20分钟的《工地慰问》。虽然已经有了准备，但还是出现了差乱。唐耿良的普通话发音不标准，不能分清四音，他将淮河农民为什么积极参加治淮，因为土改之后，他们分到了土地，又买了牛……这个"买"字用力过度念成了"卖"。下面的审查节目的人、旁听的人笑个捧腹。当时唐耿良心中还纳闷，为什么这里没有笑料怎么大家都乐了。下了台来，总政文化部部长陈沂跑到后台，批评了赵丹没有辅导好团员的普通话，才导致唐耿良将"买"说成了"卖"。因为自己的失误，让赵丹挨了批评，唐耿良心里过意不去。后来赵丹又仔仔细细地辅导了一遍，这才纠正了唐耿良发音不准的毛病。

过去，评弹这一曲艺只能活动在江浙沪一个狭小的地区。解放后在"百花齐放"的新气象里，评弹艺人的弦索声、醒木响，开始传播到长江以北、珠江以南，甚至于还能够在国门之外受到广大战士的热烈欢迎。唐耿良认为，"只要说唱的内容符合于人们的需要，只要说唱者和听众的感情联系在相同的目的之上，评弹的发展是不会受到地区的限制的；至于方言的问题，原是容易解决的"。回国后的唐耿良向记者做了一次谈话："我们三个评弹工作者这次在朝鲜参加文工团演出，起初自己也顾虑着评弹这一形式的曲艺未必能被英勇的战士们所接受，但是，一次又一次地表演以后，终于证明了这种顾虑是毫无必要的。由于我们选择的两个表演节目的内容符合于战士们的要求（《刘胡兰》和《一定要把淮河修好》的第四回），所以在我们表演时只要尽可能地解决了方言上的问题，把原来通用的江南话，改变为多数人能懂得的'普通话'，战士们也就听得懂，而且热烈地欢迎它，像欢迎其他的他们所熟悉的戏曲一样，他们也感到亲切了。""为着保持弹词特有的音乐性的效果，唱词还是照旧用吴音来唱的，不过，部分地加上了适当的、解释性的普通话表白。听众也就没有不易了解的困难。"①

天津节目审查完毕，文工团转赴沈阳集中，团员们在沈阳东陵拍下来一个合影，之后便集中到丹东待命。待命期间，团员们听取了关于抗美援朝战争的形势报告。摆在团员们面前的路有两条：一是留在丹东，慰问伤病员；一是奔赴前线。唐耿良等三人认为不能给评弹界丢脸，于是他们都报名坚决要求过鸭绿江上前线。

10月6日下午五时左右，慰问团乘卡车过江。因为没有制空权，且晚上空袭比白天少，车队就在夜色中行军。公路上坑坑洼洼，车子颠簸得不行，坐在中间铺盖上的唐耿良几度晕车、呕吐。夜空中，忽然听到一声"砰"的声响，卡车紧忙刹车，熄灭了大灯，司机跳下来通知大家赶紧下车防空，并要求大家卧倒在公路旁的山沟里。窝在山沟里的唐耿良，心跳在加速，心想"刚刚过江，不会就被炸死吧？那可真要做第二个常宝堃了"。幸而美国飞机投下照明弹没有发现车队，转了一圈之后就飞走了。司机再次招呼大家上车，卡车继续行进在夜色中。这样的遭遇时常碰到，陈希安

---

① 2016年10月30日，《星期书会》第1712期，播放了唐耿良等人在天津接受节目审查时用普通话演出的《一定要把淮河修好》录音。

慰问团入朝前于辽宁合影（三排右四为唐耿良）

回忆："到了朝鲜，一般全在坑道里演出。因为当时还在打仗，过鸭绿江时，只看见飞机上扔炸弹，志愿军高射炮打飞机，连得夜里开车全不打灯。有一次，俚刚刚演出完毕，坐在卡车上，后面一个炸弹下来，大家全紧张得不得了。"

深夜时分，车队抵达目的地——志愿军的一个司令部。部队首长早已等候在军部门前，军乐队奏起了雄壮的志愿军军歌，唐耿良等人从黑暗中走进了灯火通明的大礼堂。大礼堂是挖在山脚下的一个大坑道，里面有自备发电机发电，简短的欢迎仪式之后，慰问演出就开始了。

首场演出结束，唐耿良等人被引领到宿舍休息，宿舍外有志愿军哨兵保护，他们向唐耿良敬礼，并称他为"首长"，唐耿良着实有点不好意思，忙告诉战士"我不是首长"。战地的演出一般都是昼伏夜出，主要是为了防空。演员们都是白天睡觉，晚上活动。有一天晚饭后要去另外一个驻地慰问演出，天空墨黑，不能使用手电筒，怕被敌机发现，陈希安背着琵琶走在前面，他紧紧抓住向导的衣服，唐耿良背着三弦抓住陈希安的衣服，朱慧珍

149

抓住唐耿良的衣服，就像幼儿园小朋友过马路一样。这一夜，他们翻过一座山岭，在坎坷不平的山路上行进，难度可想而知。紧接着他们又越过清川江，幸而冬季江水干涸，只有江心有水，搁着一条跳板也就走过去了。翻山过江的时候，唐耿良"想起了上海，此刻正是晚上八九点钟，上海南京路上灯火通明，霓虹灯闪耀，这时如果从沧洲书场下台，走到成都路上，手一招一辆三轮车过来，跳上去赶往东方书场时何等方便。而我们在朝鲜慰问演出，山路崎岖，夜色如墨，实在与大上海无法相比"。进而唐耿良又想到"在战争状况下，我们更感受到在和平环境里说书是何等幸福。如果没有志愿军在前方抗美援朝，保家卫国，战火恐怕就要烧到中国来了。我们的和平幸福生活是志愿军用生命和鲜血换来的。我是带着感恩的心情为他们演出的"。无疑，朝鲜战场的现实给了唐耿良一个新的思想教育。

在军部所属几个单位慰问演出之后，唐耿良等人又转移到朝鲜东海岸大城市元山慰问演出。此时的元山早已被美军夷为平地，城市中没有一幢完整的房子。有一次开军民座谈会时，唐耿良看到一位被炸掉一条腿的12岁女孩子拄着拐杖控诉美军的罪行，并且十分坚强地表示要读好中学，将来建设祖国。唐耿良听了非常感动，从口袋里掏出一支金星钢笔送给了她，鼓励她好好学习。

经过一段时间的锻炼，唐耿良等人的胆子已然大了起来，不像刚入朝时的那般恐惧胆怯了。有一次他们白天去一个山沟慰问演出，演出地点周围是崇山峻岭，林木葱茏，附近山包上架着高射炮和高射机枪，密切监视着蓝天晴空，以防美军来

唐耿良（中）与陈希安、朱慧珍在朝鲜慰问中国人民志愿军

袭。面对从山脚一直坐到山坡的战士们,唐耿良等人特别来劲。说书时现场很安静,甚至于可以听到山谷里的回音。今天慰问的部队,战士多来自安徽,恰好今天演出的节目又是《一定要把淮河修好》的《工地慰问》,战士们听到家乡的故事倍感亲切。演出结束时,战士们都站起来举枪高呼:"感谢祖国人民的关怀! 誓以鲜血保卫祖国人民的安全!"听着此起彼伏的口号声,唐耿良等人也振臂高呼起来。这时的唐耿良心想:"想不到我们的说书,竟和祖国联系在一起了。回想起过去在资本家酒席旁唱堂会,他们喝酒谈话,似听非听你的说书,我们为了赚钱拿一只红包,受到的是屈辱,而今天为志愿军说书受到的却是最高的礼遇。"陈希安也记得:"有一次,伲就在平地上演出,四面全是山头,山上架好机关枪、大炮,碘钨灯锃亮,场面激动人心,印象深刻。"

在朝鲜除了《一定要把淮河修好》之外,艺人们还演出了由唐耿良创作的《祖国的亲人》。他们突破了评弹的传统习惯,采用了道具——慰问品、照片等实物。从一幅演出照片中,我们可以看到唐耿良、朱慧珍、陈希安三人站在书台上,唐耿良的手中捧着毛泽东主席的照片,向战士们传达了"要听毛主席的话,要听党的话"的潜台词。此外,在朝鲜慰问期间,唐

朱慧珍、唐耿良、陈希安(自左及右)在上海工人文化宫演出《祖国的亲人》

耿良还创作了《慰问志愿军》的短篇。后来回国后,唐耿良还将此新书拿出来演出,一位听客听后"觉得非常新鲜可喜,这些新书有较好的思想内容,他所表演的新中国人民的勤劳勇敢和高度爱国主义精神,也是完全符合客观实际的,因此它充满着健康愉快的思想感情,使人听了以后,受到很大的感动。"

慰问元山之后,唐耿良等人开始沿东海岸往回演,在途经黄草岭时,朝鲜方面的县长陪着唐耿良上战地凭吊和参观。目力所及,沿途到处都是美军丢弃的被击毁的坦克车。唐耿良从县长处得知,黄草岭战役是志愿军英雄杨根思拉响爆破筒冲入美军队伍与他们同归于尽的地方,英雄的故事让唐耿良感动不已。当时正好上甘岭战役刚结束,唐耿良从报上读到了一篇通讯,知道了黄继光舍身炸碉堡的英勇事迹。后来唐耿良还采访了黄继光生前所在连的连长范福来,又从报刊上收集了不少资料,编成短篇评话《黄继光》,受到了听众的欢迎。

11月下旬,为期四十多天的慰问演出结束了,唐耿良等团员在集安过江,回到了祖国。接下来他们又去了华东六省市汇报演出,先后跑了济南、青岛、合肥、南京、上海、杭州、福州、厦门等地。唐耿良感觉到:"我自13岁登台说书以来,主要是在江南地区演出,这次有机会出国到朝鲜,又遍历了祖国的南北山河,开阔了胸襟与视野,增长了阅历与见识。"

回国后的唐耿良等人,一时成为评弹界和听众中谈论最多的话题之一。1953年3月1日的《上海书坛》上发表了署名居吉的听客撰写的题为《为唐耿良、朱慧珍、陈希安三同志欢喜》的文章,"从唐耿良、陈希安、朱慧珍三位同志到朝鲜去慰问志愿军回来,对于我们评弹听众,可以说他是一个很兴奋的消息,我在书场里听得许多听众在提到这件事。都以为这是评弹界从来不曾有过的光荣,尤其是几位老听客,笑微微地告诉别人:'我儿子也在朝鲜,他素来欢喜听书,这一会在朝鲜听到上海去的评弹艺人说书,这真正只有新中国才有的事情。'有些听客在问评弹艺人:'你羡慕不羡慕他们? 赶紧加油!'这真是非常光荣的,我听了也代他们欢喜,所以写出来告诉其他艺人同志,并且问他们一声! 你们是不是在加油赶上!"

朝鲜停战协定胜利签字的消息传来时,唐耿良等人在庆贺胜利之时,

也回顾了他们参加慰问演出的动人故事：

陈希安说："我们越走近朝鲜战争的前线，就越感到保卫和平、保卫祖国的重大的意义。我们曾经接触多很多的战士和朝鲜人民，在他们身上具体地看到了革命乐观主义的精神，他们在艰苦中不觉艰苦，在危险中不怕危险，为了'一人艰苦换千万人幸福，一人牺牲换千万人生命'（这是志愿军战士们时刻记得的口号）。他们有必胜的信心，因为他们是早已看到了保卫和平的胜利远景的。"

唐耿良特别说到志愿军同志们对于和平建设的关心，他举出了许多生动的事例：其一，战士们曾经屡次写了血书，提出保证，保证"在胜利以后要帮助朝鲜人民重新建设家园。"不仅如此，即使在战争最紧张的时候，志愿军的战士们就已经发挥了友爱的热忱，到处帮助朝鲜人民筑路、修堤、垦地、耕田了。其二，慰问团归国时，曾有很多战士托他们带信回来，勉励祖国人民安心建设。有一位战士还拿出他的全部积蓄四十万元来，托慰问团带回祖国，说是可以买几颗钉子用在祖国的铁路建设上。其三，志愿军战士听到"一定要把淮河修好"这一评弹节目时，都感到十分兴奋。在每次演出后，总会有很多战士围着慰问团追问治淮工程的详细情况。

朱慧珍念念不忘于她所住过的元山的山洞和咸兴的育儿院。她说："我永远不能忘记我在元山见过的一位农民妇女代表金贞先老太太，金老太太的幸福家庭给野兽似的敌人摧毁无余，两个儿子都参加了军，一个已经为国牺牲；但金老太太很坚强，她在生产上更加积极，因而成为一个劳动模范。今天，我祝福那位老太太：当她重新获得了和平生活以后，她的英勇的儿子就将回来帮她重新建立起一个幸福的新家庭！想到这里，我真为她高兴！"（《人民评弹工作团团员唐耿良等热烈庆贺朝鲜停战协定胜利签字》，《新民晚报》1953年8月1日。）

第十六章

入党与会两相宜

新中国成立后,艺人能参加具有政治色彩的会议,是极其荣耀和令人瞩目的。唐耿良先后参加过多届全国文代会,还担任过中国曲艺家协会常务理事、上海曲艺家协会副主席、上海市人民代表等职,1959年还光荣加入中国共产党。这样的际遇在评弹界是不多的。

1953年9月23日至10月6日,中国文学艺术工作者第二次全国代表大会在北京举行,会议决定将"中华全国文学艺术界联合会"改为"中国文学艺术界联合会",郭沫若当选文联主席,茅盾、周扬为副主席。上海评弹团参加此次会议的代表是:吴宗锡、唐耿良、朱慧珍,一位领导,两位演员。朱慧珍早在解放初期已经被领导私下里作为培养对象,1949年8月,她参加了上海市第一届妇女代表大会。此后朱慧珍的政治态度是积极的,参加讲习班、"弃旧唱新"、放弃高额收入加盟上海团、参加治淮、远赴朝鲜慰问、踊跃捐款,1953年加入中国共产党。当然,朱慧珍在艺术上本身也是可圈

唐耿良(左一)等人在北京

可点，唱得正宗俞调，有"金嗓子"之称，其在中篇《一定要把淮河修好》中所唱"新年锣鼓响连天"更是传遍沪上、风靡书坛。

唐耿良是"七煞档"、"四响档"之一，艺术上本来就有胜人一筹之面。在政治表现上，作为筹建上海团的主要人物，建团后唐耿良被任命为副团长，编新、说新都具有一定的影响力。

1960年7月22日至8月13日，唐耿良再度赴京与上海评弹团的吴宗锡、陈灵犀、刘天韵、杨振雄、徐丽仙以及青年演员赵开生、石文磊、沈伟辰、孙淑英等人参加了全国第三次文代会。大会期间，毛泽东等党和国家领导人接见了全体代表。周恩来、陈毅、李富春、陆定一、郭沫若等先后报告发言。周扬在大会所做的《我国社会主义文学艺术的道路》的报告总结了新中国文学艺术工作十一年来取得的重大成就和丰富经验，深刻地阐明了毛泽东的文艺思想和党的文艺路线，并且根据当前形势，提出了新中国文学艺术工作今后的任务，让人印象尤为深刻。本次会议强调，要注重政治方向的一致性和艺术风格的多样性的统一，必须加强艺术实践，反对帝国主义、反对现代修正主义、批判资产阶级人性论和人道主义，努力掌握革命现实主义和革命浪漫主义相结合的艺术方法，表现我们的伟大时代，塑造这个伟大时代的英雄形象。必须进一步地深入工农兵群众，参加生产

全国第三次文代会期间，党和国家领导同志接见会议代表

劳动和实际工作,不断进行思想改造,逐步树立起共产主义世界观,努力使自己成为工人阶级的文艺战士。

然而,面对1959年至1961年中国极端困难的经济、社会现状,国家有意无意地放宽了文艺的政策。以评弹来看,当时开始重视传统书目,一个时期还提出要"翻箱底"。1961年,评弹团决定安排唐耿良与刘天韵、蒋月泉、张鸿声、吴子安、张鉴庭、张鉴国一道前往苏州郊区木渎、东山演出。演员们白天在旅馆里互相说书,以探讨传统书目的整理问题(也即挖折子),晚上登台演出。要想从冗长的长篇中切割出一回折子书,唐耿良从来没有尝试过怎么样能将三回书的《草船借箭》浓缩成一回,着实让他犯难。经过小组反复讨论,唐耿良对如何组织篇章结构有了想法:"砍掉前面的三分之二,从鲁肃借二十号舟船交给孔明开始,孔明请鲁肃饮酒,令艄公把船艄锯下,然后又叫艄公用钉子把船艄钉上去。说书人再加一句衬白:钉末钉好哉,牢末勿大牢哉。然后交代船只趁浓雾过江,近曹营时船上锣鼓齐鸣,曹营大惊,乱箭猛射,射在草人身上。天亮日出,浓雾渐散,孔明令五百军士高呼''谢丞相箭'。曹操大怒欲追,被徐庶所阻。司马懿父子三人驾小舟追上,孔明羽扇频招,欢迎来追。司马昭纵身一跃,跳上船艄,不料船艄锯后再钉上,承受不住司马昭的重量,连人带船艄跌入江中,幸被其父救起而返。鲁肃至此才明白孔明锯船艄的用意,佩服孔明的神机妙算。"这样的首尾呼应,凸显了孔明的智慧;同时,还为二十年后诸葛亮用空城计与司马懿的交锋埋下伏笔,演出效果非常好。

1979年10月30日至11月6日,历经十年动乱后的中国风波底定,百业复苏,渐渐有了海晏河清的气象,来自全国各民族、各地区的文学家、戏剧家、美术家、音乐家、表演艺术家、电影工作者和其他文艺工作者的代表3 200多人齐聚北京参加全国第四次文代会。为了开好这次文代会,胡耀邦多次与文艺界的同志们提前座谈,交换意见。胡耀邦说:30年的经验,有成功的,也有不成功的;有失败的,也有经受挫折的。社会主义的理想、精神,是无比的广阔、深远,我们的生活、事业,是无比的丰富多彩,为什么限制只能写这样,不能写那样胡耀邦的这席话,可以说为本次文代会奠定了基调。

为了显示中央对此次会议的重视,叶剑英、邓小平、李先念出席了开幕式,邓小平代表党中央、国务院向大会召开致祝词。在祝词中,邓小平重点讲了三个问题:新时期文艺要坚持的方向、方针;文艺与人民、文艺与生活的关系;党怎么领导文艺。具体而言,就是要求文艺坚持为最广大的人民群众、首先是为工农兵服务的方向,坚持百花齐放、推陈出新、洋为中用、古为今用的方针,在艺术创作上提倡不同形式和风格的自由发展,在艺术理论上提倡不同观点和学派的自由讨论。

周扬在文代会上作了题为《继往开来,繁荣社会主义新时期的文艺》的报告,系统总结了三十年来文艺工作正反两个方面的经验和教训。

这次文代会是粉碎"四人帮"后召开的一次全国性的文学艺术工作者的盛会,经历过多次运动、从人们视线中一度销声匿迹的老艺术家们大多已风烛残年,他们中有人坐着轮椅,有人拄着拐棍,大家都难以抑制心中的激动和兴奋。大会期间,阳翰笙宣读了《为被林彪、"四人帮"迫害逝世和身后遭受诬陷的作家、艺术家们致哀》,一一列数了在运动中因种种原因逝世的作家和艺术家姓名。王蒙回忆,"老作家萧三、楼适夷等到了台上发言,说上一句'咱们又见面了……',泣不成声……"

唐耿良与蒋月泉、余红仙,以及上海的施春年等一道也参加了这次会议,饱受摧残的评弹界中人完全赞同邓小平的祝词和周扬的报告,热切希望评弹能乘着会议精神的东风再展风采。周良回忆,在这次会议期间,吴宗锡、周良、施振眉向评弹界的全体代表发起组织苏州评弹研究会的号召,得到了大家一致认可。在上报中国曲艺家协会后,第一次筹备会很快组建起来,成员分别为:吴宗锡、余红仙、汪雄飞、邱肖鹏、周良、施振眉、张振华、侯莉君、唐耿良、曹汉昌、蒋月泉、蒋云仙。大家推定吴宗锡、周良、施振眉成立筹备小组,周良为召集人。1980年2月,苏州评弹研究会第二次筹备会在苏州举行。5月,在苏州召开第一次苏州评弹研究会代表大会,宣布正式成立苏州评弹研究会,制订章程,选举领导机构和工作班子(由周良担任干事长,主持工作班子的工作)。该研究会于1999年11月停止工作功成身退,淡出了历史舞台(由该会主办的讲习班等活动将在后文介绍)。苏州评弹研究会存在的19年间,发挥了很大的作用。1985年1月,江、浙、沪评弹工作领导小组第一次年会纪要上对该会进行了全面的评介:"近几年来,评弹界的联合和团结有了发展,苏州评弹研究会的工作,对评弹界的团结,起了积极的促进作用。评弹界的团结,是事业发展和兴旺的保证。两省一市评弹工作领导小组的工作将致力于发展并巩固评弹工作者之间的团结,以促进评弹事业的繁荣。"后来的《苏州评弹史稿》指出:"苏州评弹研究会的成立,巩固并发展了粉碎'四人帮'以来不断加强的评弹界的团结。她的工作,为克服评弹面临的困难,发挥了积极的作用。"

可以说,积极要求进步、积极编说新书的唐耿良,在艺术上和政治上始终都是被认可的。这些荣誉和成绩,又进一步激励着唐耿良去从事评弹工作。这样的解释同样可以用于唐耿良入党的问题:一方面唐耿良的政治思想和艺术品德被认可,另一方面入党后唐耿良在这两点上愈加发扬光大。

1956年1月14—20日,中共中央在北京召开了关于知识分子问题会议。参加会议的知识分子代表共1 279人。毛泽东、刘少奇、周恩来、陈云、彭真、邓小平等党和国家领导人出席会议。周恩来代表中共中央发表《关于知识分子问题的报告》。

会后,《人民日报》又于1956年3月21日头版头条发表了《做好在知识分子中发展党员的工作》社论。1957年4月4日,毛泽东在杭州召开会议,听取江苏、浙江、安徽、福建、上海四省一市关于思想动态的汇报,强调"知识分子应吸收一批进党内来训练,争取三分之一的知识分子入党……知识分子入党条件不能太高。这里有个政策问题。如不争取一批人入党,将来无人去做争取知识分子的工作,对我们党团结大多数知识分子为社会主义工作的总方针不利。'百花齐放、百家争鸣',这是争取知识分子的政策,是开放的政策,而组织上是关门的,这不行,不协调。当然,也要稳步地吸收他们参加。"6月28日,中共中央又发出了《中共中央关于在一两个月后吸收一批高级知识分子入党的通知》。一系列的会议、文件、讲话,清楚地表明,中央高度重视知识分子的入党问题。正是在这样的大背景下,各地积极贯彻落实,定计划、定培养对象,出现了一次吸收知识分子入党的高潮。

朱慧珍是上海戏曲界较早入党的名艺人之一。在时代的洗礼中,唐耿良的思想也逐渐向党靠拢，热切希望能够加入中国共产党。1953年上海团搞民主改革，要交代历史问题，唐耿良对1950年赴香港演出作了详细的交代。当时追求进步的唐耿良还向组织递交了入党申请书，但党支部认为香港问题还没有具体审查结论，不予考虑他的入党请求。这给一向要求进步的唐耿良带来的震动非常大，那天他独自撑着伞坐在公园里发呆，不敢告知家人。唐耿良当时的情绪被蒋月泉察觉，蒋对唐说："你的苦闷心情我能理解，这都是我害了你，不是我介绍你到香港去，你就不会受到如此的挫折。"此后唐耿良更加积极努力工作。1957年上海市文化局肃反专案组给唐耿良一份书面结论，将他赴香港说书的目的定性为淘金，回来后并没有发现任何政治问题。这就为唐耿良入党准备了总的前提。其次，唐耿良本人一向要求进步，带头"斩尾巴"、组建上海团、说新、编新，成绩有目共睹，唐耿良的表现得到了领导的认可。

　　1958年2月，上海文化局发起在沪召开"两省三市"（江苏省、浙江省、苏州市、杭州市、上海市）的整风工作会议。随后上海评弹团为配合整风运动，全团赴常熟白茆镇参加农业劳动。通过整风："艺人在思想上是有了较大的跃进的。他们坚持下厂、下乡去参加劳动，到街头、广场去宣传总路线等中心任务，政治热情相当高涨……学习中结合参加劳动参观访问以及听取革命斗争故事等，对大家进行了一次共产主义教育。"（《上海评弹团1958年年度工作总结》）在此大背景下，唐耿良、刘天韵、朱慧珍等人主动提出降低高薪，唐耿良还劝蒋月泉也要取消保留工资，拿级别工资。当时苏州文化局在宫巷乐群社礼堂开会，主要内容是向苏州评弹界宣布将要开展整风，会议由唐耿良、严雪亭、曹汉昌等人主持，初接触评弹工作的周良代表市局讲了话。

　　1959年7月1日，唐耿良加入了中国共产党。与唐耿良同时加入中国共产党的还有上海京剧院院长、著名京剧演员周信芳，上海戏曲学校校长、著名昆曲演员俞振飞，还有著名的晋剧演员丁果仙、牛桂英，京剧演员童芷苓、孙盛武，越剧演员傅全香、徐玉兰，锡剧演员沈佩华等。当时的《中国戏剧》对这一次艺人集中入党给予了高度的评价，认为：这批被接受入党的艺人，一般都是经过整风运动和反右派斗争的锻炼和考验、政治觉悟有了显著提高的先进分子……这些同志的入党，说明了党的知识分子政策的胜利。他们参加了党的队伍之后，将为社会主义戏曲事业作出更多、更大的贡献。当时艺人们对能够加入中共，表现出了极大的热忱，周信芳在宣誓后作表态发言时就说："今后，作为一个共产党员，我一定无条件地执行党的决议，完成党所交给的任务，克服自己的缺点，努力创造新的艺术形象，总结自己的表演经验，培养下一代的接班人。创造社会主义的、民族的新文化的光辉前景，就要在我们的手中实现！一切为了共产主义事业！我要为这个理想的实现而奋斗到底！"

彭本乐在一次接受访谈时，讲了一件他目睹的事情。就在唐耿良入党前夕的一次全团大会上，上海评弹团的一位主要领导指着唐耿良说，我们对你演出中的一个问题提出意见，你总是不肯改掉，讲了几次还是不改，说明对抗啊。这位领导把不接受他在艺术上的一个意见，上升到"对抗"的高度，顿使唐耿良满脸通红十分尴尬。没想到才过几天，红榜张贴出来：唐耿良光荣入党。那位领导的"卖法"（手段）是要告诫群众：要是不接受他的意见，那就是"对抗"；如能接受他的意见，也就不言而喻了。

在入党宣誓仪式结束后的座谈会上，那位团领导又严肃地对唐耿良讲："你是党派到评弹演员中去的代表，不是评弹演员派到党内来的代表。"意思是，你要为党的利益来考虑问题，而不是为评弹演员的利益来考虑问题。44岁丧妻的蒋月泉曾有一个对象，两人年龄相当，女方的容貌、性格都与蒋的前妻有相似之处，他们恋爱了约一年辰光，正在谈婚论嫁时，却被领导上得知了，经过调查发现，这个女子的前夫是个资本家，她当然也属于资产阶级。于是，领导上让唐耿良去通知蒋月泉要"慎重考虑"，以免影响自己的政治前途，唐耿良奉命前往，和蒋月泉作了彻夜长谈。唐说："你要好好考虑，如果你和她结了婚，将来要入党就有障碍了。"蒋说："我的前妻也是资产阶级出身呀！"唐说："那是解放前的婚姻，既往不咎。可现在时代不同了，你要注意。"当时蒋月泉感觉到非常为难，他与对象毕竟已经不是泛泛之交，这份情义是难以割舍的。唐说："如果你想入党，就挥慧剑斩断情丝，否则你的政治损失就大了。"蒋回答说再好好考虑一下。后来因为"文革"开始，蒋月泉受到审查，这份感情自然淡化了。唐耿良晚年回忆时，对这段历史表现出了"遗憾和歉意"，认为自己"在'驯服工具论'下做了一件蠢事"。

第十七章

推陈出新理旧书

20世纪五六十年代，也有几段时光暂时开禁了传统书。"斩尾巴"一年多，以《人民日报》的社论为标志，评弹界恢复了"斩尾巴"以前的状态。尤其是第二届全国文代会之后的1954年初，上海评弹团开始了对一系列传统书目的整旧工作。陈云认为，"传统书的毒素多，但精华也不少。如果不整理，精华部分也就不会被广大听众特别是新的一代接受。精华部分如果失传了，很可惜。传统书要整理，但书目多，不可能一下子都整理好。要就力之所及，采取积极的态度，逐步地搞，过急了不好。这是一个牵涉到许多人吃饭的问题，必须慎重。有些毒素多的书，可以考虑暂不开说。说书艺人的思想随着时代的前进在不断提高，他们对自己说的书也在进行整理。"陈云认为，"通过创新和整旧，可以解决三方面的问题：一是满足广大听众的需要；二是促进艺人的思想改造；三是提高书目的思想性和思想性。"

当1954年春节节目上出现《三国》《英烈》《隋唐》的名字时，人们都感到了无比的欢欣。当时评弹界已经对传统书目开展了"消毒"工作。有记者走访了唐耿良、张鸿声、吴子安三位评话艺人，希望了解他们是如何进行旧书消毒工作的。

　　首先他们三位把以前说这些书和目前说这些书有什么不同，作了一个说明：

　　他们谈到以前说这些书的时候，自己思想水平还比较低，书中搀杂着的"封建性的糟粕"，很难辨别得出，有时一段很好的故事，由于自己思想意识里存在着从旧社会里受到的一些毒素思想，反而会加以歪曲，作了不适当的批判，加进了错误的按语，譬如像："不信阴阳，但听雷响""莫道无神却有神，虚空三尺有神灵。""男儿膝下有黄金，岂肯低头跪妇人"等等，常常脱口而出。唐耿良举了个例子："像我说的'三国'中讲起'徐庶走马荐诸葛'一段，刘备在放徐庶走以前曾讲，他的母亲被扣了，为了成全他的孝道，不得不放他走，倘然妻子被扣，倒可以劝他再娶一个的：这样就无形中宣传了一种'兄弟如手足，妻子如衣服'的封建思想。但当时这样说，也无法辨别出来。"张鸿声补充说："在没有参加团的时候，非但辨别不出，就是辨别得出了，可是只要是能博得观众一笑的，为了生意眼，还不就此放弃。直到参加了国营剧团，批判了单纯营利观点，也提高了对观众负责的责任心，才肯于甘心情愿地将那些无聊的噱头放弃不说。"唐耿良听了又为他举出了一个例子加以说明，他说：以前为了讨好部分听众，曾经放过一个噱头，说刘备是织草鞋的，所以是"工"，诸葛亮"躬耕于南阳"，所以是"农"；诸葛亮帮助刘备打天下，谓之"工农联盟"。当时对这一个噱头很得意，后来才认识到这是非常错误的。在参加团以前，有时为了生意，要博听众一笑，这种噱头就是不大肯放弃的。现在，当然这种思想已经都澄清了。

此外，现在参加了人民评弹工作团之后，在旧书消毒工作方面，更有了很多有利的条件，像领导的直接指示和关心，同志们的帮助和鼓励，很多原则问题可以请示领导，很多艺术上的问题又可以和同志们切磋砥砺，互相研究。这些都是给了旧书消毒工作很多帮助的。

之后，就谈到了他们对这几部书的看法，和对待民族遗产问题的一些体会。

张鸿声首先讲给我听一段事实，那是在一九五二年他下厂参加工作的时候，为了为工人同志们服务，他每天晚上在厂里说一段书，起先是说的他自己编的"李家庄变迁"，但由于编写的技术不够熟练，而且又不如旧的脚本那样，在民间流传很久，经过很多民间艺人的加工整理，所以总不很吸引人。当时他为工人同志们服务得更好的心情是很迫切的，因此在说完了"李家庄变迁"之后，就改说"水浒"。虽然"水浒"不是他原来擅说的脚本，但也相当受欢迎。这样他就想到了自己说过的"英烈"，这部书流传了有一百多年，其间约有二三十位艺人，曾加以不断琢磨丰富，因而成名；他自己又曾经博采各家所长，继续加工，就艺术价值上来讲，这部书有很多是符合现实主义精神的。而内容讲的，又是元末的民族革命，还是很有意义的。这样的书，应该拿来为工人兄弟们服务，也就是说，我们要拿我们的宝贵的民族遗产，贡献给我们的工人同志们。

吴子安接着说到，消毒工作就是整旧的初步工作。一部书能不能消毒主要还得看内容。比如他研究过自己说得那部"隋唐"，基本上是讲隋末的农民革命的，而李世民又是一个比较明智的皇帝。拿前部来讲，秦琼是书中的主角，虽然他是"捕快"出身，但是经过了曲折的过程，终于不受老贼杨林的种种拢络（如封他十三太保，致送厚礼等）毅然要推翻隋朝的腐败统治。在"三挡老杨林"时，秦琼的境遇相当险恶，而终不为屈。基本上这个人物也是肯定的。主题内容能不能肯定就是消毒工作的前提。有些书像"乾隆下江南"这样，基本上就是为封建统治阶级说话的，那就谈不到什么消毒不消毒的问题了。

唐耿良又举出了周扬部长的几句话："中国的戏曲遗产不但有悠久的历史，丰富的内容，而且始终保持了和广大人民的密切的精神联系，为人民所喜爱。这些戏曲遗产，许多都是历代劳动人民或人民的文学家、艺术家所创造，因而具有强烈的人民性和现实主义的精神。"并且周扬部长又曾说："戏曲遗产是历代劳动人民创造的，是国家的精神财富；轻视传统，就是轻视人民，不爱祖国。"在学习并认识到了这点之后，在说这些书时，就产生了另外一种热爱的感情。这样他们就更感觉到了消毒工作的重要。他们觉得这些书既然是应该肯定的，那也就是祖国、人民的财富，就更不肯轻易放弃不说了。并且说时，也不愿意这些书再被糟粕损害。当然，自己也就更不愿意再用什么无聊的噱头来加以歪曲和破坏了。

同时，在创作一些反映现代生活的作品时，他们总感觉到还不能完全掌握并运用评弹原有的那些技巧。而多说旧书，常言说"温故而知新"，也就帮助了他们更好、更熟练地来掌握评弹的原有特点和技巧，提高他们表现现代生活的水平。最后，他们很谦逊地说：目前为了满足全市人民对文娱生活的要求，演出任务都相当的紧，为了使这些为听众欢迎的评话早日得到演出，用消毒作为整旧的初步，和一面说一面整理的方法是比较切实可行的方法。可是,由于目前思想水平的限制,旧书消毒工作还在开始的时候,缺点还是在所难免的。他们表示非常欢迎团外的同志们和广大的听众们,多提意见,交流经验,一齐来搞好这一工作。

听了他们这一席话之后,我也得到了一些启发。我认为他们的体会是值得介绍给其他私营的艺人同志们的。有的旧书,只要其主题内容基本上应该肯定的,就应该在说唱时,以认真严肃地态度来进行消毒,并且在工作中,更应该多依靠领导,多依靠群众。我认为:人民评弹工作团对一些可以肯定的旧书进行消毒的态度,是值得所有的评弹艺人们学习的。(廖望:《访唐耿良、张鸿声、吴子安三艺人谈"三国演义"等评话的消毒工作》,《新民晚报》1954年3月3、4日。)

从《陈云同志关于评弹的谈话和通信》中,我们可以发现陈云曾有多次谈到关于整旧工作的看法和建议,比如提到整理旧书目时,"大轮廓、主要人物的安排,可以先由大家充分发表意见,然后加以集中。艺术细节问题,可由主要说这部书的艺人来集中,允许不同的处理方法。这样可以照顾他们演唱的要求。"我们如果反过来看,是否可以认为当时的整旧过程中出现了一些偏差,这才让作为党和国家领导人的陈云多有注目。虽然整旧的初衷是好的,但在具体操作过程中,也难免走了弯路。唐耿良记得,在整理《珍珠塔》时就出现了"左"的错误:

《珍珠塔》是传统长篇中的一部好书,主人公方卿因家道中落去投亲,受到势利姑娘的欺辱,负气出走,后来考中状元做了七省巡按,扮作道士二次见姑娘,把势利姑娘羞辱了一番,大快人心。当时一些说唱《珍珠塔》的艺人集中讨论整理、修改方案时,有人提出方卿做了官去羞辱姑娘不妥当。官是皇帝的走狗,是统治阶级,应该是否定的对象。可是不做官又怎么能去羞辱姑娘呢?有人提议:方卿假冒做官去羞辱姑娘,最后仍是一个白衣人,去投奔李闯王闹革命、推翻明朝的统治去了,并称这是一个光明的结局。方卿本是一个追求"书中自有千钟粟"的秀才相公,把他改造成假冒做官的骗子,然后离经叛道去做推翻朝廷的革命者,扭曲了原书的本意。后来周扬同志写了封信来:"原书就是一个反对世态炎凉的主题,你去把它改造成方卿投奔李闯王革命,是脱离了历史的制约。"他还指出:"古代人受了屈辱,只有两个方向,一是做了官去报复,二是做强盗,逼上梁山再去报复。不会有其他出路的。方卿做官羞辱姑娘是合乎逻辑的。"

在整理《玉蜻蜓》的过程中也出现过问题,症结就在于对金张氏的处理问题上。1955年,团里决定把长篇《玉蜻蜓》作为重点整旧书目,支部书记亲自主持,陈灵犀执笔,朱慧珍、蒋月泉等参与讨论,认为金张氏是应该否定的人物。演出时,蒋月泉按照传统说法肯定了金张氏豪爽、见义勇为的一面。谁知下台后,党员朱慧珍与蒋月泉争论起来,说蒋不应该褒扬金张氏,违反了小组讨论的定论。蒋月泉则坚持认为评价人物要根据书情结构,但朱慧珍始终认为好人一好百好,坏人一坏百坏。后来,迫于压力,蒋月泉不得不删去肯定金张氏的说表。但蒋的心里是不舒畅的,有一次他到苏州看望老师周玉泉,说起对金张氏人物处理的一些矛盾看法。周告知蒋,苏州文化局领导周良赞同说到抢救三娘时对金张氏应该肯定。蒋月泉听后回到上海对好友唐耿良说:"苏州阿是共产党领导的?"唐回答:"是呀。"蒋说:"为啥苏州共产党可以对金张氏有好说好,有坏说坏。上海共产党就只能有坏说坏不能有好说好呢?"唐耿良当时是团里干部,又是党员,便将蒋的话向支部书记作了汇报。书记这时已经得到更高一层的指示,加上听了唐耿良的汇报,这才改了口,同意蒋以后说抢救三娘时根据自己的想法去表述。这里也可以看出,在整理传统书目时,苏州和上海的不同态度。

唐耿良的《三国》在"斩尾巴"运动后,尘封了许久,后来在尊重民族遗产的号召下才得以恢复了演出。但是在整旧过程中,也出现了一个错误的偏向。

当时有领导向唐耿良建议:"关云长降汉不降曹,在曹营中享荣华富贵,就是叛徒的行为。你应在《古城相会》这回书里,让张飞批判关云长是叛徒。降汉不降曹是贪生怕死的活命哲学。这样，这回书就有批叛徒的时代意义。"唐耿良闻听此言，目瞪口呆。他认为，关云长是《三国》里写得最好的三个人物（诸葛亮、曹操、关羽）之一，义重如山是关羽的特点，虽然关公有骄傲自满、刚愎自用的缺点，但走麦城被俘后，宁为玉碎不为瓦全，不肯降吴。如果将这样一个英雄人物作为叛徒来批判，这样的书唐耿良无论如何说不下去。可是胳膊终究拧不过大腿，唐耿良没有胆量来否定领导的建议，只得将《千里走单骑》到《古城相会》这段书封冻起来，绕开了这个矛盾。唐耿良认为，"用今人的思想标准比照古人、要求古人，这是反历史主义的倾向。"后来一直到"文革"结束后，唐耿良才恢复说《古城相会》这段书。

唐耿良演出照

多年后唐耿良是这样反思整旧过程中的失误的：整理传统书目所走过的弯路也是一种经验。对传统书目加以整理、提高无疑是有利于艺术的发展的，也是必要的。但是管得太具体或者是硬要把传统书目与政治联系在一起，无疑是对传统艺术的一种简单化处理。

实际上即使仅仅从艺术角度来看，整旧也是存在一定问题的。评弹是以长篇为基础的。整

1959年唐耿良在文化广场后台化妆

旧的时候，从长篇中抽出了若干精彩的关子书独立成篇、自成段落的一回书，又称折子书或分回。同时还有中篇等形式。这样做的目的就是为了适应在新时代部分听众没有时间天天上书场听长篇，陈云曾夸奖说"这个办法很好"。实际上，这样做等于说将长篇重要的关子提前"卖"给了听众。听众听了这样的关子书，自然也就不去听说长篇的艺人的书了。

三年困难时期，党的文艺政策相应有所放宽，对于传统书目特别重视，提出了"翻箱底"的号召。唐耿良呼吁，要马上抢救传统书目，不能单单靠记录，要用活的录音机，每个青年要学好一部长篇，要一个栗子顶一个壳。1961年，上海评弹团派出两个小组分别外出演出。一组是杨振雄、杨振言、周云瑞、朱雪琴、徐丽仙等人去北京巡回演出，当时的《人民日报》以整版篇幅予以了宣传报道。另外一组则是唐耿良、刘天韵、蒋月泉、吴子安、张鉴庭、张鉴国等人去苏州郊区的木渎、东山演出。之所以选择去木渎，因为那里是鱼米之乡，副食品供应较好，可以让大家增加些营养。当时唐耿良这一组，只演夜场，演出任务比较轻，白天大家则集中在旅馆里互相说书，探讨如何整理传统书目，他们称之为"挖折子"。

说惯了长篇书目的艺人们善于卖关子，听众被"欲知后事如何？且听下回分解"的落回声深深吸引。现在要挖折子，艺人们对此并不熟悉和习惯。经过自己努力，和同事们的帮助，唐耿良整理了一回《草船借箭》。经过整理后的《草船借箭》，缩短了原来需要三回书的时间，结构上更显紧凑。在这回书中，处处可见"理、味、趣、细、技"的"细"：

孔明邀请鲁肃在船舱内饮酒，鲁肃看到桌上放着香炉、滴漏铜壶和格盘，不由心中不解。唐耿良交代，这是诸葛亮雾中行船的全部导航设备。"香炉内点一炷长香，是计算路程的'计程表'，香点到哪一节就可知船已过江心，点到哪一节便可知船已接近曹营，这个数据是孔明平日反复测试得来的。那把滴漏铜壶是计算时间的'钟表'，一把铜壶壶口朝下，水一滴一滴漏下，下设一盘，盘边刻划度数，十二个时辰几点几分都有。孔明上知天文，下知地理，当然知道什么时辰江上雾最大，有了铜壶，他便可在最佳时辰到曹营前借箭。还有一只格盘就是指南针，大雾之中不至迷失方向。孔明人坐在中舱，便能在大雾之中，指挥若定，靠的便是这三件法宝，鲁肃当然是不懂其中奥妙。孔明再走到舱的左侧用手拍着舱板，板上钻着七个洞洞，外面有人塞进一根绳子，孔明把绳子拉到舱的右侧向洞子里塞出去，外面也有人在拉，七根绳子都穿好，再在每根绳子上结两个铜铃，挂一块小牌。第一根绳的牌子上写着前进；第二，退后；第三，向左；第四，向右；第五，停泊；第六，呐喊；第七，听令。"如此完备的细节，让人听来不得不叹服。

唐耿良在农村挖折子，后来回到上海后，与杨振雄那一组的北京巡回演出队一道，在上海市文联组织下，与到上海演出话剧的北京人民艺术剧院合作进行了一场南北文艺交流演出。前半场是评弹演出，由杨振雄唱俞调开篇《宫怨》，然后由唐耿良演出评话《草船借箭》，这回书效果奇佳，反应强烈。后半场是北京人艺的话剧《名优之死》。

演出结束后的第二天，唐耿良去团里上班。刚进办公室，唐耿良发现少年儿童出版社的副社长、编辑以及作家包蕾坐在里面已经等候良久。一番打听才知晓，原来他们昨晚也去看演出了，对唐耿良的《草船借箭》很感兴趣，希望与唐耿良合作，把火烧赤壁的几十回书全部记录下来，由包蕾先生执笔整理成为一部专给青少年阅读的书目。唐耿良欣然答应。可是唐耿良日常工作繁忙，并没有时间一字一字记录，后来经过商定，由唐耿良在书场演出，出版社配备一台录音机现场录音，请一位速记员根据录音整理下来。同时，包蕾先生每夜都去书场听唐耿良的书，一来熟悉书中情节，为接下来的整理做好准备；二来熟悉书中哪里有噱头，以加强记忆，方便整理出来适合儿童阅读。

时间一天天过去，唐耿良的全部火烧赤壁说完了，出版社把速记员速记下来的稿子交给包先生，包先生看完之后发现速记本根本无法阅读，因为速记员不是苏州人，且没有听书的底子，对《三国》的情节也不太熟悉，只是根据声音记下文字，稿中人名、情节多有混淆之处。包先生看不懂这个本子，感到为难，无奈只得由唐耿良校对一遍，纠正音同字不同的地方。当时唐耿良担负着团里一部分艺术行政工作，演出任务重，社会活动又多，只得晚上抽出一点时间逐字审校，因而感到十分的吃力。后来总算整理好，可以拿给出版社出版了，岂料"左"风席卷而来，大写十三年的号召否定了《火烧赤壁》的出版。稿子退还唐耿良，他只得自己妥善保管起来。不幸的是，后来在"文革"中，造反派夜里到唐耿良家中抄家，几十万字的《火烧赤壁》速记本，加上从先生唐再良那里抄来的赋赞本悉数被抄走并销毁。唐耿良说："从1961年我说《火烧赤壁》开始，经过速记、校对、退稿、冷藏，抄家上交，到造纸厂回炉销毁，这半部书所遭遇的经历，也是政治运动逐步升级的一个缩影。"

第十八章

香江二渡终欣悦

敬亭绝艺有遗风，辉映书坛别样红；

骨史青山凭点染，粲莲舌妙赏心同。

弦索琤琮传逸响，春江花放一枝红；

扬芬吐馥东风里，化育难忘雨霞功。

（周瘦鹃：《颂上海评弹团》，《大公报》（香港版），1962年7月8日）

三年困难时期，国内经济遭受沉重打击。在此背景下，1961年上海相继派出上海京昆剧团与越剧团等演出团体赴香港演出。1962年，上海市人民评弹团也开始考虑去香港"统战"和"增加外汇收入"。

相比于四响档1950年赴港演出，这次上海团赴港演出是属于国家派出去的，有新华社接待，还有华人团体的支持。但是，唐耿良对赴港演出不是没有顾虑："越剧和京昆剧团都是戏曲团体，他们的观众面广泛，我们评弹是用苏州方言说唱的，听众面比较狭窄。香港是以讲广东话为主的地方，他们听不懂苏州话，不可能像看戏那样容易看懂，这是苏州评弹的局限性，也是我担心的所在，我们能否不辱使命，取得好成绩呢？"

赴港演出团由原上海市文化局长、时任《文汇报》主编陈虞荪担任，刘天韵、吴宗锡为副团长，演员有上海评弹团的蒋月泉、严雪亭、杨振雄、杨振言、徐丽仙、朱雪琴、薛惠君、刘韵若、孙淑英和唐耿良，以及黄浦区长征评弹团的沈笑梅、程丽秋等参加。之所以选择沈笑梅、程丽秋参加，是因为香港《大公报》总编费彝民春天在北京听了他们二位的书很是欣赏，故而向有关领导建议邀请他们一道参加。

上海评弹团一行于6月18日抵达广州，开始准备排练，香港方面包括新华社在内派人协助。为了将最好的一面呈现在香港听众面前，评弹团做足了功夫。除了新华社招待所工作人员每天为演员们理发吹风刮胡子之外，演员们自己也比较重视自己的装扮。薛惠君回忆，"当时国家贫困，人的精神状态不好。为了在香港同胞面前展现良好的精神面貌，我们在广东休整了一段时间。我们的装扮，在当时也是非常注重的，不能破破烂烂的，不能给祖国丢脸。当时我们的衣服，有香港专门的人过来为我们量身定制。"这一点在后来的1967年造反派的大字报中得到证实："孟波说，'去港之前，你们先去巡回演出，住宾馆，吃得好一点，先把人养养胖，否则香港人会说，大陆上把演员都饿瘦了。'""到友谊商店定制三包一尖的奇装异服，男的洋装领带，女的旗袍高跟皮鞋。"陈虞荪还要求演员们在行动上也要向香港看齐，吃饭时东西落在桌上不能吃、吃西餐时

唐耿良

叉子和盘子不能碰触声音、与人沟通交流时要轻声细语等。

　　当时在上海接受节目审查时，文化局指示一律带传统剧目，不准带现代剧目。于是排定的书目全部都是传统书的菁华选回，有《玄都求雨》《庵堂认母》《厅堂夺子》《喷符》《关亡》《姜令拜客》《面试文章》《七十二个他》《方卿见姑》《追舟》《银盆泼水》《三堂会审》《刑部翻案》《絮阁争宠》《别兄》《访九》《闹柬》《回柬》《战樊城》《借箭》《割瘤移瘤》《大闹扬州府》等，此外还有两个中篇《三约牡丹亭》《点秋香》和一场流派演唱会。纵观这些书目，我们可以发现都是来自古典小说或传统书目，没有一部所谓的"新书"。这也是国内1960年代初期"文化解冻"的一个缩影，就评弹来说则是所谓的"翻箱底"。到了广东后，评弹团将一份含有几十个节目的说明书送给香港总督府审查。后来香港方面又派两位名人来预审节目，一位是费彝民，一位是在澳门、香港开设不少戏院的老板何贤。费、何二人听了评弹团的书后都表示赞赏。

　　一切都在有计划地进行着。但这其中也发生了两件意外的事情。第一件是正在广东排练的蒋月泉突然接到上海儿子的长途电话，说医院里确诊蒋妻邱宝琴为癌症，需要开刀动手术，要蒋月泉速回上海商讨对策。蒋月泉回沪后，匆忙处理了相关事宜，在爱人的催促下才动身返粤。另一件是当时报纸上突然登了一个特大新闻，说退居台湾的蒋介石集结大军，准备反攻大陆，我解放军调兵遣将向沿海地区集结，准备迎击来犯之敌。当

时大家都感觉,"如果我们赴港演出,蒋军在广东登陆,截断广九铁路,我们在香港就回不来广州了。"当时陈虞荪团长不敢决定是否如期赴港,立即向北京请示。北京方面通知,评弹团赴港演出之事,香港报纸早有消息发表,倘若不去,怕影响不好,还是照常赴港演出。陈虞荪宽慰大家,"要相信解放军,不必恐慌。"

7月3日晨,上海评弹团在陈虞荪率领下,乘火车离开广州,广东省文化局局长侯甸、广州市文化局副局长陈仲达、广东音乐曲艺团团长朱慕湛等到车站送行;上午十时三十分乘车抵达深圳,受到宝安县首长叶明华、马志民、陈罗千等欢迎。下午三时,抵达香港,前往车站迎接者有丰年娱乐公司董事刘衡仲、倪少强和各界知名人士三十余人,在车站外有不少评弹爱好者鼓掌欢迎,气氛热烈异常。7月4日晚,丰年娱乐公司董事长何贤在丽宫酒楼设宴,为上海评弹团洗尘。上海评弹团正副团长及全体团员全体盛装赴宴,港九各界知名人士应邀作陪,席间觥筹交错,宾主畅谈甚欢,充满亲切、热情、友爱的气氛。

在上海评弹团演出之前,香港的报纸已经开始发文章造舆论了。如7月3至5日连续三天,《大公报》连续发表署名为惠斋的文章《闲话评弹》,这些文章除了介绍评弹演员外,还介绍评弹的历史与组织结构等。此外还邀约舒适、王丹凤、俞振飞撰文介绍评弹艺术。

7月6日,评弹艺人香港巡演第一天。费彝民亲自在《大公报》发表题为《为各省听众介绍苏州曲艺,评弹可听亦可看》的署名文章。艺人们抵达香港后,港方的接待工作十分细致,有专人为他们做饭、洗衣服。演出的地方不是在一个剧场举行,流动性比较大,二十场演出分别安排在大会堂音乐厅、中华总商会礼堂、百乐门跳舞场日场、银都剧场、音乐厅小剧场、九龙普庆大戏院等。

开幕式在刚刚完工不久的香港大会堂音乐厅举行,这个剧场有1 400多个座位,音响设备很好。这样容量的剧场,对于评弹来说是少见的,甚至于说是有点嫌大的。一位在香港的老苏州评论道:"普庆和大会堂音乐厅太大了。大会堂里面小剧场470座位最适合。"但不管怎么说,最高票价达到十元的千人大剧场还是满座。这一天日场节目有:程丽秋的开篇《刀会》，朱雪琴、薛惠君的《珍珠塔·七十二个他》，杨振雄、杨振言的《西厢记·闹柬》，孙淑英的开篇《黛玉葬花》，严雪亭、刘天韵的《三笑·面试文章》；夜场有蒋月泉、孙淑英的《庵堂认母》，徐丽仙的开篇《红叶题诗》，杨振雄、杨振言的《西厢记·回柬》，严雪亭的《杨乃武·三堂会审》，薛惠君的开篇《拾画》。

第一个节目是青年演员开篇，看不出什么苗头，大家心里都很忐忑。第二个节目，朱雪琴台上一句唱，台下一声彩，连三弦琵琶的过门也引起喝彩。杨双档的节目，仍是掌声不绝，这时大家心里定了一大半，但还有一点担心。刘天韵、严雪亭的妙处都在说白上，从头到尾笑声不断，很多人简直笑得直不起腰。唐耿良兼带打灯片任务，坐在会场中间，直接感受着观众席的气氛。据唐耿良回忆："蒋月泉、孙淑英的《庵堂认母》送客，蒋调'世间哪个没娘亲'这段唱词已经使观众陶醉，孙淑英是杨振雄的学生，一曲俞调委婉动听，起三师太志贞角色颇能得朱慧珍之神韵。这一回书唱得听众们潸然泪下，取得了极好的效果。"

当时香港的听众和报纸对于开幕式当天的演出给予了很高的评价。《大公报》1972年7月6日报道："甭说是听名家说书，就是看看格本节目表，段段戏肉，节节精彩，窝心得来！有人扬扬手里的戏票笑道：'格张末事比方卿格包干点心还重要。'"次日，《大公报》继续报道："昨日下午日场演出时，本港工商、电影、新闻、文化等各界知名人士均往欣赏。《面试文章》全场不断发出笑声。"

唐耿良直到第二天才上台演出。7日日场阵容有开篇《绛珠叹》（徐丽仙），《珍珠塔·见娘》（朱雪琴、薛惠君），开篇《思儿》（程丽秋），《长生殿·絮阁》（杨振雄、刘韵若、孙淑英），以及唐耿良的《战樊城》。上台之前，唐耿良不觉心里有了负担："昨天的演出都是弹词，都很精彩，都很受欢迎，评话只说不唱，没有音乐性，香港听众能接受吗？"唐耿良没有退缩，而是选择了积极面对。第二天在大会堂音乐厅演出时，唐耿良说《战樊城》一段，那张飞的一声吼叫"哇呀呀"劲道十足，听众掌声不断。待到探子快马加鞭的马驰声出来时，全场的掌声再次响起。说书人与听众有了很好的互动，唐耿良更加兴奋、更加卖力，艺术就是在这样的情况下不断丰富发展、提高

唐耿良

和成熟的。唐耿良回忆：这回书我在上海演出也没有这里的效果好。

其后唐耿良的演出日程大体如下：10日日场，百乐门跳舞场《草船借箭》；11日夜场，中华总商会礼堂《孔明问病》；13日夜场，中华总商会礼堂《借东风》；15日日场，中华总商会礼堂《赠马》（后因故取消）。

唐耿良的演出受到了广泛的好评，有位听客在听完《草船借箭》后，专门撰文给予评论：

"唐三国"的特色是人物传神，噱在骨子里，较《三国演义》小说更富有浪漫主义色彩。今天日场演唱的这一回《草船借箭》就充分表现了这些特点。

一场斗智　跌出孔明神算

不用说，"借箭"首先要表现诸葛亮的智谋。借箭这个行动，本身固足以说明，听众恐怕更主要的还想知道孔明是如何运用他的智慧稳取十万支狼牙。唐耿良毕竟尽了渲染之功，不仅丰富了演义，作了充分的填平补满，而且整回书谈笑从容，满场生风，而人物则处处传神。

舞台剧受条件的限制，须要更精练、更集中。如京剧就只用鲁肃一人作陪衬。而说书的嘴就像电影镜头那样灵活：一下子把你带到孔明小船上，让你欣赏鲁肃如惊弓之鸟的面部特写；一会儿把你带到浓雾层层、波浪滚滚的江面上，让你尽情远眺那扎满稻草的二十条战船如何接收这十万枝箭；一下子又把你带到曹操大营里，任你领略阿瞒的三角眼如何"笃落落"一转之类的微细末节；一瞬间又把你带到晨光初曦的江面上，看司马懿父子三人的轻舟如何像射箭般地追上孔明满载而归的船只。通过这种"蒙太奇"手法，一场斗智，显得十分闹猛。孔明的智，不仅用鲁肃的厚、曹操的奸、蒋干的愚来渲染，而且用司马懿和徐庶的智来衬托。真是棋逢对手,将遇良才。孔明碰上这二位——司马懿、徐庶:一个土内明珠,怀才不遇,一个身在江北,心向江南;一个对手,一个知己,一个冤家,一个亲家;一个叫孔明差一点全功尽弃,一个助孔明一臂之力,化险为夷;就是这样,一幅"草船借箭图"波澜壮阔、起伏不停地呈现在听众面前;而在千层骇浪中,又跌出孔明神机妙算,稳若泰山的英姿。

疑阵叠叠　凶险层层

这回书何以这样引人入胜呢?譬如,一上来,孔明与鲁肃在舟中饮酒,从鲁肃眼中看出一个问题来:桌上摆三只酒盅、五只筷子,这多出的一盅、一筷究有何用。鲁大夫还以为是过节祭祖宗用的;岂知这却是孔明测算受箭数量的"仪器"。至于这"仪器"如何发挥作用,却按下不表,引起听众心儿痒痒。(在下这里未得唐耿良的同意,只好代为卖卖关子。)诸如此类的疑阵,不一而足。

这场斗智过程,如果孔明平平安安,一无风险,那末书就平了。不然,书里孔明凶险接踵而来。正在乱弩齐发之时,忽表曹营中有人料到这是孔明的计。听者无不为一惊。听他慢慢表来,不是别个,竟是徐庶。好在他心不向曹,凶险反成孔明的内应。曹操正中徐庶之计,向二十条战船——所谓"卧鱼"——大磕其头时,忽发现这不是"卧鱼",而是东吴战船;况且天已微明,阳光渐驱江雾,曹操用瞭远镜[①]一望……谁能不为孔明捏一把汗。曹操正要发大兵追赶,徐庶忽急中生智,反而正之,曹操又中其计。孔明正令水兵们大呼"谢曹丞相箭",扬帆而去之时,忽表司马父子三人轻舟直追上来……正是一波未定,一波又起。

---

① 唐耿良的书中时常会用到现代名词,前文已经提及。这里的瞭远镜,也即望远镜由欧洲传入中国,最早也要到17世纪末,而无论是三国时代,还是《三国演义》创作年代,中国都不会有望远镜。类似的,唐耿良在《孔明探病》里将军中大夫说成"医生",而同时代的陆耀良依据传统说成"大夫"。唐耿良在介绍这些给周瑜看病的"医生"时,还用现代医学概念特别指出缺少妇科和儿科。这种现代化倾向褒贬不一,但总体而言,应该不会破坏书情,反而能够起到帮助听众理解、增加噱头的效果。

枪法紧严　前后照应

一回书，像耍一路梅花枪，要在枪花纷繁中不露破绽。不但漏洞要补满，而且前后要照应。譬如，开书时孔明把船艄先锯后钉，使人莫名其妙；结束前司马昭跳到孔明船，正踏上这块先锯后钉的船艄，轰然入江，听众恍然而为之哄堂。唐耿良还交待司马懿吃了这次苦头，使他以后遇到空城计时，裹足不敢入城。不仅本回书照应严密，而且"中三国"照应到"后三国"，可谓尽极照应之能事！（王祖鸿：《娱乐：谈笑间取十万狼牙——评唐耿良的〈草船借箭〉》，《大公报》（香港版），1962年7月10日，第九版。）

上海团在香港的演出，多由唐耿良负责打灯片，这样一来他就有机会听到同事们的精彩演出了。当时虽然没有学习笔记或者专题访问，但是多年后唐耿良的头脑里仍然留有极深的印象，这一点也是唐耿良撰写个人信史的前提。

唐耿良记得，当时他们在香港演出共20场，最后两场到九龙普庆大戏院。第19场有蒋月泉、刘天韵、杨振言三个档的《厅堂夺子》等节目。然而，就在演出之前出事了：

我们提早吃了夜饭乘车到海边，当时还没有海底隧道，乘海轮渡海，夕阳还很炙人。我在甲板上忽然见刘天韵两颧升火发红，问他身体如何？他说有点头晕。我马上请随团医生过去诊断，医生一测量血压升高，体温39度，他还有心绞痛病史，情况相当严重。船到九龙立即坐汽车到普庆戏院后台治疗。团长陈虞荪召开紧急会议，今夜刘天韵是抱病上台还是不上？书场早已客满，说明书上有刘天韵名字，假如刘不上台，听众起哄怎么办？那时刘躺在沙发上说：不要紧，再过两个钟头烧退了，我可以上台的。陈虞荪不肯答应，上台后万一书情一激动，人倒下来，怎么向家属交代？劝老刘安心休息。蒋月泉在旁边也说：老刘不要上了，老刘演的张国勋和徐太太两个角色由我来兼，张国勋的唱段我背得出，徐太太的唱段请耿良打灯片时摇过去，我不唱了。先写块牌子搁在书坛口上，说明老刘病假，改由蒋月泉、杨振言双档演出，还有两小时时间我和振言排练一下就可以了。商议后，当即劝老刘安心休息。演出照常进行，书坛口一块牌子搁出，三个档改由两个档演出。我在花楼打幻灯片，注意着听众的反应。蒋月泉、杨振言送客书出台时，听众仍报以欢迎的掌声。……那天蒋月泉嗓音特别好，感情又投入，听众们听得如痴如醉。此后蒋月泉再唱《厅堂夺子》这一唱段，就再也没有像普庆大戏院一场的超常水平，可以说这是蒋月泉一生演出的巅峰状态……

　　上海评弹团在香港的时间是7月6日至20日，十数天之中，"共演二十场，每场满座，听众计一万八千八百人次……在香港演出中篇一个，分回四十五个，开篇与选曲四十五支。"甚至于书票到处"扑飞"（争购票子），还出现了黑市票，最后普庆大戏院三场，节目未经露布，书票已经抢售一空。主办方的费彝民对港九听众的热忱也做了描摹："不少年近八十的老太太、老先生们，由幼辈搀扶进场。一位听众统计：一段四十五分钟弹词或评话，听众大笑十五至十八次，浅笑或赞叹十二至十五次……江南听众爱听书，广东朋友爱听开篇。"显然费彝民是观察非常仔细的。人们觉得，"上海评弹团这一次到香港来，阵容堂堂，这样整齐精彩的书目，老实说，只有从前在上海年夜岁边的大会书里才可听得到"。实际上，港九听众中大多数原是江南一带的民众，因了政治或经济原因来到香港，多年听不到乡音，上海评弹团的到来，慰藉了他们浓浓的乡情，勾起了他们的怀旧情绪。唐耿良写道："乡音慰相思，乡情暖人心。香港演出时，听众中江南人居多，有的住在山上，要子女开车送下山，书场里尽是讲苏州话和上海话的人，让人感觉好像回到了江南，有人说：'听台上说书都是苏州话，听听就觉得惬意。'"

　　上海评弹团的全部演出结束了，演员们有休闲游玩的时间了。当时《大公报》《文汇报》的总编请全团成员乘游艇出海到浅水湾游玩，游船离开皇后码头，向南丫岛进发，沿途碧波荡漾，海风拂面，唐耿良和蒋月泉、严雪亭、沈笑梅站在甲板上，眺望着蓝天白云，心旷神怡，谈笑风生间拍下了一张照片以作留影。夕阳西下,游艇往回开,途径维多利亚港时,唐耿良远远地看到岸边一幢高楼,闪烁着霓虹灯红字"六国饭店"。唐耿良与蒋月泉相互交换了一下眼神,这种心领神会的眼神只有在好友之间才能心知肚明,"回忆12年前我们赴港淘金,因书场上座欠佳,从山上的公寓搬到六国饭店睡地铺的情景。往事不堪回首。和这一次赴港演出的辉煌成功相比,真是沧海桑田,不胜感慨"。

7月24日下午,上海评弹团一行16人抵达广东,结束了香港之行。8月1日起,在广州南方戏院作了三场公演。8月6日下午回到上海,16日晚在仙乐书场举行汇报演出(除刘天韵因病休养外,全体演员参加)。蒋月泉、唐耿良还在《上海戏剧》1962年8月号上发表上海评弹团赴港演出随感。

乡音寄真情,赞声寄相思。1962年的香港演出是一次宣传传统评弹的盛会,激发了香港同胞热爱家乡、热爱祖国的感情。但是谁都没有想到,仅仅四年之后,这次香江之行就被批判为卖国求荣的行为。艺术从来都要受到政治的影响!

第十九章
"左"风突起绪难平

解放以来，很多地方戏曲剧团演出过很多反映现代生活的剧目，满足了观众多方面的精神生活需要，既得到了艺术享受，又提高了思想觉悟。

但是近年来，戏曲界一些人认为观众不愿看现代题材的戏，因此剧团演现代戏逐渐少起来了。

实践证明，演现代戏，观众是欢迎的。比如评剧《小女婿》、吕剧《李二嫂改嫁》等已演出数年，现在再演出，同样受到观众欢迎。我建议各剧团今后到工矿、农村演出时，要深入工农生活，通过生活实践，努力丰富与提高表演艺术，创造出真实、鲜明、生动感人的现时代先进人物来。

（辽宁卢全利：《希望多演现代剧》，《文汇报》1962年11月14日。）

一封读者来信，并不能说明什么，毕竟各人的喜好不同。1962年10月28日的《文汇报》刊登新闻，广告上海市人民评弹团从11月2日起上演如下节目：

夜　　　　场		
书　　场	演　　员	书　　目
仙　乐	张振华、马小虹	神弹子
	唐耿良	三国
	严雪亭	杨乃武
大　华	张效声（独做90分钟）	英烈
雅　庐	郭彬卿	珍珠塔
	杨振雄	西厢
	杨斌奎、杨振言	大红袍
东　华	苏似荫、陆雁华	玉蜻蜓
	华士亭、徐雪花	三笑
	姚声江	金枪

从节目单中，我们清晰地看出清一色的传统题材书目即将上演，艺人们个个摩拳擦掌，想在传统书目上大显身手，毕竟这些书是他们的"拿手好戏"，也是他们安身立命

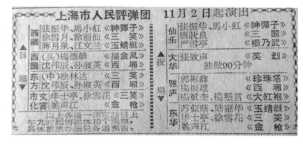

上海市人民评弹团演出广告

之所在。但是随着形势的大变，评弹艺人噤若寒蝉的时代又到来了。

1963年1月4日下午，延安西路文艺会堂里热气腾腾，处处洋溢着一片除旧迎新的欢乐气氛。上海文艺界正在这里举办1963年元旦联欢会。演出大厅中歌声嘹亮、琴音激昂；茶室里，三五知己抒怀谈心。艺术家们在这里充满信心迎接更加辉煌的新的一年。时任中共上海市委第一书记、上海市长柯庆施应邀与会，同行的领导干部还有中共上海市委书记处候补书记、市委宣传部部长石西民等。

在熊佛西的主持下，柯庆施上台发表讲话，他谈到他最近看了话剧《第二个春天》、电影《李双双》，还听人说过话剧《霓虹灯下的哨兵》。柯庆施说："这些戏写的都是解放以后十三年来的现代生活，这很好、很值得提倡。"他认为话剧《第二个春天》抓住了发奋图强、自力更生的主题，抓得很好。剧本本身还有些缺点，还可以不断改进，但应该肯定是一个好剧本。电影《李双双》抓住了农民小生产者的改造问题，戏也很动人。这些主题都抓得好，作者抓住了当前人民思想生活中重大的矛盾。柯庆施进而说："解放十三年来的巨大变化是自古以来从未有过的。在这样伟大的时代、丰富的生活里，文艺工作者应该创作出更多更好地反映时代的文学、戏剧、电影、音乐、绘画和其他各种形式的文艺作品。希望文艺工作者多创作一些能够迅速反映现实、适合人民群众大家歌唱、大家演出的群众歌曲和短剧等文艺作品，鼓舞人民群众的斗争热情。"

联欢会讲话之后，柯庆施又同文艺界主要人士进行了谈话，到场的文艺界名流有巴金、熊佛西、于伶、丰子恺、郭绍虞、刘大杰、黄佐临、张骏祥、沈浮、瞿白音、应云卫、白杨、上官云珠、张乐平以及评弹团的唐耿良和蒋

月泉等。柯庆施对众人说："旧社会的文艺作品，只能教人自私自利，从个人利益出发考虑问题。社会主义集体主义思想只有在社会主义社会里才能产生。现在经济基础已经是社会主义了，而上层建筑的文艺却还是封建主义、资本主义的内容。至今剧场里部分剧目，广播电台有些节目还是解放前的节目。潜移默化起着什么作用？农村棉花田有种害虫叫地老虎，它钻在地下专门咬棉花的根，根被咬坏了，棉花就枯萎而死。封建文艺和资本主义文艺就是'地老虎'，腐蚀人们的思想，破坏社会主义的经济基础。"柯庆施见到作协的吴强，便问道："你近来在写什么小说？"吴回答："写苏北地区抗日的小说。"柯庆施说："你这个慢慢再写，要写就写四九年解放到六三年间的题材，大写十三年嘛！"之后，柯庆施与文艺界人士一起欣赏了任桂珍演唱的歌剧《洪湖赤卫队》选曲和上海音乐学院附小学生邵丹的钢琴独奏等。

虽则柯庆施的元旦谈话是在小范围内讲的，但他毕竟是中共中央政治局委员、上海市委主要领导人，上有所好，下必甚焉，各级干部都将他的话作为政策指示在实践中加以贯彻执行。后来吴强就放下创作，深入生活到常熟县去挂职当县委副书记去了。

听完柯庆施的讲话，唐耿良和蒋月泉回到团里，立即向支部书记作了汇报。评弹团的领导认为，评弹演出书目几乎全是帝王将相、才子佳人的传统书目，即使现代长篇《青春之歌》也是属于写十三年以前的题材而不算新书了。后来《解放日报》又发表题为《写现代题材"吃力不讨好"吗？》的文章，对前一段时期出现"创作现代题材的作品吃力不讨好，整理、改编传统剧目讨好不吃力"的论调进行驳斥，进一步为创作现代题材的作品呐喊助威。在这种情况下，评弹团党支部开会决定把唐耿良从说《三国》的岗位上撤下来。

当时团里决定唐耿良从2月1日起，深入到市郊农村生活，参加市委农村工作部的一个社会主义教育的工作组，在七一人民公社友谊大队落脚，同行的还有上海团青年编辑程志达。唐耿良和程志达二人为了更广泛地接触社员群众、深入农民生活，住在了农民家中，参与了大队部分工作，还适当地参加了一些劳动。在农村期间，唐耿良还利用评话演员善于讲故事的有利条件,有时给社员们讲述革命故事,有声有色,吸引了很多农民,这对于帮助农民提高阶级觉悟有一定作用,同时也让唐耿良更易与社员们打成一片。

当时上海市委召开十个县的三级干部会议,唐耿良和程志达也去参加会议旁听了,会议的主题是谈阶级斗争的情况,崇明县江口公社济民大队有个生产队长叫陈汉明,在三年困难时期,任劳任怨,不计个人利益,

唐耿良等深入农村体验生活

他曾经被地主富农分子陷害过,由于党的英明领导,阶级敌人的阴谋诡计终于被揭穿了,陈汉明自己也受到一次深刻的阶级教育。在七宝生活了三个多月后,唐耿良和程志达决定转到崇明去采访陈汉明。当时他们住在陈汉明家里,以便深入了解当时的细节。与他们同去济民大队蹲点的还有上海淮剧团、甬剧团的编剧们,大家显然都是瞄准这个题材而来的。

刚到济民大队时,农民们见到评弹演员来了都很高兴。他们和唐耿良一起劳动之余,常常向唐提出要求:"给我们讲个故事吧。"于是讲故事就成了唐耿良在农村生活的一个附带而又繁忙的任务。有一次,唐耿良到莘庄列席上海县召开的农业先进集体代表会议,会前,文化馆的同志交给他一份王国藩三条驴腿办社的材料,要他在会上讲一讲。事情是这样的仓促,但唐耿良还是出色地编排了一段评话,把王国藩办社的故事演说得有声有色。表演结束,掌声如雷。第二天,代表们进行讨论时,大家讲王国藩的事迹非常起劲!七一公社的一位生产队长说:"王国藩在那样土地贫瘠的山

在农村演出

唐耿良（左立者）等人在农村演出

区，能依靠党，发动贫农下中农，坚持走集体化的道路，战胜了一个又一个的困难，使穷山沟变成了米粮区；我们上海郊区，土质这样肥，假使工作再搞不好，真是太对不起党，对不起工人老大哥的支援了。"

讲故事使唐耿良和农民之间的距离缩短了。他们把唐耿良当作了自己人，一有空就来找唐耿良聊天，因而给唐耿良提供了不少创作素材。公社的领导下来布置工作，交代任务，也把唐耿良的讲故事算在里面，认为这并不是单纯的文娱活动，而是配合农村社会主义教育运动的一种有力的宣传武器。逢到大会、小会，都要唐耿良在会前说一段，他根据会议的内容，有时说劳动模范王国藩，有时说《血泪斑斑的罪证》，有时说的是《半夜鸡叫》。

农村中阶级斗争，激发了讲故事人的阶级感情。程志达回忆："在崇明，农民们曾经告诉唐耿良，有一个被打倒了的地主分子，怎么心有不甘，至死不悟的事。唐耿良听后，心里久久不能平静，第二天，公社来找他去讲《血泪斑斑的罪证》时，他的感情就特别强烈，他激动地诉说着地主的滔天罪行，当他讲故事讲到冷月英被地主活阎王刘文采关进阴森森、黑洞洞的水牢时，有不少农民妇女都掉下了眼泪，但更多的农民睁大了愤怒的眼睛！"

　　评弹比其他戏曲编写要来得快，再加上唐耿良、程志达动手比较早，很快就写出了《如此亲家》的中篇，主要是描写阶级敌人用结干亲的手法陷害生产队长的曲折经历。后来经过排练，又去了昆山、苏州、无锡预演三场，然后才回上海，10月1日在静园书场演出，演员阵容有刘天韵、严雪亭、周云瑞等。

　　经过演员们的丰富加工，加上本身情节的曲折离奇，受到了听众的欢迎。洪隆在《上海戏剧》1964年第2期发表题为《令人难忘的一场斗争——评中篇评弹〈如此亲家〉》的文章，对中篇《如此亲家》做了大篇幅点评，认为"中篇评弹《如此亲家》是上海市人民评弹团现代书目的新创作，也是党的百花齐放、推陈出新方针指引下的新收获。它又一次说明了：只要我们对社会主义革命和社会主义建设满怀热情，抱着不表现新思想、新人物、新风尚就过不下日子的心思，深入生活，改造思想，努力创作，那就一定能够迅速反映

《穷棒子办社》脚本

给社员们讲《半夜鸡叫》

现实生活，并且出现思想性和艺术性较高的书目。""《如此亲家》总的来说，主题思想具有现实意义，刻画人物性格较为鲜明，情节结构相当紧凑，是一部基础较好的书目。"

　　唐耿良以为中篇《如此亲家》可以应付"大写十三年"的号召了，之后便带了女弟子黄鹤英去昆山演出长篇《三国》。不料这一次长篇演出后，"大写十三年"的政策越来越紧了，第二次"斩尾巴"将唐耿良的《三国》彻底封冻起来，"文革"中又当作毒草批判，一直到"文革"结束后的1979年

才恢复演出,足足停说了17年!这正如谷苇在《名人采访录》中所言:"唐耿良以说《三国》闻名书坛。然而,四十年来他却长期不说《三国》。唐耿良不说《三国》,是无可奈何的事。无可奈何的事,往往发生在无可奈何的岁月。'说得动'的时候,不能说;'说不动'的时候,就只能'空叹息'了。"唐耿良跑码头的第一站是外垮塘,待他1964年再去时,还遇到过三十多年前的"老听客"。他们问唐耿良:"为啥不说《三国》了?"他只好苦笑。

第二十章

大庆大寨编大书

作家本无种，同志当自强。

写戏非难事，用心成内行。

——刘厚生

1964年初，来自全国各地的曲艺工作者在北京座谈曲艺创作，这个座谈会是由中国文联和中国曲协联合召开的。中共中央宣传部副部长、中国文联副主席周扬作了报告，他在报告中，以及在会议结束后联欢会上的讲话中，多次鼓励大家努力创作演唱反映现实生活和斗争的社会主义新曲艺，歌颂新时代的英雄模范人物，以社会主义、共产主义思想教育群众，充分发挥曲艺艺术的战斗作用。文艺界阳翰笙、刘芝明、赵树理、袁水拍、陶钝等领导也分别就曲艺工作和创作问题作了发言。唐耿良与各地著名演员一道参与了座谈会，当时的常熟评弹团也赴京作了展示演出，陶钝还专门在《人民日报》撰文予以评介。

唐耿良在曲协创作座谈会上，带去了自己改编的短篇评话《长风怒空》，内部演出效果尚好，稿件被《光明日报》拿去全文发表。当时参与演出的有侯宝林、高元钧、骆玉笙、李润杰等北方曲艺界名流，唐耿良在以北方人为主的剧场里公开演出苏州评话时就有点难堪了。当时唐耿良用的是苏州方言，北方听众听不懂，下面就有些躁动了。又由于稿子已经在《光明日报》全文发表，唐耿良不能临时压缩篇幅，只得硬着头皮说下去。唐耿良记得，那次演出"说得我满头大汗，心如刀绞。现场的痛苦窘况使我夜不能寐，我总结了三条教训：一是今后到北方演出一定要说普通话，首先得让听众听得懂。二是在综合场演出时间不能长，十分钟左右就可以了。三是节目的趣味性要强，情节要紧凑才会受欢迎。"

1964年2月5日，《人民日报》发表题为《积极地发展社会主义的新曲艺》的社论，指出创作更多优秀曲艺作品，是发展社会主义新曲艺的中心环节，强调"十四年来，我国各族人民在中国共产党和毛主席的正确领导下，团结一心，奋发图强，在社会主义革命和社会主义建设的各个战线上，进行了一系列的重大斗争，取得了惊天动地的成就，锻炼出成千上万的英雄人物。作为文艺艺术一部分的曲艺艺术，要积极地为社会主义建设事业服务，就必须及时地反映这个伟大的时代，把社会主义革命和社会主义建设的壮丽现实，把具有共产主义风格的新人物，通过曲艺的创作、演出，深刻地生动地表现出来。"曲艺家们正在思索新题材时，两个重要消息传来了。

1964年2月5日，中共中央发出《关于传达石油工业部关于大庆石油会战情况的报告的通告》，介绍了石油工业部从1960年5月开始，集中全国30几个石油厂矿、院校的4万多职工，调集7万多吨器材设备，经过3年多的艰苦奋斗，开发了大庆油田的情况。中共中央在通知中指出：大庆油田的开发，是一个多快好省的典型，贯彻执行了党的社会主义建设总路线。它的一些经验在各部门和党、政、军、群众团体中也都适用，或者可以作参考。此后，全国工业交通战线掀起了学习大庆经验的运动。10日，《人民日报》刊登新华社记者的通讯报道《大寨之路》，介绍了大寨大队同穷山恶水进行斗争、改变山区面貌，发展生产的事迹，并发表社论指出，学习大寨的革命精神，就要学习他们远大革命理想和对未来坚定不移的信念；学习他们敢于蔑视困难、敢于同困难作斗争的顽强精神和实干苦干的优良作用；学习他们自力更生、奋发图强的优良作风和严格要求自己，以整体利益为重的共产主义风格；学习他们把革命精神和科学态度结合起来的作风。由此，全国农业战线掀起农业学大寨的运动。

唐耿良是评话演员出身，在新时代里，却成了编新书的作家。在唐耿良编写的众多评弹节目中，《铁人的故事》与《大寨人的故事》恰好是工业、农业的两个典型，这两部作品在当时无疑都迎合了"工业学大庆、农业学大寨"的时代口号。

当时中国作协为了贯彻曲艺座谈会上周扬的讲话精神，组织了一个慰问团去大庆慰问石油工人。领导点名上海评弹团派遣唐耿良和青年演员赵开生参加这个慰问团，即刻到北京报到。唐耿良到北京后发现，这个慰问团的层次比较高，团长是作协副主席张光年，副团长是音协主席吕骥、曲协主席赵树理，秘书长是诗人李季，团员有老作家艾芜、徐迟、韶华、剧协的孙维世等。曲协参加慰问团的除了唐耿良、赵开生之外，还有苏州评弹团

1964年唐耿良（后排左一）和赵开生在大庆油田参加大合唱

的邱肖鹏、天津曲艺团的快板书演员李润杰以及相声演员马季等。

从北京到大庆后，演员们先是慰问演出半个月，参与演出的有歌唱家胡松华、电影演员王晓棠、相声演员马季、湖北音乐学院的蒋桂英等。唐耿良表演的是苏州评话《林海雪原》之"真假胡彪"。这回书原是上海评弹团张效声所说，唐耿良是向他学习的。原书要40分钟，在综合演出时就显得太长了，唐耿良将其压缩至10分钟，进行了二度创作。在北京预审节目时，听众都是北方人，而且考虑到大庆油田演出的对象是以转业军人为主的工人，苏州话未必能听懂，于是他入乡随俗改用普通话演出。唐耿良在这回书中运用了他拿手的《三国·赠马》里赤兔马思想活动的拟人手法，取得很好的现场效果，多年后他记得：

这回书杨子荣化名胡彪带着许大马棒的坐骑上威虎山投奔座山雕。不料胡彪也上山来投奔座山雕，真假胡彪见面。杨子荣身陷险境，临危不惧，反说真胡彪是共军间谍混上山来。真胡彪急得赌神发咒说自己是真胡彪，这老九是共军冒名而来。两人争执不下，座山雕为了辨明真假，叫人把马带上威虎厅，让马来辨认谁真谁假？马带到了，胡彪厉声吼叫马过来，这马被胡彪当年虐打过，很害怕他，正要跑过去时，杨子荣柔声地叫唤："宝马，你的主人在这里，你过来吧。"这马见新主人对他招手，想到打虎进山时幸亏他救我，否则我要被老虎吃掉。我肚皮饿时他把一个窝头塞到我嘴里，现在恩人叫我，我怎能不去呢？马掉头向杨子荣那边走去。真胡彪发急了，你这一走我的命就没有了，他向马屁股上扇了一巴掌，这马挨打后走得更快，到杨子荣面前马头在杨的胸前蹭，杨子荣用手抚着马头，满脸笑容。座山雕大骂胡彪你还有什么话说吗？胡彪说："三爷，他是共军，我是胡彪，你可不能像畜生那样上共军的当呀！"座山雕一怒之下把他拉出去毙了。

　　唐耿良的演出，无论在预审中，还是后来到大庆演出，都取得了很好的效果，受到了普遍的欢迎。新书中运用老的技巧，同样可以有异曲同工之妙。当时在大庆油田演出的流动性很大，有时在大礼堂，有时在野外钻井台边，有时在连底冻的水池上。有一次唐耿良站在冰面上演出，听众是两个上海的女技术员，唐耿良就用苏州话为他们说书。三周演出结束后，作协留下一部分作家深入生活写作，唐耿良等人就在指挥部二号院的招待所住下来，下工地搜集素材准备写作。经常有劳模和英雄人物来为他们作报告或和他们座谈，王铁人由《人民日报》记者田流做专访，专访后的稿子印发给唐耿良等人。油田总指挥、石油工业部部长余秋里从北京回大庆，也到招待所来慰问作家们。余秋里走进唐耿良的房间，唐起身迎接，余健步走到唐耿良的床前摸他的褥子，问唐耿良睡得冷不冷？唐耿良回答："指挥部给我们安排的住宿非常好，暖气很足，一点也不冷。"

　　唐耿良在大庆共住了四个月，后来他与邱肖鹏合作编写了一个叫《英雄儿女》的中篇，可惜未被通过而作废。但是大庆人的故事深深教育了唐耿良，他后来又编演了一个短篇评话《铁人的故事》，讲述王进喜抢救井喷事故的英勇事迹，受到了听众的欢迎，人民文学出版社还出版了这个评话的单行本。虽则这个短篇于1966年初上演了，但这一节目主要说的是真人真事，把铁人的事迹都铺叙进去，唐耿良自我认为："完全是生活素材的

1964年唐耿良和赵开生在大庆油田

堆砌，很少艺术加工，只是因为素材本身感人，也有一点效果，实际上不像一个短篇评话"，"事件太多而挖掘人物的感情不足，从艺术上来讲是很粗糙的。"

"文革"之后，唐耿良重登书台，对铁人的故事进行了重新加工整理。唐耿良从塑造人物出发，简化情节，只以王铁人跳入泥浆池用双手双脚搅拌水泥堵住井喷作为故事的主线。同时还构思了另外一个情节，从医生、护士角度切入故事，从一个侧面来写王铁人的感人事迹，比原来的真人真事的堆砌更有艺术性，有点像传统评话的结构了，唐耿良认为这是对自己的一个突破。唐耿良总能在编演新书过程中自觉运用传统评话技巧。评弹的传统书很注意道具的运用。一把刀或者一只镖，总是前面伏笔，中间渲染，最后运用。在这回书中，讲了一根铁人用的拐杖。如：医生赵冲来找铁人，起初只当他睡了，但发现拐杖没有了，就知道一定人逃走了，所以就追。直追到火车站，看见车窗旁边露出一根拐杖，就发现了铁人。当然，书中也必然要夸张，汽车追上来，火车在开，汽车也在开，怎么能看得清哪一个窗口坐好一个铁人呢？这里就说明，因为车子刚启动，速度慢，车窗开着，旁边露出拐杖，拐杖旁边坐了一个王铁人，所以按喇叭同铁人打招呼。书发展到最后，铁人跳泥浆池，把拐杖往后头甩去，人撺下去。一般说来，这时这根拐杖没有用了，但唐耿良再利用它一下，就说：赵冲刚到泥浆池边上，担架放下，只看见拐杖飞来，就把拐杖接住，拐杖又派用处了。拐杖到了医生手里，所以他喊铁人师傅上来，把拐杖递过去要拉铁人。但铁人不肯上来，说："宁可少活二十年，拼命也要拿下大油田！"使赵冲感动，将拐杖甩掉，自己也跳下去。唐耿良让一根拐杖把这些人的关系串起来，这些都是传统的艺术手法。

后来上海文艺出版社和北京人民文学出版社先后出版了《铁人的故事》演出本，唐耿良受到很大鼓舞。

相比于《铁人的故事》由开始的不满意，到"文革"后的重新加工整理，《大寨人的故事》则比较顺利，可谓一气呵成。

1964年底，《解放日报》华东新闻部主任张服年给唐耿良打电话，邀请他担任特约通讯员，赴山西大寨采访，编写一个大寨人的故事。唐耿良考虑到大寨是闻名全国的农业先进单位，加之近来又在杂志上读到山西名作家孙谦写的报告文学《大寨英雄谱》，介绍了党支部书记陈永贵1963年自力更生、抗洪救灾的先进事迹，唐耿良读后非常感动，对大寨神往已久，很想去考察大寨、采访陈永贵。于是便欣然接受邀约。

当时正值严冬腊月，妻子担心山区寒冷，特地给唐耿良做了一条丝棉裤御寒。1965年1月，唐耿良便和上海文艺出版社编辑张诚濂携带着《解放日报》总编王维写给《山西日报》总编的亲笔信便一道前往大寨了。张诚濂喜好评弹，是一个评弹迷，将来故事定稿主要由他负责文字记录。到了太原，《山西日报》总编当即派了一个熟悉大寨的记者陪同唐耿良、张诚濂前往阳泉，然后再换乘汽车到昔阳县。天已漆黑，他们便在招待所过了一夜，次日早晨便直奔大寨。

当时唐耿良等人准备径直去采访陈永贵，可惜他去北京参加全国人代会了，要十天以后才能回来。于是唐耿良等人便在大寨住了十天。在这十天里，唐耿良在劳动中广泛采访，获知了大量有关大寨的故事。

有一天清晨，大喇叭里传来气象预告知今天温度是零下16度，唐耿良与社员们登山劳动，社员们都说不冷，此时唐耿良的耳朵已然被寒风吹得发痛。社员们上山挑着一担肥料，倒在山顶田里做基肥，他们谈笑自如，唐耿良两手空空却气喘吁吁。看到山上密密层层整整齐齐的石坝，唐耿良叹服于眼前的壮观，后来打听才知道这是社员们长年累月建成的，而这些石头大多是大寨村第一任党支部书记贾进才开山的。

唐耿良找到贾进才，并与他握手，发现他虽然个子不高，两只手却很大，手掌上布满了老茧，这是经年累月劳作的结果。当时唐耿良甚至于有一种惭愧一闪而过，"我因为从没有劳动过，细皮嫩肉，一个茧子都没有，握着老贾粗糙的铁手时不禁深感惭愧"。趁着社员们休息的时候，唐耿良抡起铁槌击打着嵌在石缝里的铁钎，只抡了三下，就觉得双臂发酸，虎口震痛，不得不放下铁槌。后来唐耿良又去金石坡石窝里搬石头，虽然他搬的是小石头，搬了不过一小时，可是回到宿舍想记笔记，手指头捏钢笔也捏不牢了。唐耿良"想到大寨山里一百八十道石坝，连起来有十五里长，石头有十三万立方米之多，开这些石头，抬这些石头和垒石坝的人要付出多少巨大的劳动啊！我看着自己的手指头，不由得对改天换地的大寨人表示衷心的钦佩"。大寨的采访，无疑给唐耿良又一次思想教育。后来回上海后，唐耿良在郊区试讲大寨的故事，边说边改，原来的稿子已经改得看不清楚了。当时演出质量还不稳定，唐耿良考虑把这个本子重记一遍，以便随时补充或修改。可是这演出将近两个小时的故事，写起来有两万几千个字，有时候事情忙了，记记停停老是记不完。心里会想算了吧，反正我背得出来，干脆不记了。后来想到大寨人把那么多的石头还一块一块垒成了坝，唐耿良对自己写几个字都还怕的情绪感到羞耻，于是便一口气把它记了下来。

唐耿良还听到了一个农民赵小和的故事。赵是一个牧羊工，为了抢救一只摔下山崖的小羊，自己的小腿骨摔折了，他没有去找医生诊治，只是用手揉揉，用布条扎一下就完事了。数日后解开布条，走路却一瘸一瘸地不好走了，陈永贵找个骨科医生来治疗，医生说没法治了，因为骨头接歪了，连接处已经黏合了，除非把它拉断了重接。可是拉断骨头的痛苦谁受得了！医生跟陈永贵吃饭去了。赵小和不肯做残疾人接受大队的照顾，他把胞兄赵大和跟另一个青年社员找来，自己躺在炕上，叫大和坐在他的大腿上，要青年社员拉住他的脚，说我喊一二三，你就使劲地拉，把黏牢的骨头拉下来。起初他们二人不肯，经过赵小和的劝说才答应动手。等医生再来时，显然被赵小和不怕疼痛的行为惊呆了。后来医生把他的断骨认真地接好，治好了他的病。唐耿良听了这个故事，被大寨人的精神震撼了，他不由得联想起老艺术家盖叫天在戏台上跌断踝骨，第一次接骨错位，敲断了重新接好的故事。

在大寨住到第十天的时候，陈永贵从北京开会回来了。陈永贵知道有人从上海远道而来在等着他，便匆忙到招待所与唐耿良等人谈了三个多小时，介绍了1963年8月抗灾的往事。陈永贵介绍，当时大寨人坚决不要国家救灾资金，用自己的双手去战胜灾害、克服困难。大寨人提出了"三不要"，又总结了自力更生的"十有利"，在"先治坡后治窝"的方针下，先恢复土地，再重建家园，当年就斤两不缺地完成了国家二十四万斤粮食的征购任务……陈永贵耐心地讲，唐耿良仔细地记，遇到不懂处还停下来询问陈永贵，生怕漏掉重要的细节。

采访结束后，唐耿良等人告别了大寨，经阳泉、德州，乘火车回到上海。当时已经快过春节，火车上挤满了北京返回上海过年的干部和学生。有眼神厉害的乘客认识唐耿良，问他怎么也在火车上？唐耿良告知其刚从大寨采访归来，大家便请唐耿良给他们讲讲大寨人的故事，于是唐耿良便将贾进才的铁手、赵小和断骨再治、陈永贵"先治坡后治窝"的故事讲给乘客们听，大家听得出神，连午餐都忘记去吃了。

到上海后唐耿良马不停蹄去《解放日报》社向总编王维及张服年汇报采访见闻，他们建议不要先写稿子，可以先去农村试讲，演出的过程中看看听众们的反应再决定增删，然后录音定稿，由张诚濂根据录音整理出稿子。这样的过程，在唐耿良看来是完全符合评话口头创作的规律的。后来报社代为联系了演出场地，唐耿良便先到陈坊桥试讲，效果很好。1965年春节的时候到松江试讲，讲完之后召开群众座谈会，松江城东大队支部书记发言说："原先以为春节听评弹，是领导在'四清'中对干部整过了分，让我们听听节目消消气。结果听了《大寨人的故事》思想受到震撼，觉得自己的境界太低。大寨人为了增产粮食开山造田，我们大队有二十亩低洼地，长年抛荒不种，听了演出决定回去发动群众排积水种植水稻，以亩产六百斤计算，一年可以为国家贡献一万两千斤稻谷。"唐耿良为自己的新书能在新时代起到新作用而自豪。

后来唐耿良到奉贤区探望正在那里参加"四清"工作的评弹团的同事们，恰好上海市委副书记杨西光在奉贤蹲点，当时奉贤正在开大会，便邀请唐耿良上台讲《大寨人的故事》。当时唐耿良并不知道奉贤广播站现场录了音，待等他第二天回转上海，才晓得高音喇叭里已经在播放他的实况录音了。唐耿良在上海郊县陆续演出了几十场后便定稿录音了，后来由张诚濂整理成文交给《解放日报》。当时的报纸全文予以刊登，还配上了插画。唐耿良记得，"那天报纸由四版增加至八版，原来日销80多万份，那天增发到130多万份。"后来上海文艺出版社发行了单行本，安徽人民出版社征得唐耿良的同意后也发行了单行本，上海唱片厂根据唐耿良的录音制作发行了密纹唱片《大寨人的故事》。

此外，当时上海群众艺术馆组织郊区十个县两百多位故事员，由唐耿良辅导他们在各自的公社宣讲这个故事。唐耿良在辅导过程中提出："说《大寨人的故事》时，应该把大寨英雄群像介绍出来……只有把这些英雄都说活了，才能更好地显出陈永贵的作用，牡丹绿叶是要相互衬托的。说这个故事时，还要注意几个问题：一、讲到赵小和断骨再接时，一定要突出赵小和热爱集体、热爱劳动，不愿让集体来供养他，宁愿扯开已接上骨碴重接的英雄气概。不能把这一节故事客观而轻松地当作笑话来说，也不能强调生理上的痛苦来'抓'听众，否则会达不到预期的目的的。二、这个故事比较长，故事员可以抓住主要情节和故事内容的精神实质，用自己认为合适的方法来讲述，不必采取背书的方式。三、为了熟悉大寨的过去和现在，建议多读一些有关大寨的书刊，材料掌握越多，政策理解越深，

《大寨人的故事》脚本

这个故事就能说得更好些。"虽然是新书，但是唐耿良这种建议无疑也是符合评话创作规律的。

《大寨人的故事》风靡时，上海评弹团里接到不少邀请唐耿良去演出的电话，唐耿良分不开身，便由他的学生和另一个青年演员紧急排练，一个演出上半场，一个演出下半场，这才应付得过来。评弹团又根据唐耿良的本子改编了一个专场《大寨春早》在春节演出。后来《曲艺》杂志在1965年第2期也转载了《大寨人的故事》，1965年第3期发表唐耿良《写〈大寨人的故事〉的一点体会》。可以说，这个故事比唐耿良说《王崇伦》的影响还要大。

唐耿良作为评话艺术家，一生中有三件突出的事情：一是说《三国》，二是说新书，三是参与各种社会活动和组织工作。说新书是他一生中的重大事情之一，之所以能够吸引听众的原因，主要就在于：故事内容讲的是人人关心的社会热点，如大寨、大庆、焦裕禄……；注意故事情节的设计，从而通过一个具体的事件编织故事，有情节有人物，不以空洞概念的话语来进行说教。如铁人的故事中的中心事件是王铁人带伤跳入泥浆之中、陈永贵是抗灾造田为中心事件、王崇伦是发明万能工具胎为中心事件；注意细节的采集、加工和改造；注意书中的趣味，特别是肉里噱，偶尔也有格调高的外插花，不是一噱遮百丑，凡是破坏书情的噱头，即使再噱也要删除；语言的生动化、生活化和时代化；表演方式的随机应变，在广场上演出，表情和语气适当夸张、动作增加而幅度加大，在小场子里演出，语气、动作、表情等，则相应收敛。有时用苏州话，有时改说普通话；艺术功力扎实，舞台经验丰富，能根据演出现场的听众反应，来随时调整演出方式，抓现场效果。有人曾创作短篇评话《不平凡的人》，内容是歌颂一个解放军空军英雄在党的培养下成长的故事，后来评弹团指派唐耿良负责帮助重点加工。唐耿良看了脚本后，对其中"党对英雄进行政治思想教育工作"的一段内容感到不满意，对那位作者说："在台上做思想工作不要太多，这种说教形式使人听了会感到没有噱头，吸引不住听众，效果不太好。"言下之意就是要作者将这节删去。

唐耿良历来主张演员要学会自己编书，1987年在一次评弹座谈会上，

1965年3月，唐耿良（左一）与饶一尘等在兰考焦裕禄墓前留影

他指出一档演员起码要有两部书，一部书说半个月，这样可以凑满一个月。否则的话，书刚熟了一点，就又要调书了，好像猢狲偷玉米，掰一个，丢一个，不要说一个邱肖鹏，就是十个邱肖鹏也跟不上。而且老是说生疏的书，等不及提高，又要换一部书了，解决的办法只有演员自己既能编又能演。

作家蒋丽萍认为，唐耿良所编说的新书，确实是花费了很多心力编写出来的。今天看起来，这些书目在艺术上无法与很多经典的传统书目相比，这只能说明艺人们在艰难的政治环境下，在没有搞清楚状况的情况下，不得已地表现出积极性、进步性。在这种左右为难的情况下，艺人们要适应社会，所以做了很多努力。这是一个特殊历史阶段的产物。著名报人吴承惠（笔名秦绿枝）在文章中这样评价唐耿良的新书："他在上世纪50年代末至60年代初为贴近时代编说的现代评话，倒是相当出色的。如《黄继光》《王崇伦》以及《铁人的故事》《大寨人的故事》，在群众中有很大影响。我听过《大寨人的故事》。不妨坦率说，政治宣传的气息很浓，但他说得那么生动，那么有吸引力，你不得不佩服他的艺术功力。"

第二十一章

小说家言说大书

评话和故事，都是以表白为主要语言形式来诠释故事，两者是难以明确界分的。在评话中，"未来先说，过去重提"，以及对复杂事情的剖析介绍，都要运用长段表白，不能靠官白或其他语言形式来讲述复杂的背景内容，运用长段表白来阐述某件事情，也就是讲述故事。成熟的评话作品，其语言形式要比刚形成的故事来得丰富，情节中的场面也比故事来得集中，描述也更加细腻。故事的语言形式大多以表白为主，对白要少，场面也比较分散，描写也不如评话来得细腻。这也只是大致的情况，很多评话演员说老书时，也是带表带做，和讲故事是一样的。故事大多是刚编演出来的新书，比较简单，不可能像传统评话那样精细。唐耿良所编说的一些新书，大多是事先在工人、农民中试讲，征求他们的意见，进行修改后，再去辅导故事员。在他看来，只有老老实实向群众学习，向业余故事员学习，从他们身上吸取养料，才能编好和说好新书。

政务院1951年5月份《关于戏曲改革工作的指示》提到："中国曲艺形式如大鼓、说书等，简单而又富于表现力，极便于迅速反应现实。应当予以重视。"短篇评话，或者说讲故事完全符合这样的指示精神。

20世纪五六十年代，唐耿良为配合政治和时代的需要，深入工厂基层、田间地头，编演了大量现代题材的评话故事。有人借此说唐耿良善于观察形势，善于跟风而动，实际上在政治高压下，一个评话艺人又能有多少自主的空间呢？反过头来看，除了唐耿良之外，当时的评弹界中人大多参与过编、演现代题材的作品，只不过唐耿良在数量上相对来说比较多、艺术质量相对比较高而已。

1952年，从朝鲜归来，唐耿良编写了短篇评话《空中英雄张积慧》，主要讲述张积慧在空战中击落美国"喷气机王牌驾驶员"戴维斯的故事，脚本于1956年9月由上海文化出版社出版。

1953年，唐耿良根据自己在朝鲜的经历，以及在上海采访黄继光所在连队连长范福来得到的素材，创作了短篇评话《黄继光》，唐耿良认为，"无论写作或演唱，最主要的是生活的体验和感情的真实。表现最可爱的

为学生演出

人,自己就要体会到志愿军英雄人物的思想感情;同时要使听众感动,首先就要自己感动。"这个短篇首演是在共青团上海市委召开的一个大会上。由于黄继光烈士的事迹本身就很感人,这回书在青年团员中受到了热烈的欢迎。

作品《黄继光》获奖证明

当时纺织系统在进行工资改革,有些工人思想不通,工厂就邀请唐耿良去演出。由于唐耿良到过前线,甫一上台就受到工人长时间的鼓掌欢迎。演出后工人们纷纷表示:黄继光为了保卫祖国身中七枪之后还扑向敌人碉堡去夺取胜利,我们减少几个钱就想不通,比比英雄,实在惭愧。车间主任说:这样的书,鼓舞了工人的生产热情。上海评弹团1953年工作总结中这样记录了听众在听了唐耿良说书之后的感受:"听评弹工作团的书，比上大课有味，但得到的教育却是和上大课一样的。""评弹团的书很认真，这才是真正的艺术。"唐耿良知晓后心里非常高兴，因为他觉得他所说的书也能为改革起点作用，这是传统书得不到的效果。

过去上海评弹团每天上午开会时，有读报的传统，也就是要轮流读一段报纸。唐耿良作为文化局党委任命的"党的宣传员"自然也参加轮流读报。1954年的某天上午，轮到唐耿良读报了。前一天晚上，他做好了准备工作，翻阅了各种报纸，忽然读到《人民日报》上有一整版介绍鞍山钢铁公司机械总厂的青年工人王崇伦的事迹。工业劳动模范王崇伦是鞍钢钢铁公司机械总厂的刨床工人，由于他生产积极，技术提高，创造了"万能工具胎"，这个工具胎不但可以做十几种零件，而且大大提高了工作效率，解决了生产上的关键问题，一年完成四年的任务，走在了时间的前面。唐耿良被生动的文章感动了，他反复读了好几遍这则报道，并且能够做到了大体上背诵了。次日上午，唐耿良没有照着报纸读报，而是像说书一样在讲这则故事，全团同志听后，都觉得唐耿良可以将这个故事改编成短篇，然后出去演出。

为了拿出作品向"红五月"献礼，在大家的鼓励下，唐耿良到团市委青工部去联系，青工部的负责人表示目前他们正需要这样宣传革新的节目，于是就满足了唐耿良要下到基层车间去体验的要求。就这样，唐耿良在青工部干部的陪同下到了江南造船厂。带着团市委介绍信的唐耿良进入了这个专门生产军工产品的保密单位，看到了插床等生产工具，增强了感性认识。回到团里后，唐耿良又请姚荫梅为他的故事编写了一段韵文：

时间老人精神好，白须白发白眉毛。

老花眼镜戴一副，手脚轻健有劲道。

他脾气倔强性子骄，腰里拿只大皮包，皮包里日历一大套。

胯下一匹追风马，一年到头在我们前头跑。

他一面跑，一面笑，他说多少人呀和我来赛跑，都是跑得腰酸腿痛追不到！

不怪他自己脑筋不开窍，只说："工作太多，时间太少！"

可是王崇伦，想点子，找窍门，他说社会主义社会并不远，全凭我们自己来创造。

他说得出，做得到，创造万能工具胎，生产效率大大提高了。

就在一九五三年，把一九五六年的定额都做好。

时间老人吓一跳，眼睛睁，胡子翘，老花眼镜掉下来，丢掉腰里的大皮包。

快马加鞭追上去，追呀追呀追不到，嘴里说糟糕，心里火直冒。

他说年纪轻轻的小伙子，毛手毛脚真会搞。

对！

我们要人人学习王崇伦，争取社会主义社会早日来到。

当时上海正在开展技术革新运动，唐耿良的这个短篇刚好切合主题，在上海市第二次团代会作了介绍演出后，各大工厂纷纷都来邀请他去演出，有时唐耿良一天要赶三家工厂，应接不暇，俨然"当红明星"。后来实在忙不过来，唐耿良又将本子拿出，交给陈希安、杨德麟、吴子安、姚声江、王柏荫、苏似荫等人背熟，让他们代表唐耿良下厂演出，才满足了当时的需求。同时，唐耿良还到工人文化宫辅导业余故事员，有位叫王强的故事员学会了演说王崇伦的故事后也到工厂去演出。有一次唐耿良坐三轮车到周家嘴路申新纺织厂去演出，途中看见街上有不少人扛着长凳排队前进，唐耿良到厂门口时看见排队扛长凳的人也进厂了。一打听才知道，原来共青团区委组织附近几家工厂的青工到申新厂来听唐耿良的演出，大礼堂凳子不够，所以他们自己扛了长凳来。唐耿良估算，那天申新厂的大礼堂约有2000多名听众。据统计，从1954年4月下旬至8月中旬，共计演出108场，听众81298人（电台播音、外埠演出、辅导工人演出不计在内）。

国棉十七厂有一位姓冯的青年工人，听了唐耿良的《王崇伦》之后，得到了启发，发明了"安全电焊法"和"自动开关"，提高了工作效率三倍。国棉九厂有一位工人设计"自动拆坏布机"失败后，一度丧失信心，在听了《王崇伦》之后，产生了继续搞下去的信心和勇气。上海冶炼厂的一位工人说："我们从来没有听到过这样好、这样亲切、这样对我们发生

《王崇伦》脚本

直接鼓舞作用的戏曲！"这些人纷纷给唐耿良写信，感谢唐耿良对他们思想起到的推动作用。唐耿良内心自是非常激动，他感到"说书不仅有娱乐消遣作用，它还有启迪智慧、推动生产的作用"。此外，唐耿良还将这个故事说到了其他码头，如1954年6月20日上午九时，在无锡人民剧场演出等。

由于这个故事的轰动效应，《走在时间前面的人——王崇伦》脚本分别在《曲艺》杂志、上海文化出版社发表，1955年5月，还在中国青年出版社出版了单行本。

1955年，在王友枚的帮助下，唐耿良创作了短篇《朱顺余》，反响也很热烈。朱顺余是上海汽轮机械厂刨床工人，曾在一年中完成了两年零四个月的生产任务，两年多未曾出过废品，也没有发生工伤事故。先后改进工具24件，提高生产效率最高的达到十八倍，被评为上海市1953年工业劳动模范。

这些题材的短篇评话，之所以能产生如此好的效果，首先是因为作品的思想性较强，这些短篇的内容都能迅速反映当前现实生活中的重大事件，特别是刻画了模范人物的形象，给大家以很大的鼓舞和教育作用。其次，短小、活泼，说演方便。演出这样的节目，一般只需要一个演员，甚至于不需要评弹固有的桌椅，再加上演员运用说书技巧绘声绘色的描摹和刻画，以及以演员身份所作的一些正确而生动的表白，能使人感到亲切、动人。如《张积慧》中描写张积慧在空中来个快速度转弯，一下子绕到敌人的后方。唐耿良补充说："这是一个快速度动作，这样快，要是我已经头晕眼花，方向都弄不清了。"第三，容易为群众接受。这些短篇评话都是通过通俗易懂的语言来构成艺术形象的，只要能听懂演员的方言，就能了解节目的全部内容，不像传统书那样斯文深奥。

唐耿良成了被人们称为创作现代题材的作家，《文汇报》还曾刊登过他在农村讲故事时的照片。唐耿良的演出取得了轰动效应，得到了多方赞扬，当然也包括同行的夸奖。邱肖鹏说："我们受了唐耿良《王崇伦》的启发后，也曾下厂去说《王崇伦》，在演出中，看到工人听众精神饱满，大为感动……更鼓起了我们的信心。因此也创作了《女工张翠贞》，结合工资改革，对工人进行教育。某次，我们在农村演出中篇《春风吹到诺敏河》，农民很爱听书，开会前要我们说书，可是限于中篇时间太长，要影响第二天的生产，而只说一回，又不能说明问题，因此也就越发感到短篇的需要了。"严雪亭说："向来钦佩唐耿良的钻研艺术，听过他的《张积慧》《黄继光》《王崇伦》《朱顺余》，觉得都成功，而《朱顺余》在艺术上更有成就。觉得长篇不易在每一回中说清问题，短篇能解决问题，不一定起脚色，只要技巧成熟就行。弹词也要向这方面发展，要择取适合于弹词表现的题材来创作。"顾宏伯说："《朱顺余》这个故事有血有肉。"

　　面对社会各界的褒奖，唐耿良的头脑是清醒的，他深知这些故事从评话的艺术性来说，是不够的，是粗糙的。艺术性与思想性的二重变奏，一直萦绕在唐耿良的心间。另一方面，唐耿良也深知自己文学水平很低，在古诗词方面根本还没有多少功底，对现代名著也读得很少。虽然有说书的经验，但是对如何把握创作现代题材的评弹还是没有太大的把握。

　　唐耿良成了新书专业户的同时，又一个问题让他产生了困惑。诚然，说新书、讲故事，让他成为家喻户晓的"名人"，但毕竟他是一位说书艺人，他的根基应该是长篇评话《三国》。唐耿良曾经统计过，从1951年参加评弹团，此后时常深入生活，编说现代书目，直到"文革"前的十九年里，他能说《三国》的时间累积不过五年左右。唐耿良虽然在1940年代收过严雪亭的弟弟严雪良为徒，后来严雪良却因年龄问题已早早退休。1950年代时，唐耿良在评弹学馆又

《丰收之后》脚本

209

收黄鹤英和王维平为徒。

当时刚初中毕业的黄鹤英因为家境贫寒，母亲劝她考技校，这样可以不用付学费和饭钱。恰好评弹团来学校招生，黄鹤英因为父亲和哥哥喜欢评弹，自己平时能从收音机中收听到评弹的节目，吴子安先生的"李元霸大战宇文成都"，黄静芬的《四进士》，周玉泉、薛君亚的《文武香球》……她都听过且熟记于心。于是黄鹤英凭借着《新木兰辞》的头四句就去评弹团报名了。经过面试，黄鹤英与胡国梁等28名学员进入了上海评弹团学馆。在学馆里头两年打基本功，上大课学弹唱。1962年，要跟师学长篇了，团领导决定让黄鹤英学评话。当时女的说评话比较少，团里有意培养一个女评话做试点，于是决定让黄鹤英跟唐耿良学说《三国》。

唐耿良从实际出发，特地选了一段东吴书（从诸葛亮舌战群儒到火烧赤壁），这比较适合女生说，因为基本属于文书，动作性也不强。为了更好地理解《三国》，黄鹤英听从建议去新华书店买了一套《三国演义》的连环画，一共六十本，形象化的诸葛亮、周瑜等人栩栩如生，给了她以很好的借鉴。为了让黄鹤英能现场听到唐耿良的《三国》，团里安排唐耿良去东方书场演出。在书场里，黄鹤英在后台见到老师端坐在沙发上闭着眼睛，大概是在默书。过一会，场方的服务人员绞了一块热毛巾给唐耿良，表示可以揩揩脸上台了。陪同黄鹤英前去的曲协行政干部郑琪叫黄鹤英给唐耿良穿长衫，等老师准备好了，黄鹤英就坐在第六排的中间去安静地听书。

黄鹤英记得，每次听书回到团里，都要到十点多钟，老师让她把刚才听的书记下来。开始的时候，因为《三国》情节复杂，人物特别多，有时一段情节搞不清楚就去看书，结果老师说的两个小时的书，原来《三国演义》书里只有两行字，黄鹤英非常佩服老师的功底。黄鹤英一连听了老师两个月的书，感触颇深。她感觉老师的书："条理分明，摆事实、讲道理。说法新颖，引人入胜。他的动作、手面并不张扬，点到为止。眼神、面风、一招一式，都让我佩服。他的刘备、诸葛亮、关公、张飞、曹操、周瑜、鲁肃等角色个个栩栩如生，让人一看，就觉得应该是那么回事。人称'唐三国''活孔明'，名不虚传。"

当时唐耿良本想悉心培养两位学生，无奈领导上安排任务，唐耿良只能想出一个折中的办法，让两个徒弟去跟他在闸北区评弹团当演员的师弟袁显良学习。1963年10月，天山书场开青龙，黄鹤英与胡国梁、江翠华一起越档演出。次月又在张福园演出。年底的时候唐耿良还带了黄鹤英、江肇焜、周介安到昆山演出，日场黄鹤英说《三国》，江、周说《三笑》，唐耿良坐在下面听，后来唐耿良评价："她（黄鹤英）说书条理清楚，我满心欢喜，以为后继有人了"；夜场唐耿良说书，黄鹤英在下面听。所以，黄鹤英一共只听过两遍老师说书。虽然只听过两遍老师的书，平时因为老师忙于工作交流也比较少，但黄鹤英还是时刻铭记着老师的教诲。多年之后，在唐耿良的追悼会上，黄鹤英是唯一一位下跪祭拜唐耿良的送行人，她说："我是补行拜师礼。"

让人扼腕叹息的是，黄鹤英在"文革"中转业了，唐耿良没有了接班人。实际上黄鹤英这一代评弹人，早年进入评弹学馆，有老一辈评弹艺人的栽培，长篇听得多，基本功是扎实的。后来因为"文革"的耽误，实践不够，但总归应算关键的一代，如果领导能给予足够的重视，是完全能够做到承上启下的。可是评弹团主要领导并没有这么想，而是采取"抓两头、弃中间"（上抓老、下抓小，中间放任自流），无奈之下秦锦荣、崔秀华、周介安、华觉平、胡国梁、王正浩等人纷纷离开评弹团，胡国梁不无感慨道："好端端一代评弹接班人，就此七零八落。"

第二十二章

十年一梦尽破碎

山雨欲来风满楼。1966年,"文化大革命"开始了。其实最初唐耿良并没有意识到这场以文化为名的革命会使他大难临头。不久,"林彪委托江青召开部队文艺工作座谈会纪要"传达,指出十七年文艺界有一条又粗又长又深的黑线,专了无产阶级的政。文化界的周扬、夏衍、田汉、阳翰笙成了黑线代表人物。当时的唐耿良已然有了不祥的预感:"我听过周扬几次报告,把他的指示作为党的指示;夏衍在上海直接领导文艺,我们去治淮就是他动员的;我们曾到田汉北京的家里去说过书,他请我们吃过饭;阳翰笙到上海来,团里派我陪他到沧洲书场去听过书。我跟四条汉子多少沾一点边儿,不知会不会有所牵连?"但是转而一想,毛泽东曾有过"有些人(不是一切人)做官当老爷不去接近工农兵……"的批示,心想自己参加治淮、赴朝慰问志愿军、去海岛为海军演出、下厂、下乡,去过大庆和大寨,到过兰考,应该不属于"有些人"的一类。但是"文化革命"逐渐升级,中央的彭真、罗瑞卿、陆定一、杨尚昆相继被揪出批斗,唐耿良感觉到作为小小说书人的他命运也未卜起来。

评弹团里的蒋月泉靠边了,工作组进驻了,团领导也先后靠边。团里没有了领导,工作组让作为艺委会主任的唐耿良出面主持工作,唐耿良成了团的领导人。当时恰好有个越南代表团来访问,唐耿良出面接待,拍照时唐耿良坐在中间,团长、副团长站在后排角落里。心中不安的唐耿良大有"高处不胜寒"、"覆巢之下安有完卵"的预感。当时团里组织一场现代书目会演,在西藏书场演出,要唐耿良参加。唐耿良根据报上一篇通讯《三二一一钻井队救火》的内容,马上编写故事,当晚演出,演得声嘶力竭,满头大汗。之所以如此表现积极,唐耿良是希望能够取得群众谅解,以免靠边站,因为他知道已经有人在贴他的大字报了。这一次演出后,唐耿良回到家中,妻子李志芳早已做好饭菜在等候丈夫的归来,二人谈说演出情况之后都很高兴,毕竟有资格上台说书,起码暂时不会有什么问题吧。

谁知道第二天上午,唐耿良照常到团里上班,工作组通知他,因为群众大字报对他的揭发,工作组决定停止他的一切工作,到靠边组报到,正式靠边，接受群众审查。唐耿良目瞪口呆，心想要来的事终于还是来了。无奈的唐耿良只得老老实实到楼下食堂里向靠边组头头、原副团长李庆福报到，靠边组里有蒋月泉、严雪亭、姚荫梅、杨振雄等人，大家相顾无言，因为在靠边组如果讲话就是黑串联，是要犯大忌的。

在靠边组，大家都拉长了面孔，在食堂里拣菜、洗菜，劳动完毕则去另一间屋子里学习《毛选》，或者写思想检查和罪行交代。这里原是卫生间，浴盆早已拆除，用原来搭书台的两块木板搁在高脚长凳上便是一个写字台了。卫生间位于评弹团进口处左边，因此进团就能看到卫生间门额上贴着"鬼屋"的横批，以显示里面都是牛鬼蛇神。卫生间朝东另有一扇门通向背面的食堂，隔壁是一个厕所。朝西窗外是一条弄堂，居民生煤球炉子都在弄堂里，滚滚浓烟从窗外灌进来，杨振雄自嘲"我们牛鬼都变成'烟鬼'了"。靠边组另外还要从事打扫全团卫生、揩抹桌子的工作。此外，群众写的大字报，也要靠边组去张贴。团里贴满了，就贴到大门外弄堂里。弄堂正对南京路口有一大块墙壁，要用长脚竹梯上面缚一条长凳，凳脚搁在墙上，糨糊桶挂在凳脚上，才能爬上去张贴。多年后想起此事，唐耿良仍觉得这是一件有些危险的动作，如果没有下面靠边人员扶住竹梯加以保护，后果是不堪设想的。靠边组的人每天下班前，都要写一份思想汇报，长长短短，全得是臭骂自己的内容。

作家任溶溶在"文革"初期，有一次经过位于南京西路石门库西首的评弹团门口，看到花园内挤满了人，很是热闹。出于好奇，任溶溶挤进去想看看究竟，后来发现原来是上海评弹团正在召开批斗会。花园西边一个亭子里，唐耿良、蒋月泉等著名评弹演员正在依次自报"罪状"，一个接一个，台词都是一样："我是×××，是个评弹演员，放了许多毒，我说的书是《××》……我罪该万死……"如唐耿良上台便说："我是唐耿良，是个评话演员，1950年到香港去演出，是叛国投敌的罪行，说《三国》放毒……"一轮结束，休息一刻钟，周而复始，重来一次，直到大家都筋疲力尽。1967年7月4日，上海评弹界斗批联络站召开"彻底砸烂反革命修正主义文艺黑线"的斗批大会，着重揭发批判1962年评弹界的"翻箱底"，孟波、李太成、李庆福等人接受批判，唐耿良、蒋月泉、陈卫伯等人也被揪出来示众！后来，造反派假座大华书场开会批判1962年赴港演出。

当时全国兴起大串联，上海各单位都要成立接待站，免费接待红卫兵住宿。评弹团也成立了接待站，被头向演员借，对靠边组人则是勒令，唐耿良接到写有"勒令：唐耿良送两条被头、一架缝纫机来团应用"的纸头时，赶忙回家告诉妻子，要其准备好送去。当时唐耿良叫了一辆三轮车往团里送，负责监视的里弄居委会马上打电话通知团里："唐耿良拿了被头和缝纫机不知何往？请你们查询。"后来里弄弄清楚情况，也要求李志芳送两条被头去里弄，唐家只能照办。

一天深夜，突然有人敲门，敲门声很急，唐耿良披衣开门，原来是团里的造反派进门来抄家，喝令唐耿良把橱门、抽屉、箱子统统打开，把唐耿良的日记簿、信件、老师亲笔题字的赋赞簿以及《火烧赤壁》60万字的记录本等统统拿去，另将银行存单两千元、一只钻戒、两只嵌宝戒悉数拿走，直到7年后唐耿良被解放时才发还，可惜所有的脚本已被送往废品收购站回炉造纸了。

被抄走钱物后，让唐耿良家中一下子陷入了窘境。最让唐耿良不堪忍受的是房门口、楼下的大门口贴满了对联横批，各种纷至沓来的诬陷让唐耿良无语凝噎。当时唐耿良家在南昌路思南路口，那里靠近复兴公园，是个交通要道，来来往往的人很多，他们都在唐家门前驻足观望大字报。更有红卫兵就近到唐耿良家抄家，他们将唐耿良当选市人大代表的证书从镜框中取出扯碎，把唐耿良参加全国第二届文代会的大幅照片撕碎，还砸了一些家具，剪坏了一些衣裤，然后扬长而去。从外面买菜归来的妻子面睹此情此景，面容失色，心跳加速，两腿发抖，只得提着篮子向淮海路走去，在蓝村店堂里坐下，停留了一个多小时才回家。后来李志芳寻思着隔壁就是红卫兵接待站，今天红卫兵看了大字报就来抄家，改天或许还会再来。于是李志芳到房管所申请搬家，要求调到一个比较安静的地方去。房管所说只要交出南昌路的房子，就可以搬到斜对面葆仁里弄堂里，虽然南昌路的房子有120平方米，葆仁里28号却只有32平方米，但是唐家还是义无反顾地交换了，毕竟这里人少、安静，不至于天天提心吊胆。

抄家运动不断蔓延，对于唐耿良等人的管理更加严苛。数九寒天，唐耿良每天五点钟天还没有亮,洗脸之后吃泡饭,五点半出门,步行到南京路,六点到团里。团里没有那么多面积可打扫,于是蒋月泉、姚荫梅便打扫马路人行道,从团门口打扫到泰兴路,唐耿良则和严雪亭扫一条很长的弄堂以消磨时间,待等炊事员来了再去拣菜洗菜。每天晚上九点才能下班回家,15个小时的长时间劳动,搞得大家疲劳不堪,连洗澡时间也没有。还是后来李庆福向造反派请求,才批准靠边组一个礼拜每人有一天六点下班,可以去澡堂洗一个澡。

紧接着,一场更严重的灾难降临了。当时团里有青年演员说:"我们这些干革命的每月只有36元工资,牛鬼蛇神却要拿两百几十元工资,这太不合理了,要采取革命行动,降低他们的工资,他们每个人一个月只许领20元生活费,家属每人每月15元生活费。"于是扣发工资立即执行。早在"文革"之前,唐耿良的保留工资就取消了。当时唐耿良工资是314元,级别工资263.4元,取消保留工资就是要每月减少51元。唐耿良上有父亲要赡养,妻子操持家务没有工资收入,下有五个孩子在读书,都需要唐耿良一个人养活。但是作为一个党员,除了服从,唐耿良别无选择。现在"文革"中限制工资,唐耿良只能拿20元,五个孩子、妻子、父亲七人各拿15元,共计125元,比原先的工资少了一百多元。这对唐耿良来说无疑是雪上加霜,一家八口是无能如何支撑不住的,只得拖欠房租不交,节衣缩食,苦度时光。

终于,钱物被没收、工资被扣发带来的恶果很快降临到唐家。

当时唐耿良的妻子李志芳患有糖尿病和高血压,本应定期检查,按医嘱服药,现在家中困难,李志芳只得放弃治疗。1967年5月18日,唐耿良发现妻子形容憔悴,决定陪她到瑞金医院看急诊。实际上当时瑞金医院的名医生也已靠边站,值班的不过是些年纪较轻的实习医生。经测量,高压240,低压160,确诊为蛛网膜溢血,要求立即住院急救。夜半时分,唐耿良给已经处于昏迷状态的妻子捏着橡皮球为她供氧,一面轻轻呼唤妻子的名字,告知其已经打电报给正在南京读书的大儿子,马上便可母子相见。妻子不能用言语回答唐耿良,只是眼角流出了两行泪珠。唐耿良度过了一个不眠之夜。

5月19日晚8时，唐耿良感觉妻子的手已经逐渐冰凉，医生赶来用心电图一检测，已然没有了曲线，李志芳去世了。唐耿良陷入深深的自责之中，"如果不是存款冻结，她早一些去诊治，控制高血压，何至于到不能救治的地步。如果不是我遭受迫害，她也不会心情郁结，担惊受怕，惶惶不可终日地使病情发展到无法挽救的地步。应该说都是我的罪过。"

将妻子送进太平间后，唐耿良回到家中，已是深夜十二点。大儿唐力行从南京赶回来，唐耿良将噩耗告诉了他，唐力行哭泣着要求连夜去医院太平间瞻仰母亲的遗容。唐耿良劝住了他，说医院规定不允许家属半夜进入太平间，还是到殡仪馆再与母亲的遗体告别吧。第二天清晨，唐耿良到团里向革委会的领导请假，领导按例给唐耿良三天丧假，并批准他从冻结的存款中取出两百元，以向医院结清账目，并料理后事。21日下午，在殡仪馆的一间小厅里举行了李志芳遗体告别仪式，唐耿良和父亲唐月奎、子女唐力行等，以及一个在上海的苏州老邻居、唐力行等人的同学前来送别李志芳。唐力行向同学借了一个照相机拍下了李志芳最后的遗容。唐耿良站在妻子遗体旁，拭泪无语心欲裂。一个小时很快过去了，殡仪工人用车辆推走遗体去火化，五个孩子放声大哭，四儿唐力先抓住车辆呼天抢地地哭叫着妈妈，不忍让车子推走，幸亏几个同学上去劝解，车子才被推走。

运动逐渐升级，陈灵犀、张鸿声、苏似荫也陆续进了牛棚。不久，全团下乡到太仓沙头的农村去参加劳动。农村劳动后，回到团里，造反派宣布靠边人员一律留团住宿，不准回家。同时还宣布，文化革命已经发展到清理阶级队伍运动阶段，靠边人员都要写一份政历交代问题。唐耿良当即写下1948年秋天参加过国民党领导的上海市"戡乱建国"宣传总队，这是由当时的上海市评话弹词研究会被迫组织的，唐耿良被派任为分队副，分队长是张鉴庭，另一个分队副是张鉴国。实际上唐耿良参加后不久就离开上海跑码头去了，连分队副的证件也没有领过。此外，1949年春节，唐耿良在上海说书，研究会通知他去电台说一刻钟书，筹款慰劳保卫上海的"国军"，他不得不去，于是这也成为他的"污点"。但是这些问题，早在1953年民改、1955年肃反，以及入党时都已经作了书面交代，结论也是作为一般政历问题处理。

过了一段时间,评弹团革委会宣布对唐耿良等人进行隔离审查,押到二楼朝北的评弹团单人宿舍的小房间里。

"戡宣队"的事情过去后,造反派又让唐耿良交代1950年赴港演出的事情。当时上海文化局将此定为赴港淘金,没有发现任何政治上的问题。现在文化局已被砸烂,对于过去的结论一律作废,要重新审查唐耿良。

在巨大压力之下,唐耿良不得已承认了自己是特务的"事实"。不久,《文汇报》刊登了上海文化系统清理阶级队伍取得巨大胜利,文中还特别提到上海评弹团挖出了一个潜伏十几年的特务集团,清除了隐患。唐耿良读后心情沉重。在隔离室里,唐耿良联想到自己"说新书,放弃单干高收入,参加评弹团,治淮、赴朝、编说现代书目,明明是努力适应新时代、进步的表现,现在却要颠倒过来统统说成是为了潜伏下来的需要,给自己抹黑,内心之煎熬和痛苦非个中人是难以理解的"。

1970年春节刚过,子女们来探望唐耿良,他喜出望外,因为已经两年多没有看到孩子们了。见到孩子们时,唐耿良发现他们的衣袖上都缠着黑纱,才知道父亲唐月奎去世的消息。懂事的孩子们到团里借了50元钱去苏州料理祖父的丧事,立下字据说将来从唐耿良被冻结的存款里扣除。闻听此言,唐耿良的心中十分难过,也为自己当年去香港淘金导致现在陷入泥潭而悔恨。大儿唐力行见父亲默不出声,便劝慰他要相信会有沉冤昭雪的一天,并向他透露了冤案可以平反的消息。经过一次家属探亲,唐耿良决心要在复查核实过程中翻案了。于是,他向专案组写了报告,提出两点请求:一是再和儿女们见一次面,告知他们真实情况,让他们有心理准备,照顾好自己;二是请求召开全团大会,会上可以让他澄清事实。报告送上去后,过了很久也没有任何回音。后来才听说专案组的周师傅火冒三丈,打算将唐耿良送进公安局,幸亏团里一位管专案的党员干部认为他们交代的不一致,不能定案定性,此事也就过去了。

1970年起,上海文化系统的人员从城市前往农村,到奉贤县塘外乡海滨的一座文化系统的五七干校劳动,唐耿良随众多"牛鬼蛇神"一同前去。在农村,唐耿良干的是最脏最累的苦活,睡的是角落里一张双侧铁床的上层。在干校,偶然的机会唐耿良得知好友兼同事朱慧珍、周云瑞去世的消息，心中又是一阵酸楚。后来运动发展到抓现行"五一六"分子，上海评弹团造反派头头因与常熟评弹团两个被打成"五一六"分子的造反派头头有联系，于是也被隔离审查了。这一时期，唐耿良等人挨斗的次数减少了，但劳动改造的强度却增加了，例如捡煤渣、撒猪粪等最脏的活，他们都要默默承受着。在干校煎熬了一年，唐耿良最为痛苦的是冤案不知到何年何月才能雪洗。

1971年1月，全团拉练回上海，众人徒步行走130公里，从奉贤海滨走到黄浦江的南桥，渡江后经闵行莘庄等地到达徐家汇，历时两天两夜。第三天早晨到徐家汇时，工宣队宣布各自乘电车回家，对唐耿良个别交代："你被撤销隔离，可以回家了，但靠边审查仍旧继续，回家后要到居委会向专政组报到，接受里弄的监督。"闻听此言，唐耿良心中喜忧参半，喜的是隔离审查了三年终于可以回家和子女团聚，忧的是仍然要接受监督，还是没有得到平反。

就这样，唐耿良提了大包小包回到了家中，小女儿见到父亲喜出望外。唐耿良见家里收拾得整整齐齐，心中有了些许宽慰。当他知道孩子们生活拮据时跑了五站路去华东医院退空药瓶换取两毛钱被拒时，心中仿佛在滴血。他对孩子们说："这两个空药瓶的故事要记牢，将来有了钱时也不能浪费一文。"唐耿良在家的话不多，但总能给孩子们深远影响。

第二十三章

百尺竿头重登台

　　1973 年 5 月，工宣队宣布撤销对唐耿良的专案，取消靠边，唐耿良重新回到了所谓的人民队伍之中。历时七年的痛苦生活结束了。唐耿良一下子收到了以前被扣掉的工资共计 11 000 余元，可还没等他开始高兴，评弹团里的一位中层干部却来做他的工作："经过运动，你该懂得钱多要变修，越剧院的袁雪芬补发工资有三万元，全部上缴作为党费。你现在组织生活还没有恢复，这也是一个以实际行动表现的机会，你自己考虑吧。"唐耿良经过隔离审查、靠边站，深知运动的苦难，面对这种突如其来的，犹如抢夺式的政治施压，他陷入了两难的境地，"靠边七年，房租欠了七年要交 1 000 元左右，小五子插队的行李借的债要还，父亲丧葬费借的债要还，五个孩子即将结婚，每人 1 000 元总要给他们准备，七年来未添衣被需要更新，桩桩都要花钱，我怎么能把补发工资全部上缴作为党费呢？"后来经过与家人的商量，唐耿良把积欠的房租、债务、子女结婚的费用以孩子们的名义存入银行，将 6 000 元现金拿到团里交给工宣队的支部书记作为党费上缴。

　　没过多久，唐耿良恢复了组织生活，当时安排他的工作是当一名文学组的普通组员，负责誊写脚本。在此期间，唐耿良带着孩子们到苏州越溪祖坟上去给父亲和妻子上坟。思往昔，想如今，唐耿良泪如雨下，心中默默祷念着："你们放心吧，我已经解放了，五个孩子会各有前途的。"

　　虽然被撤销靠边了，但唐耿良仍属于内部控制对象，还是不能上台说书，这对于一个以说书为生命的艺术家而言无疑是一种折磨。在此期间，唐耿良分别于 1973 年 7 月，去乍浦下生活采访，改编评话《暗礁》；1974 年去青浦城东大队生活，编写《杀孔融》。但唐耿良一直在苦苦等待着机会能够登台演出。终于，领导交给了他一个任务，让他带一个青年评话演员，去采访远洋公司"风庆轮"的事迹，唐耿良原以为可以就此走上书台了。可事与愿违，当他们采访回来，唐耿良执笔完成创作任务后，领导突然宣布春节在静园书场的公演交给青年演员去演，唐耿良闻听此言不由闷声长叹。

　　1976 年 6 月 11 日至 7 月 23 日，来自全国各地的一百八十多个曲种的四百余个剧目齐聚北京,参加全国曲艺调演。在调演之前,各地上报节目,上海方面指派评弹团也要组织节目积极参加。于是领导让唐耿良参与辅导一个短篇评话《闪闪的红星》,唐耿良自然尽心辅导。后来节目通过审查,听说在北京甚受欢迎,唐耿良也是感到欣慰。因为北京来电,要求各地要选派一些老艺人赴京参加专场演出,上海方面的两个名额,一个是朱雪琴,

唐耿良(右)在青浦劳动

另一个就是唐耿良。工宣队让唐耿良带一个青年学员拼双档演出,并且让他起反面人物胡汉三。唐耿良嘴上不说,心里却感到别扭,认为评话是一个人演出,这一次又是要老艺人演出,为什么偏要拼双档,还让他起反面角色?胳膊拧不过大腿,唐耿良只能服从安排。到了北京西苑饭店报到后,调演领导小组开始审查节目,发现这位青年演员不适合与唐耿良拼档演出,让唐耿良单独上台演出。这次调演坚持送戏上门的方针,唐耿良第二天就被安排到一家纺织工厂去演出,因为职工中有一些上海人,听得懂评弹,演出效果不错。唐耿良心想,终于有机会说书了。他更期待到剧场去说书,去与全国各地的曲种进行交流。就在这个时候,7月28日凌晨,震惊中外的唐山大地震爆发了,唐耿良等人从黑夜中惊醒,跑到院子外已经一片令人毛骨悚然的景象。文化部下令曲艺调演结束,各代表团迅速撤离北京。唐耿良期盼已久的说书梦,再次破灭了!

"四人帮"被抓后,彭本乐兴奋地跑到办公室见到唐耿良便说:"唐老师,好消息,中央粉碎了'四人帮'……"正在看报纸的唐耿良闻听此言,放下报纸,脸色一下子变了,说道:"这个话你不好瞎说!"之后便径直离开了。唐耿良的内心不是不希望粉碎"四人帮",而是一生谨慎的他需要时间去判断这样举足轻重的消息是否准确可靠。没过多久,全国人民都知道了这个振奋人心的新闻。

唐耿良（左）与彭本乐、江文兰等在大寨

　　当时社会各界都在狠批"四人帮"，评弹团也要演出一个批判专场。唐耿良跑到图书馆翻阅全国各地的报刊材料，看到《山西日报》上有一篇关于大寨人斗江青的材料，这就有了改编的材料，并且唐耿良去过大寨，对那里有着感性的认识。再加上评弹在"文革"中不能演出，主要就是因为江青说过"评弹是靡靡之音，听了要死人的"，所以如果重点批判江青，可以引起评弹人的共鸣。于是，唐耿良着手编写评话《大寨人斗江青》。

　　唐耿良没有用简单的语言去直接批判江青，而是用一个戏剧化的情节来描绘江青在大寨的作威作福：原本热闹非凡的大寨这几天忽然冷冷清清，虎头山上人影稀少。1976年9月5日下午，天气很热，只见村口公路上有一辆卡车，前头有十几个人用绳索在拉，后面有八九个人在拼命推，因为招待所在山上，公路的坡度比较陡，要把一辆卡车拉上去吃力得不得了。那么是不是汽车出了故障？不是，汽车一点也没有毛病。那么是不是驾驶员突然生病了？也不是，驾驶员健壮得如同老虎一般。是不是汽油用光了？更不是，油箱里装得满满的。那么为什么汽车不开，要用人力往上拉呢？原来是江青来大寨了，正住在山上的宾馆，规定三十里以内不准放炮开山，村子里不许放有线广播的高音喇叭，招待所做饭不准用鼓风机，服务员不许高声说话，还不能穿卡其衣服，因为穿了卡其衣服走起路来"歇豁歇豁"有声音。唐耿良用简单的语言，一下子就起到了揭批江青的作用，并且这种揭批，不是乱批，而是有具体的事例做支撑。

节目创作好了之后，某天晚上在兰心剧场接受市领导的审查。审查通过后，于1977年1月17、18、19、21、22、23、25、26、27、29、30日在西藏书场夜场公演，这是唐耿良在"文革"之后第一次出现在报纸的广告上，也是第一次正式公演。1977年1月23日，《文汇报》第4版全文发表了《大寨人斗江青》的评话故事。

"文革"虽然结束了，但是人们还没有从极左思潮中走出来，传统评弹还是处于封冻的状态。当文艺界奔走相告《红楼梦》《梁祝》等电影复映时，当《三国演义》小说重新摆放在新华书店时，唐耿良感觉到文艺的春天要来了。

1978年1月31日—2月2日，邓小平在四川连续观看了三个晚上由老艺人表演的川剧传统折子戏，并认为"这些川剧传统戏都不错，可以分别情况对待"。邓小平的指示一经传出，全国各地纷纷跟进。到了5月，文化部党组向中宣部请示是否可以逐渐恢复上演过去优秀的传统的剧目。同月，中宣部批复同意文化部的意见。于是《除三害》《追韩信》等41出京剧备选参考剧目、四川省文化局提出的《金山寺》《李甲归舟》等11部传统剧目以及文化部1950—1952年陆续命令禁演的26个剧目等可以恢复演出。但是，当时的文化部也并不敢将步子迈得太大，在报告中同时特别强调要"适当控制"传统剧目的上演，强调必须"努力突出革命现代戏的主导地位"，"把戏曲革命工作不断推向前进"等。

文化部公布的传统剧目名单中有京剧《群英会》《长坂坡》等，京剧可以演，评话《三国》自然也可以演。但唐耿良并没有马上开始演出《三国》，而是对自己有着更高的要求，他要对书中的历史人物有一个合于历史逻辑的认识，这充分体现了一位艺术家的职业素养和艺术追求。用学者陈丽菲的话说，"这里，'匠'和'家'的区别就显现出来了"。

中国古代民间社会对于曹操、刘备的看法，历来都是一致的，即拥刘反曹，苏轼《东坡志林》卷六云："王彭尝云，涂巷中小儿薄劣，其家所厌苦，辄与钱，令聚坐听说古话。至说三国事，闻刘玄德败，频蹙眉，有出涕者；闻曹败即喜畅快。由是可见，君子与小人之泽，千古不斩。"奸雄曹操的形象早已深入千家万户。众所周知，毛泽东喜好评点历史人物，对于曹操也不乏褒扬。1959年3月，郭沫若写了一篇《替曹操翻案》的文章，赞成恢复曹操的名誉，引发史学界的讨论。后来郭又写了一部话剧《蔡文姬》，由北京人民艺术剧院演出。郭在自序中承认，"我写《蔡文姬》的主要目的就是要替曹操翻案"。实际上这两篇东西，都是试图从阶级观点出发，意图打破

唐耿良演出传统书目

正统观念的束缚。当时唐耿良在上海也看过《蔡文姬》，但是他与郭的观点不同，坚持在书中将曹操说成是奸雄。

"文革"时《三国演义》被全盘否定，曹操成了法家代表人物，没有人敢去否定。此时的唐耿良已不能说书，当然不存在否定一说。"文革"结束后，《三国》题材的作品开始可以演出了，但在怎么处理曹操这个人物形象的问题上，还没有统一的定论。如果唐耿良肯定曹操，那么这部传统书就无法说下去了，因为书中人物形象就得全部颠倒过来；如果唐耿良贸然否定曹操，倘使形势再发生逆转，演员自然也难辞其咎。

左右为难的唐耿良花费了大量的时间去图书馆读书，查阅大量文献资料，比较成功地解决了

这个问题。唐耿良认为，首先应该把历史与文艺的概念分清楚，历史属于知识领域，文艺属于情感领域。文艺反映历史，不能不受历史真实的制约。文艺的真实源于历史的真实，但又不等同于历史的真实，因为文艺允许合乎历史逻辑的夸张、虚构、集中、典型化。郭沫若从史实出发，肯定了曹操统一北方，剪除诸侯割据，屯田发展经济，是当时一位作出过伟大贡献的

唐耿良演出传统书目

历史人物。但小说和评话中认为曹操是奸雄也并非诬陷和诽谤，也是有一定依据的。陈寿《三国志》中就有曹操杀吕伯奢全家八口后所言"宁我负人，毋人负我"以及"所过多所残戮"的记载。所以，唐耿良认为，"《三国》传统书根据《三国演义》和其他正史、野史的资料虚构衍生了大量情节，但没有离开曹操是一个治世之能臣、乱世之奸雄的基本评价。从文艺角度讲是可以允许的"。再者说，"百花齐放、百家争鸣"，对于曹操的评价应该允许有不同观点的存在，只要在尊重基本史实的基础上，为听众、观众、读者所接受，就都是文艺作品的成功。

第二十四章

声光瑰宝有余音

经过"文革"的冲击，评弹的元气大伤。即便在改革开放最初的几年，评弹到处走红，但也不过是落日余晖。最为评弹人忧虑的是，老艺人纷纷离开书台，青年一代还未成长起来。重登书坛的唐耿良，已经有将近二十年没有开讲《三国》了，甚至于连《三国》中的人名、情节都已淡忘。80年代他去电台录音，只录了《赤壁大战》的三十回书，前面的《千里走单骑》《三顾茅庐》《火烧博望》《长坂坡》等七十回书像石沉大海一样，很难打捞起来。唐耿良心想当年自己所收的学生，要么退休、要么转业，已经后继无人。再想到书坛上与之年龄相近的汪雄飞、陆耀良等人也已退休。《三国》这部书眼看就要失传了，心中未免惆怅不已。找不到青年说《三国》的症结在于：一则学说这部书十分艰难，众多人名、字号、年代、战场要记牢确非易事；二则市场大环境已然发生变化，评话的天地越来越窄。再加上这时北方评书到处风靡，当上海电台开播袁阔成先生的评书《三国》时，唐耿良送上祝词说道："我是本地粮票，伊（他）是全国粮票。"虽然如此，唐耿良还是坚持说长篇《三国》，一有机会还会放下繁重的团内事务去跑码头。

1981年在无锡鼋头渚（前排右二为唐耿良）

80年代初的一个夏天，唐耿良到江苏华西大队去说书。当时的华西抓住机遇，奋力发展经济，已经成为全国有名的村落。为了满足农民文化生活，村里新造了一家书场，设备都是一流的。书记吴仁宝每天夜场必来听书，此外还号召支部委员们都来听书，因为他感觉到听三国故事能增进智慧。唐耿良住的是村里提供的高档房间，宽敞明亮，伙食更是精美，说了半个月的书，居然吃了三次价格昂贵的鲥鱼，这让他心里着实过意不去。唐耿良对书场经理说："你们这样招待我，恐怕要亏本吧？"经理回答说："我们吴书记讲了，书场不演出，农民晚上搓麻将，白天在田里、厂里讲赌经。办了书场，明天田里就议论书里的情节，这是精神文明建设，哪怕亏本也要办的。"唐耿良心中不觉暗自佩服吴书记的识见。在华西期间，来听唐耿良《三国》的人非常多，常常挤满书场，睹此情景，唐耿良心想评话还是有市场的，《三国》也是有市场的，于是作了一首"艳阳青柳华西庄，新建楼宇作书场。听书闲谈评《三国》，孔明智谋胜周郎"的小诗。

有感于前贤对评话《三国》艺术的执著，有感于听众的热情，唐耿良决心无论如何要将尘封的记忆再次打开，重新拾起自己的长篇《三国》。于是唐耿良征得领导的同意，减轻了一些行政工作，每天在家里录一回书，听后再思索还有哪些需要完善，一来二去，准备工作做好了，他决定到电台去录音。当时电台戏曲组的编辑余雪莉热情地支持、陪同唐耿良录音。就这样，唐耿良用了三年左右的时间把前面的七十回录完。至此，唐耿良将唐再良、周镛江两位老师传授的脚本以及他自己多年来的心得和创造较为完整地保留下来了。

电台还在衡山饭店举行隆重的开播仪式，在空中书场播出一百回，收听率很高，在全电台节目中排名第五。全部一百回播放完毕，还组织召开了听众座谈会，余雪莉向听众介绍，在录制《三国》的日子里，唐耿良可说是呕心沥血。他身兼中国曲协理事、上海曲协副主席等数职，社会工作十分繁忙，在这种情况下他要潜心研究、整理、加工已说了一辈子的《三国》确非易事。他年届七旬，可谓壮心不已，不怕艰辛，完成全部录制工作，用他自己的话说："这是作最后的奉献。"余雪莉还介绍，唐耿良体弱多病，在病中反复审听、修改，多次往返无锡华东疗养院和上海之间，电台工作人员都在心中暗暗祈祷，上帝保佑他别垮了，他实在太劳累太虚弱了。一回书录下来，他虚汗连连，这是他强烈的责任心、使命感使他放射出的生命光华。此外，余雪莉还转交了几百封来自各地的听众信件给唐耿良，他回家后都一一看过。

有位年过八旬的老人，用毛笔工工整整写了两张信笺，言及自己腿脚不便，难以到书场听书，这次听了空中书场播出一百回《三国》，他一回未落地听完，感谢唐耿良让他重温了昔日听《三国》的快乐，感谢唐耿良帮他解除了寂寞，丰富了他的精神生活。此外唐耿良还收到一位年轻的母亲替儿子写的信，希望他将华容道以后的故事连说下去；还有一位正在读五年级的小朋友，讲述自己在听了唐耿良的评话之后，克服了多动症，提高了成绩；还有一位老师来信说，听了唐耿良的《三国》很有启发，认为教书和说书都是用语言作为工具，教师应该学习评话演员吸引听众的本领。

金无足赤，人无完人。除了鼓励的，唐耿良还收到了几封纠错的信件。有一位中学生来信指出唐耿良将关云长过五关时的第四关荥阳城说成了荣阳城、将王平的家乡宕渠说成了岩渠。唐耿良当即找来参考资料进行比对，果然自己过去几十年间都是说错的。此外，唐耿良在书中吟诵杜牧《赤壁》诗时，将杜牧说成杜子美，有将近二三十封信指出唐耿良将杜甫字号装在杜牧名下，犯了张冠李戴的错误。捧读这些来信，唐耿良感谢听众对他的帮助，也为自己感到羞愧，他认为听众的来信，既是鼓励，更是鞭策。实际上，说书人与听众，从来都是良性互动的。说书人应该既是高台教化的"先生"，亦是察纳雅言的"学生"。

唐耿良留下的100回录音《三国》，不时出现在电台播音中。2016年10月底，上海人民广播电台《广播书场》节目又连续播送了唐《三国》。东方广播中心在刊发的新闻中认为，唐《三国》"是在很多听众心目中最经典的评话《三国》录音"，并且指出唐耿良的评话艺术是有口皆碑的，不同于很多评话艺人声音略显嘶哑的风格，唐耿良拥有一条圆润且略带甜味的好嗓子，这使听众在听觉上就已经获得三分好感。加上唐耿良的说表功力深厚，语言明快干净，绝无拖泥带水的赘言，而且台风儒雅，潇洒自如，听来确实有一种如沐春风般的享受。自本次播送以来，听众们表示了极大的热情。尽管是部"老书"，但是听众们表示，经典作品就是听而不腻，就是有温故而知新的魅力。这不禁让笔者想起，六十多年前《上海书坛》报上曾经有过一段对于唐耿良的评价——爽利轻松，恰到好处。

做完录音后，唐耿良于1983年参加了由上海曲协组织的赴陕西、四川、湖北学习交流的团队，参访了三国古战场，加深了对三国的感性认识。睹物思人，唐耿良不禁背诵起《三国演义》小说的开卷词句："滚滚长江东逝水，浪花淘尽英雄。是非成败转头空，青山依旧在，几度夕阳红。白发渔樵江渚上，惯看秋月春风，一壶浊酒喜相逢，古今多少事，都付笑谈中。"心中想到："而今我白发苍然，这一辈子做了演说《三国》的渔翁樵夫。'青山依旧在'，但是'是非成败'未必'转头空'。刘、关、张身上所体现的忠诚不渝、大义凛然、富贵不淫、威武不屈的精神，正是中华传统文化的价值诉求，这是永恒的。这或许就是我们说书人的价值吧。"

90年代，电视媒体开始进入千家万户。敏锐的电视人将眼光转向给老艺人录像，并开设了电视书场。时任上海评弹团团长的张振华先生，曾告诉唐耿良，现在苏州电视书场要给老艺人录一点像，不知他是否有意。唐耿良心想，自己已经年过七旬，长久不说书，书艺荒疏，口齿也不利索了，如果贸然去录像，效果不一定好，便说以后有机会再说吧。但唐耿良心心念念未忘这件事，毕竟自己只有100回录音资料，没有视觉形象，这个资料是不全的。

1989年，唐耿良到加拿大探亲，后来就在加国定居。直至1996年，唐耿良返沪探亲，借此机会拜访了曹汉昌等好友。此外，经过一个夏天的精心准备，唐耿良接受了苏州电视书场的录像邀请。苏州电视书场的编辑殷德泉，是个弹词票友，很懂评弹的艺术规律，邀请了十来位层次比较高的老听众来听书，做到台上台下有互动。这一次唐耿良录下了一段关公书：《千里走单骑》《过关斩将》《古城相会》，以及《华容道》，共计十二回书。由苏返沪后第三天开始，唐耿良原计划到上海电视书场录制长篇《三国》。可是连日来的奔波劳累，让唐耿良倒下了。

回到上海的次日早晨，唐耿良感觉晕眩、恶心、冒冷汗，他自知脑血栓缺氧症又犯了。本来预计下午还有一场市政协评弹国际票房的演出，如果不去，就会失信于人，于是唐耿良决定不吃早餐，卧床休息，中午只吃了几口稀饭，拖着发软的身体前往政协。说来也怪，见到早已坐满的听众和架好的录像设备，唐耿良一下子来了精神，这大概是艺术家所共有的职业精神吧。

演出结束，唐耿良在女儿的陪同下来到医院就诊，医生要求住院检查治疗。这让唐耿良犯难了，因为他已经约好明天要去电视台录像。医生说："这可不行，健康第一，录像可以推迟。"女儿也赞同医生的观点，坚持给父亲办好手续，让他住院接受治疗。唐耿良无奈只好让女儿致电电视台导演周介安表示歉意，并相约出院后再行补录。

此时躺在病床上的唐耿良浮想联翩，"（我）不由想起了张鉴庭，他76岁那年春节赴香港演出，回来后对我说：'我是无锡人，想念故乡的听众，以后我想到无锡去说书，同时录音、录像，把我的《十美图》和《顾鼎臣》两部长篇，留给故乡的听众欣赏。'可是他夙愿未了身先死，这两部长篇也随他而去，使广大听众深感遗憾"。唐耿良心有不甘，他认为自己才75岁，不能像张鉴庭那样将长篇带走。于是在医生查房时对医生说"我最好的说书年龄段被'文革'剥夺了，我收的学生在'文革'中转行了，我的《三国》后继无人。现在我身居海外，回来一趟不容易。回去的机票日期早就订好，能否允许我上午在医院吊针治疗，下午到电视台去录像，治疗录像两不误。希望你能够同意我的要求。"所幸主治医生是个评弹爱好者，同情并理解唐耿良的心情，内心也希望他能够将长篇录下来。实际上唐耿良在接受治疗后，身体已经有所好转，再加上他每天都要打太极拳，身体素质还是可以的。在对唐耿良仔细进行各项检查后，医生同意了他的请求。

兴奋异常的唐耿良，当即致电女儿，要她送来演出服装、醒木、扇子等必备之物，再通知电视台可以录像了。第二天吊针完毕，唐耿良午饭后稍事休息，便脱下病号服装，换上便装，径直前往电视台录像了。为了这来之不易的录像机会，唐耿良认真说好每一回，吐好每一个字眼。起初的时候是一天录一回，唐耿良有充足的时间思考和准备，后来因日期紧迫改为一天录两回。他从《战樊城》开书，紧接着就是《当阳道·赵子龙单骑救主》的关子书。说完《长坂坡》，中间删去一段《舌战群儒》，然后周瑜出场，诸葛亮《智激周瑜》。为了更好地展示周公瑾与诸葛孔明的主要矛盾，唐耿良将这段书题名为《双雄斗智》，以周瑜妒忌诸葛亮才智过人，接连使用了

"诱人犯法""借刀杀人""倒树寻根""掘阱待虎""十面埋伏"之计陷害孔明,被孔明机制地躲避过去为主线,直到借东风回转夏口结束。就这样,唐耿良在出院之前共录下了二十三回《三国》。

上海电视书场推出了唐耿良二十三回《三国》,节目播出后反响很好,电视台希望他能再录一些以满足听众的要求。于是,1997年9月,唐耿良再次返回上海。同样由于旅途劳顿,老毛病又复发了,唐耿良只录了四回书,不得不再次入院治疗。经过近两周的输液治疗,唐耿良自感有所恢复,得到医生许可后,唐耿良依旧是上午吊针,下午录像。就这样,唐耿良此次在电视台断断续续录了二十三回。虽然连同去年的二十三回,共计四十六回,但总算将主要的内容记录下来了。

周介安曾说:"唐老师一直有到电视台录像的想法,因为电台已经把他的100回录音保存下来。当时我也在电台里,和余雪莉一起在做这个事情,主要是余雪莉起了不少作用。那时候《电视书苑》在观众中影响很大,你要把他的艺术保存下来,实际上单单有声音也是可以的,但是假如有图像保存的话,应该说对这个艺术的流传会更加好,所以唐老师与我们的想法不约而同,怎么把《三国》的书比较完整地抢救下来,所以我觉得我们搞广播电视工作的,尤其是搞戏曲的,不单单是为了应付日常的播出,还有个非常重要的工作就是要用我们的手段将老艺人的艺术保存下来。实际上我们已经录了很多节目,现在看起来是非常有价值的,若干年后再回过头来看,更加觉得有价值。"

唐耿良自1997年在上海录像之后,一直没有忘记自己还有部分书没有录下。2002年的某天,唐耿良与白素贞聊起,自己的书看来只能烂在肚子里了。白素贞是美国学者苏珊·布兰德的中文名字,她是达特茅斯学院的教授,专事研究和传播汉文化。早年曾在北京大学进修过,邀请过评话名家金声伯去北京大学录过像,白素贞还到苏州研讨过评话《七侠五义》。白素贞闻听唐耿良所言,当即表示"达特茅斯学院有先进的数码摄像机,加拿大多伦多到这里航程不过两小时,对你的健康没有问题。待我申请到一笔基金后,请你到学校里来录像,把传统长篇保存下来,不过要给学校留下一套录像作资料,你同意吗?"唐耿良表示完全同意,毕竟机会难得。是年

10月，唐耿良和蒋云仙收到白素贞寄来的达特茅斯学院邀请信，聘请他们为访问学者，经费全部由学校的基金会负担。接信后的唐耿良非常高兴，一来自己的夙愿可以完成了，二来居然能以一个小学五年级学历的身份去做高等学府的访问学者。

唐耿良与蒋云仙于11月3日下午3点飞抵美国，在白素贞等人的帮助下开始了录像。按照计划，每天上午白素贞上完课后，下午便接唐、蒋二人去录像，每天一个小时，从未间隔。眼看设定的时间即将到了，如果按照原先计划，肯定录不完，在最后几天唐耿良坚持每天多录半小时。在唐耿良、白素贞等人的努力下，到了2003年1月4日，唐耿良按期完成了《三国》（从《赠马》至《华容道》）全部录制，实现了自我抢救。此后，白素贞又付出了大量的心血，到2006年时将《三国》录像制作成了VCD光碟。唐耿良拿到四份光碟时，心中感慨万千，他将其中三份分别赠送给了著名评书表演艺术家、时任中国曲艺家协会主席刘兰芳；著名评弹理论家、江浙沪评弹工作领导小组负责人周良，以及他的长子唐力行。唐耿良希望这份宝贵的资料，能通过他们三人发扬开去，为祖国的评弹事业留下一份宝贵的资料。

录像制作成光碟了，但是如何能让录像被更多的人看到，这个问题一直萦绕在唐耿良心头。2008年，唐耿良在加拿大给在上海音像公司工作的胡国梁写了一封信（附后），表示希望能够通过胡国梁的关系出版DVD。胡是唐耿良学生黄鹤英的丈夫，原也是上海评弹团学馆的学员和演员，后因故离开评弹一线，专事出版评弹音像工作。有感于老一辈评弹艺术家对评弹事业的拳拳赤诚之心，胡国梁决定出版DVD。但是胡国梁同时考虑到，唐耿良的56个小时录像不可能一次出版，因为出版方的商业风险很大，于是决定分成几个段落出版。唐耿良去世后，胡国梁责任编辑出版的唐耿良的《千里走单骑》（16回，8小时）和《诸葛亮出山》（24回，12小时）先后问世，广受好评。

唐耿良不仅自己录制传统长篇，还动员其他评话家也一起将自己的长篇录像形式保存下来。比如他曾经动员年过八旬的评话家曹汉昌录音。唐耿良对此非常热心，积极向上海电台建议，希望他们能够邀请曹汉昌到上海广播书场来录制长篇,以保存这一评话界的经典作品。当时曹到上海来住宿有困难,唐耿良还让家人腾出房间供曹汉昌夫妇居住。此外,唐耿良还建议说《隋唐》的评话名家吴子安到电台录音。唐耿良、曹汉昌、吴子安等人所做的努力,无疑为评话留下了宝贵的财富。但惜乎开展时间已晚,一部分名家已经告别人世或书台,永远不可能留下属于他们的传统艺术;另一方面,因为自1949年以来历次运动的影响,部分名老艺人已经身心俱伤,加之年龄增长,无论是录音和录像,都与他们全盛时期不能相比。

总的来看,晚年唐耿良日子过得相对安定了,思想上也不用反复受煎熬了,能够专心致志执著于传统长篇《三国》,使得自己的说书进入到一个新的境界。正如吴承惠先生指出的那样,唐耿良晚年的书在他听来"似能从大处着眼,含有慨叹大江东去,一时多少豪杰的意味"。唐耿良是一位有历史责任的艺术家,他早就提出要通过录音、录像保留艺术家的艺术,这对于整理、抢救非物质文化遗产是非常重要的。此后,包括上海在内的各地都次第开展了这项工作,人们通过现代化的设备将艺术家的技艺摄录和保存下来,成为培养戏剧、曲艺人才非常宝贵的财富,也为观众、听众留下了艺术家宝贵的影像资料。当然,这项工作应该是系统系、复杂性的工作,需要艺术家的高度自觉,需要各级政府和部门的大力支持,否则保护和传承就是一句空话。

附:唐耿良致胡国梁

国梁,鹤英:你们好,

秦绿枝写的《投缘》提到了你,周红专场你的《操琴》受到听众欢迎,向你表示祝贺,这也包含了对严雪亭的怀念。由此想到你应该把严的《杨乃武》保留下来,上海如果不行,苏州也可以,录单档保留严的味道。要有自我抢救意识。当年很少严的录音资料,太遗憾了。

我的《三国》从入团(1951年到1963年)累计不过说了五年,其他大多是下生活,搞创新,把时间大部分没有放在传统上(从1964

年到1978年在"文革"中折腾,根本没有说《三国》),"文革"后,剧目开始热过一阵子,不久就冷落了,大势所趋,无可奈何。

鹤英转业了,严雪良也退休了,青年没有人要学《三国》,眼看这部书要绝种了!当时我就有自我抢救意识,把录音留下来。先录《赤壁》30回,前面70回廿多年不说"沉"掉了,在家里录音先听一遍,漏掉的唤起回忆。三年左右时间,录了70回。后来辜彬彬帮我整理、出版《三国.群英会》三十万字。出国定居后,1996、1997两年返申,上午医院吊针,下午去介安处录像,录了五十分钟一回,共46回,中间删节太多,不完整。1999年、2000年两次回申,都住院手术,再也没有可能录像了。

2002年,应达特茅斯大学白素贞邀请,去华盛顿参加"丝绸之路"演唱会,演了七场,与白谈起,没能把全部《三国》录像下来(电台录音没有表演是不完整的)。回国录吧,长途飞行身体吃不消,看来只能烂掉在肚子里了。白说他们学校有数码录像机,加拿大飞美国只有两小时航程,你可以到学校里来录像。白去申请一笔基金,一行开支由经费支付,但没有报酬,学校要留一本录像作资料,我同意了。当时回加等待消息,三个月后,白教授发来邀请函,请我作为访问学者,赴达特茅斯两个月完成录像工作。为了保存这一份资料,"有饭吃工钿",我八十二高龄,从2002年11月至2003年1月在美国录像,每日1小时,没有双休日,没有圣诞节和元旦放假。有白教授每日驾车接送,还要为我们采购牛奶食品,还要亲自操持摄像机为我们录像。忙了两个月,我录下了五十六个小时的资料,总算身体、嗓音还可以。后期制作都是白教授操作。后来白送了我四套(碟片)。一套给刘兰芳,一套给周良(大概赠苏州博物馆了),一套给我大儿,一套自己留着。所有书台装置、屏风、桌子、椅子等等都是白购买操办,上午上课,下午录像,忙了两个月。没有白的支持,我是留不下这份资料来的。

我想请你先看一看情况如何,白教授也同意复制一套摄像带寄给我大儿,假如通过你的推荐能够出版了这份录像碟片,这比电视台的四十六回要完整得多了。

当然，可以分成几个段落，第一段《千里走单骑》，第二段《莽张飞外传》，第三段《赵子龙单骑救主》，第四段《赤壁大战》，这是我的设想，行得通否，请你斟酌。至于报酬你瞧着办，当然我也希望有些收入。

祝你和鹤英

健康长寿

唐耿良　2008.6.1

第二十五章
艺术舞台频亮相

春归何处去，何处把春找？

政协礼堂春意闹，歌声嘹亮笑声高。

评弹演员来拜年，恭祝新喜，

祝同志们福也增来寿也高，朱颜白发春常在，

为祖国统一不辞劳，台湾海峡架金桥，为振兴中华意气豪。

春风又绿江南岸，评弹之花发新苗。

出人、出书、走正路，

党的关怀，人民的需要，

人人心中涨春潮。

今日同饮迎春酒，携手共把春景描，万紫千红分外娇。

——上海评弹团"1984年迎春团拜"结束曲

尊前谈笑人依旧。1984年春节，上海评弹团几代演员聚集到一起，在政协礼堂举办了一场迎春团拜。这是评弹界的盛会，也是评弹最后的辉煌，耳熟能详的评弹名家们都来了：79岁高龄的姚荫梅来了，离开上海18年、久居苏州的徐雪月来了……演出的书目既有《三笑》《珍珠塔》《玉蜻蜓》《英烈》等老书，也有《青春之歌》《真情假意》等新书。主持人唐耿良、余红仙、万仰祖多次提及"长远不看见了""长远不听见了"，多少可以透露出评弹以及评弹人命运的多舛。

演员们发自心底的拥护改革开放的政策，因而对于重登舞台皆是兴奋异常。三位主持人谈笑风生的主持也是这次团拜会的亮点，增效良多。比如当余红仙与唐耿良报幕朱雪琴、陈希安、薛惠君三人演出《羞姑》时，余红仙打趣地说："别看朱雪琴刚才在笑啊，等会就笑不出来了，因为陈希安要来试探势利姑娘了。"唐耿良随即"扳错头"说："你说的不对啊，第一，朱雪琴不势利；第二，陈希安没有做过官；第三，陈希安没有试探过朱雪琴。"

80年代，唐耿良的大名频频出现在社会公众面前，他参加了一系列有

关研讨《三国》、评话、评弹的活动或会议，这一时期可以说是唐耿良退休前的艺术巅峰。在上海评弹团建团三十二周年庆祝会上，唐耿良发言说到，"评弹在国际上也受到学术界的重视，美国、法国、意大利和苏联都有人研究评弹，有的研究唱腔，有的研究噱头笑料，还有的把文学本与评弹本进行比较对照，视评弹为一门高超的艺术。而我们自己往往看得很平常。团庆之际接到几位老听众的贺信，他们希望我们像当年搞《一定要把淮河修好》那样搞出新的好作品来，这也是广大听众的愿望。要振兴评弹，人的精神面貌是很重要的。建团后大家政治学习多，深入生活多，作品也出得多。但是十年动乱把思想搞乱了，检查自己灵魂深处，似乎对安度晚年想得多了，对评弹前途想得少了。我现在虽然已经不参加演出，但是也要为建设精神文明贡献力量"。在一次接受笔者电话采访时，中国曲艺家协会名誉主席罗扬先生说："唐耿良先生在八十年代为评弹事业、曲艺事业做出了很大的努力，这一点是值得肯定和学习的。"

1963年中国曲协开全国性的创作座谈会，周良在会上提议，创作要重视"中长篇"（和苏州评弹中说的中、长篇不同），一直到1981年10月，中国曲协才在扬州召开全国中长篇曲艺研讨会。上海与会者有吴宗锡、唐耿良、彭本乐、施春年等四人。会议期间，大家对长篇书目如何推陈出新作了很多讨论。唐耿良在会上发言时说："我深感抢救传统长篇书目已经是刻不容缓了。我们这一代说书艺人肚子里的长篇传统书，有的已经没有传人，不抓紧抢救，就有失传的可能。我们作为老艺人，不能消极等待，有条件的话，要积极主动地自我抢救。评弹艺术是一门动态的艺术，我们这一代人有我们这一代的《三国》，把它保留下来是我们这一代《三国》艺人承前启后的历史使命。"在扬州会议上，唐耿良还与其他曲种的评话、评书演员进行交流。

会议期间，举行了几场晚会，由名演员作示范演出。有一天晚上，与唐耿良同场演出的有山东快书的高元钧、北方评书的刘兰芳和袁阔成，还有扬州评话的康重华等。开演前，中国曲协的一位女干部告诉唐耿良：今天场子里有90%以上的听众是扬州人，你讲的苏州话他们不一定听得懂，你得做好思想准备。

1981年赴扬州参加全国曲艺中长篇创作会议,摄于江苏瓜洲渡口(右二为唐耿良)

　　唐耿良上台后,彭本乐就坐在舞台的右侧,留心着场内听众的反应。唐的开场白是用普通话说的:在《战樊城》这回书中,刘备还没有发迹,以后他是要做皇帝的。有的听客来问我,为什么刘备很有本事,他的儿子刘阿斗却不行呢?起先我也回答不出,后来看了一本医药杂志才知道。因为刘备和刘阿斗的母亲是表兄妹,他们是近亲结婚,所以生下的儿子智商很低。说到这里,场内一片笑声。彭本乐心想,这下演出不会有问题了,便去后台聊天。哪知过了约10分钟,那位曲协干部神色紧张地来到后台说:"唐老师今天失常了,他怎么一口气尽说普通话,好像有点收不住。"正在聊天的有杨乃珍、邢晏芝和邢晏春等,大家不约而同赶到台边观看。真的,唐耿良是在用普通话说书。彭本乐便告诉那位曲协干部:"你不用担心,唐老师是位有经验的演员,他能够感受到听众的气氛,如果讲苏州话,听众就听不懂,所以他是临时改用普通话的。"

　　《战樊城》是讲张飞用计吓退曹操大军的故事,为唐耿良经常演出的拿手书回,书性好,他又说得滚瓜烂熟,即使受到语言上的影响,演出效果依然奇佳。与之同场演出的北方评书家袁阔成也是演说《三国》的,他就曾说过,苏州评话要比北方评书来得细腻,而唐老师的表演艺术更令他钦佩不已，把张飞脚色给说活了。此后，每到中午和晚上的休息时间，袁阔成总要到宿舍来向唐耿良求教。同时，誉满大江南北的女评书家刘兰芳也不时前来取经。据说，袁、刘二人还发生过几次"撞车"。辽宁文艺出版社有位为刘兰芳出版《岳飞传》的责任编辑，当即写了一首七绝送给唐耿良：

> 瘦西湖畔杨柳垂，喜听江南活张飞。
> 唐老传经心操碎，袁君学艺书生辉。

　　由此，"活张飞"的名字在与会者中得到流传，有人还在上海的《舞台与观众》报上发表过一篇题为《江南"活张飞"》的文章，以记述那天的演出情景。那张写有七绝的纸条唐耿良没有取走，后来被彭本乐收藏起来的，读过几遍后记得蛮熟。2007年初春，彭本乐在街上见到了唐耿良的大女儿唐力敏后，得知了他加拿大的邮址，去信的开头就是这首七绝，从而恢复了中断十多年的联系。①

　　1962年，在陈云同志亲自关心下，在评弹的故乡——苏州成立了一所专事培养评弹接班人的专业学校——苏州评弹学校。80年代初，陈云同志又提出："现在的青年演员，说表功夫差得很……评弹学校培养学生，要着重说表，提高说表艺术。说、噱、弹、唱不灵光，书就不好听。"1982年10月，苏州评弹研究会委托苏州评弹学校举办第一期中青年弹词演员讲习班。时任苏州评弹学校校长的曹汉昌专程到上海，邀请姚荫梅、张鸿声、张鉴庭、张鉴国、蒋月泉和唐耿良组成一个辅导小组，去评校为江浙沪三地青年评弹演员上课，以便充实提高青年演员的艺术水平。六位老艺人作为三四十年代红遍书坛的响档，能否给80年代的响档上好课，起初大家心里都没底。为了能圆满完成老朋友曹校长的任务，六老艺人集体备课，相互总结提高，都期望能将自己的宝贵经验拿出来，供青年演员学习参考。前辈们讲授技艺可谓倾囊相授，言无不尽。

　　唐耿良很谦虚，其他五人上课时，他都会去现场聆听，参考别人的经

---

① 笔者采访彭本乐，2014年1月10日。

艺术示范

验，充实自己的内容。那次的评校讲课，唐耿良是排在张鸿声、张鉴庭、张鉴国之后，第四个出场，他讲了两个方面的问题，一是评话《三国》的来龙去脉以及正史、小说的关系，二是重视说书的开场白。唐耿良的一句话，体现了前辈们当时的心态："这一次我们老中青一起来参加学习班，主要的目的是相互交流、相互学习，我们老同志有以前的书台实践经验，而你们中青年在第一线，也有你们的新经验，让我们相互交流，共同提高。老同志接受任务之后，都做了一些准备，希望能对同志们有所裨益。但是，由于十几年脱离书台实践，讲的课不一定都正确，请同志们提出意见，相互探讨。因为得道不在于年龄高低，鸿声同志说，有志者不在年高，孔夫子有了这样大的学问，也要虚心请教别人。所以，师不必贤于弟子，弟子不必不如师。让我们携起手来，为探讨和发展评弹艺术贡献力量。"

1983年1月25—30日，江浙沪评话会书在苏州举行，评

经木一声驻流年——唐耿良传

246

话中青年演员讲习班全体师生参加了演出。唐耿良在这次评话培训班上相继听了顾宏伯、吴子安、张翼良、张树良等人的发言。作为一位说《三国》的名家，当他听了张翼良讲起《三国》生意在码头上很难做和张树良讲起自己的《三国》没有人学、没有人请教时，唐耿良的心里很是难过，他也感到现在在上海很少有人在说《三国》，顾又良、陆耀良退休了，都没有学生在演出。唐耿良甚至于说："《三国》的景象现在是一片萧条，如果再隔二十年，到张树良退休时，2003年，《三国》断种了，勒苏州评弹界的《三国》就要从书坛阵容表上开除出去了。现在的《三国》好像一个人生了重病，进了医院，医生已发出病危通知。"但在唐耿良看来，《三国》虽然已经病危，毕竟还没有完全死去。唐耿良通过讲述评话《三国》的源流，追忆先辈为此书所付出的辛勤劳动，号召评话界学习袁伟民的女排精神，奋起拼搏，振兴评话是大有希望的。随后，唐耿良又讲了自己对《三国》书情结构搭建、人物形象塑造的理解，他说："有了完整的内容，再有比较丰富的表演艺术手段，再加上噱头等，书就能更加抓人、好听。"

同年11月16—27日，苏州评弹研究会在常熟举办第三期中青年演员讲习班。17个评弹团体，55名中青年演员参加进修。老师有蒋月泉、姚荫

江浙沪评弹演员讲习班，第二期借苏州评弹学校举办，1983年。左起：曹汉昌、周良、唐耿良、张鉴国

讲课手稿

梅、张鸿声、曹汉昌、吴君玉、张鉴国、苏似荫、钟月樵、侯莉君、薛惠萍、江文兰、周良以及唐耿良等人。25日，周良约请了唐耿良、蒋月泉、姚荫梅、张鸿声、吴君玉、夏玉才等人座谈20世纪三四十年代评弹在上海的发展。唐耿良在会上说："上海电台出来，对苏州评弹发展，是划时代的，有些评弹演员就是在电台唱红的。评弹的听众是多层次的，最早听众中蛮多是拎着茶壶来听书的，这些人走路慢吞吞，当时说书的'书路'行的慢，是为了适应这些听众的需要。抗战八年，听众起了变化，原来的破落户，在抗战时期成为暴发户出现了。这些人成了评弹的新听众，原来的'响档''堂会'做得多，慢慢地说书的精气神少了。不能适应这些听众……新式书场是为适应新的听众需要而产生的，同时适应新听众的名演员也随之出来了。如蒋月泉、张鉴庭、张鸿声、顾宏伯等同志响出来了。三年解放战争，生活的节奏加快了，听众听书的节奏也要求快了，青年人适应这种要求，业务好……吴均安说《隋唐》说不过吴子安，他不怪自己跟不上时代。反而怪听众……"休息的时候，大家谈到如何看待"文革"前干部的工作，言词虽很尖锐，但却都很通情达理，周良回忆说："我作为干部，感受到老艺人们的宽容，他们非常通情达理，虽有一些很激烈的言词，但只要求有所认识，有所表示，是可以消除矛盾的。"

唐耿良非常关心培养青年演员的问题。2008年春，彭本乐去信告知身在加拿大的唐耿良，他将自己蒐集到的前辈演员的录音资料，以及大量的电子书籍制作成光盘，作为教材送给青年演员，唐耿良随即于3月22日给彭本乐写了一封回信。唐耿良在信中说："你收集的长篇资料，如果能在评校举办的书场内每晚播放，让学生们聆听传统长篇评弹，这可以熏陶他们，补充养料，使之知道传统艺术之美妙……当今的青年应该听些传统长篇，

江浙沪青年演员第三期进修班部分老师合影于常熟，左起：周良、唐耿良、张鸿声、曹汉昌、吴君玉

补补课，以提高他们的认识，丰富他们的表演手段，补足他们先天的缺陷。"

　　早在民国时期，得益于无线电事业的发展，评弹走进了电台，随着电波走进了千家万户，进一步扩大了社会影响力。1983年初，上海人民广播电台文艺台的"广播书场"准备在星期天开辟一个专栏，名叫《星期书会》，接受听众点播，播放评弹名家的保留唱段。当时电台方面负责此事的是周介安，他早年是上海评弹团学馆学

唐耿良致彭本乐函

唐耿良在电台主持《星期书会》

唐耿良与蒋月泉在电台主持《星期书会》

员，后从评弹团转业到电台。周介安代表电台聘请唐耿良和蒋月泉担任《星期书会》的主持人，二位名家认为这个节目能够培养听众对评弹的兴趣，提升听众的欣赏能力，能够扩大评弹艺术的影响，于是欣然领命。为了使节目生动有趣，周介安还要求他们两位在播放名家名段时穿插介绍评弹界的掌故和趣闻轶事，并对一些唱段作分析介绍。

唐耿良、蒋月泉按照电台的要求，每次播放前都先听一遍节目的内容，做到心中有底。唐、蒋二人共事多年，彼此间非常了解，配合起来得心应手，谈笑风生的主持让听众十分喜爱。有一次唐耿良在读听众来信时说："蒋月泉的唱腔像糯米一样软糯。"蒋月泉插话说："现在掺了点籼米进去，勿糯哉。"唐、蒋二人还在播放名家名段时加以画龙点睛的分析介绍，增强了节目的可听性，例如有一次唐耿良介绍《珍珠塔》上的三只琵琶，说到"杨星槎是闭口琵琶，薛筱卿是开口琵琶，郭彬卿则是钢丝琵琶"可谓精到。

《星期书会》一经推出，即成为电台最受听众欢迎的栏目之一，听众来信如雪花一样飞来。有人认为，"书会办得很好，是四五十年代大百万金空中书场之后的仅有的受欢迎节目。"著名文史学家、复旦大学教授郭绍虞听了书会后欣然提笔，写了一首诗寄给《星期书会》："弦边一曲乐融融，唱出新貌与新风。天波巧载吴侬语，送入千家万户中。"弹词开篇《杜十娘》的作者朱恶紫写了两副对联寄到《星期书会》："月白风清歌盛世，泉冽酒香庆升平"；"耿介壮怀肇大业，良药忠言励人群"，将蒋月泉、唐耿良二人的名字镶嵌其中。

《星期书会》的形式多样，内容丰富，唐耿良主持过"评弹知识讲座""中年演员演唱专辑""陈灵犀作品演唱专辑""杨振雄艺术精品鉴赏""评弹中的白话唱段""介绍刘天韵专辑""曲牌介绍"等。当然，作为评话名家，《星期书会》也播放过多次有关唐耿良的节目。如111期、1004期、1334期节目的主题是"评话三国魅力再显"；1310期、1311期、1312期、1313期、1317期、1325期、1328期分别播出"唐耿良的说书生涯"（1—7）；1336期，"建国六十周年优秀现代书目"播出的是唐耿良的《黄继光》；1584期，"评话花色档系列"播出的是唐耿良、吴子安双档《三国·华容道》。

唐耿良、蒋月泉主持了多次《星期书会》，不少听众都反映说："听蒋月泉、唐耿良的介绍，比听书还要好听。"网友ahdi在唐耿良去世后曾说过："唐耿良先生驾鹤西去，深表哀痛。忆及上世纪八十年代初，他与蒋月泉先生在上海人民广播电台主持星期书会，两人一搭一档，上下接扣，配合默契，似同说书一般，吸引了大量听众。我记得，有个从来不听书的中学

1989年唐耿良（左）、余红仙在"叶绿映花红——上海评弹团青年演员展演"专场演出中担任报幕（该专场演出为星期戏曲广播会第194期）

生因偶然机会听到了他们的节目，写信给他们说，对该节目爱不释手，从此酷爱上评弹。他写的讲解词与串联词，客观公正，诙谐隽永，已成绝响。"

后来蒋月泉因身体原因，参加的次数少了，唐耿良又和石文磊、余红仙、陈希安等人合作主持过节目。此外，唐耿良还个人主持了很多专辑，其中最多的就是蒋调，共五期，一是传统开篇，二是现代开篇，三是陈调的五种唱法，四是《白蛇》选曲，五是蒋调五十年专辑。其他还有刘天韵二期、薛筱卿、杨振雄、周云瑞、张鉴国的琵琶等各一期。每逢《星期书会》百期，也是邀请唐耿良主持，如一百期在南京大戏院（今上海音乐厅）的现场直播、二百期在兰心大戏院的现场直播、三百期在长江剧场的现场直播。三百期之后，唐耿良就出国了。在唐耿良看来，"主持书会是一个学习过程，同时也是对评弹艺术一个再认识的过程。书会为评弹艺术的推广和传承起了很大的作用，主持书会虽说耗去了我不少的时间和精力，但是我至今认为是值得的"。如今《星期书会》已经开播1700余期，后来者不会忘记唐耿良、蒋月泉等人的开创之功。

重登艺术舞台的唐耿良，倍加珍惜自己的艺术生命，在他心中还有一件非常重要的事情没有做。就在前文提到的那次扬州会议上，唐耿良听说袁阔成的《三国演义》先后在中央人民广播电台和各大城市电台播出，并

《星期书会》三百期在长江剧场演出书戏《上海滩》（中排坐者右三为唐耿良）

且出了稿本，心中很是为老朋友感到开心。但同时他也在思考，自己所说的《三国》是吴语版，能否像袁阔成的《三国演义》传遍全国呢？于是他想到整理自己的《三国》脚本。

为了整理好脚本，唐耿良做了大量准备工作，首先是先后到华东师范大学、上海师范大学、杭州大学等高校主讲"苏州评话《三国》的沿革及其发展"，通过系统梳理，为整理《三国》做了理论准备。其次，由上海戏剧学院毕业的年轻编创人员辜彬彬做他的助手。1986年起，经过与辜彬彬商量，确定出版《三国·群英会》，从"智激周瑜"起，到"华容道"止，共计十六回。这是《三国》中三把火（火烧博望、火烧新野、火烧赤壁）中最为精彩的一节。唐耿良说："评话要吸引听众，只能选择故事集中、矛盾尖锐、悬念感强烈的'关子书'"，而"火烧赤壁"则是关子中的关子。曹操八十万大军进驻赤壁，孙、刘两家联合抵御是一对主要矛盾。然后孔明和周瑜的性格矛盾也贯穿始终，是次要矛盾，由于将之放在孙刘联盟的背景下充分展开，从而增强了戏剧冲突。唐耿良认为，这两对明暗矛盾的交叉发展，悬念迭起、跌宕有致、环环相扣、引人入胜。在书稿中，唐耿良对诸葛亮进行了大

1981年在华东师大中文系讲课，与女儿唐力平合影

1983年唐耿良在杭州大学讲课

量的再创造，消除了传统书中神化诸葛亮的部分，将诸葛亮塑造成了人，而不是神；同时又充分肯定孔明的足智多谋、用兵如神，使之作为中华民族智慧的象征。这样的说法，是唐耿良的一个创新，但他却非常谦逊地说："我不过是接力赛跑中的一棒而已，后人一定会有更好的发展。"

整理书稿的过程中，唐耿良有一段时间在无锡华东疗养院疗养，在此期间他非常关注书稿的进展。他下决心在疗养期间，不看电视、电影，不参观风景点，认为有所失才有所得。尤其是此时书稿到了最后四回书，他自感比较生疏，难度高了，停笔思考的时间也就多了，需要在减速中保持着前进。辜彬彬在上海遇到不懂的问题时，会第一时间致函向唐耿良请教，他也会很快回信解释。有一次唐耿良给辜彬彬写了一封长信，详述了徐庶的人生经历，认为徐庶孝母、荐诸葛，以及刘备宁愿自己面临毁灭，也要让徐庶母子团聚，是一段很有人情味的书。

历时两年多的数易其稿，全书近30万字的《三国·群英会》于1988年由中国曲艺出版社出版，陶钝为书稿题写书名，罗扬欣然作序。罗扬特别提出两点，第一是唐耿良在传统评话的整理工作中所采取的严肃认真的态度值得学习。唐耿良"说《三国》说了五十多年，为说好这部书不知倾注了多少心血，其爱之深，不难想见。但是，他不像某些同志那样，认为自己的东西一切都好，或者发现一些不好的东西也不忍割舍，而是力求用历史唯物主义的立场、观点和方法加以分析、研究，作出实事求是的评价，以十分认真细致的工作态度进行整理和加工，凡属精华部分都很好地保留下来，并使之更加突出；有些精华与糟粕混杂一起的章节，经过一番改造，也别开生面，赋予新的意义；对于一些无法改造的糟粕部分，则毫不可惜地加以剔除。比如说，评话《三国》同《三国演义》一样，原来也带有天命论的思想色彩,把三国的兴衰胜败以及若干人物之间的矛盾,都说成是命运所定,把诸葛亮这个人物的足智多谋说得妖里妖气,等等,唐耿良同志都作了剔除。尤其重要的是,这部评话整理本在深化主题、突出主要矛盾、塑造人物形象特别是塑造诸葛亮和周瑜这两个主要人物形象等方面做了大量的创造性的工作。如何把故事情节的叙述和人物心理活动的描写有机地结合起来,这部书也为我们提供了不少可供研究、借鉴的经验"。

《三国·群英会》脚本

第二是这部书既注意保持了说书艺术的特色,是一部好的说书底本,也是一部可供阅读的文学作品。"唐耿良同志的事业心很强,抱病整理这本书的主要目的,是为使评话《三国》及评话艺术能在今后广为流传。由于他有丰富的表演经验,熟谙评话艺术的规律和特点,所以在这部评话整理本中很好地保存了评话艺术的特色,这是很重要的。这样的整理本,便于评话界的同志作为演出底本选用,并从中借鉴、学习、提高评话艺术;也便于一些专家、学者研究评话艺术。同样值得注意的是,这部书还把可演性和可读性结合起来。许多传统曲艺作品听起来非常动人,但记录成文字出版却往往显得松散啰嗦;还由于过去的说书艺人大多缺乏阅读能力,多是记问之学,有些事件、人物等,难免以讹传讹,语言也不够规范,如果不作精心整理,作为可供阅读的文学作品是困难的。唐耿良同志在这方面就做得比较好,首先是他在不影响苏州评话艺术特色的前提下,把一些苏州方言改成普通话或一般读者可以读懂的语言。这样做,当然有利有弊,有得有失,我以为利大于弊,得大于失,而且这个'失'是可以找回来的。再就是他尽可能地把一些不合语法、文法的地方改得合乎或比较合乎语法、文法,把口头语言和书面语言较好地统一起来。我想,这样做的好处,将不止有利于阅读,也有利于不懂苏州话的其他评话、评书演员采用这个整理本作为演

1989年9月民盟组织活动，在昆山周庄合影（前排右一为唐耿良）

出底本。"

　　书稿出版后，受到了广大听众的热情欢迎。受此鼓舞，唐耿良还想将评话《三国》全部整理出来，可惜因为各种原因，未能如愿。如今，唐耿良的长公子唐力行继承父志，正主持一项有关评弹的国家社科重大项目，其中一个子项目就是计划整理出版唐耿良评话《三国》一百回演出本。

　　1989年4月16—19日，中国曲艺家协会外联部、重庆市曲艺家协会、重庆《经贸世界》杂志联合主办了"中国评书评话十大名家邀请赛"，袁阔成、刘兰芳、田连元、何祚欢、王丽堂、杨明坤、徐勍以及苏州评话界的唐耿良、金声伯、朱庆涛等十位评书评话名家参加了在重庆剧场的公演。

　　可以这么说，整个80年代是唐耿良艺术生涯的顶峰。从讲堂到电台，从摄录音像到出版著作，唐耿良为了评弹事业不辞辛劳。然而此时他毕竟已经是年过花甲的老人，多年的操劳，透支了这位老人的身体。1989年6月14日，上海评弹团在团部开会，热烈欢送唐耿良、杨振雄、吴子安、江文兰、华士亭、杨德麟等六位老艺人光荣退休。9月，上海评弹团民盟组织活动，唐耿良随杨振雄、吴子安、江文兰、朱雪琴、薛惠君等人到昆山周庄游玩。是年冬天，唐耿良应旅居加拿大的女儿邀请赴加探亲，此后便在枫叶之国定居了。

赴加之前，儿女们在家中设宴为唐耿良饯行。想到此去经年，唐耿良请老友蒋月泉同来参加。当时蒋月泉正患带状疱疹，每天都要去医院换药，痛苦至极。但为了给唐耿良送行，还是抱病赶来唐家了。叹人生，最难欢聚易离别。饭毕，唐耿良叫了辆的士，送蒋月泉回长乐路寓所，到了门口唐要下车，蒋说："明晨我不到机场来送你了，我送你回南昌路"，于是蒋让司机原路开回去。司机开到南昌路，唐说："你身体不好，不能让你一个人回去"，于是唐又让司机再开回长乐路。送君千里终须一别，唐、蒋二人不得不依依惜别，唐满怀惆怅独自回到南昌路。生活中的小细节，却彰显出唐耿良与蒋月泉之间大写的、真诚的友情。

第二十六章

湖海知音叙前缘

　　1989年底，唐耿良到加拿大想起来他还有个老朋友也在这里。这位老朋友不仅与唐耿良有交情，更是中国曲艺界的老朋友。她的中文名叫石清照，取自中国古代女词人李清照。石女士是加拿大多伦多大学东亚系教授，专门从事中国曲艺的研究。80年代初期，曾在北京大学中文系留学，期间拜中央广播说唱团京韵大鼓艺术家孙书筠为师，一曲《长坂坡》唱得有模有样。此后回国，还多次邀请孙老师出国讲课，推广了中国的曲艺。石教授热爱中国的曲艺，她不仅拜师孙书筠，还向山东快书艺术家高元钧学习。同时，她还热爱评弹艺术，多次到书场听书。1984年，上海举办蒋月泉艺术生涯五十年的活动，石教授就亲临大华书场听书。唐耿良当时坐在石的后面，起初以为石并不能听懂吴侬软语，可是后来发现，每当蒋月泉放噱头时，石都能放声大笑。

　　唐耿良真正与石清照交往，应该是到了80年代后期。当时石率领一个旅游团到上海、苏州等地访问，上海评弹团为欢迎石的到来，隆重举办了一个交流联欢会。领导委托唐耿良主持会议，唐耿良只得操着不标准的普通话向客人介绍评弹的特点、历史，并展示自己的评话八技，客人们听得都很出神。联欢会开始后，石清照来了一段高派山东快书《饺子汤》，标准的普通话，比唐耿良的还要标准，赢得满堂掌声。唐耿良记得，当时同事、弹词演员石文磊说："石教授的普通话很像北京人讲的普通话，唐老师的普通话倒像外国人在学说中国话。"那天交流结束后，石教授和其他一位客人均表示，希望唐耿良能到多伦多去讲讲评弹艺术。唐耿良谢过好意，并记在了心里。

　　现在已然退休的唐耿良，在家中忽然想起加拿大的这位老朋友，不由分说便拨通了石清照的电话。石教授很热情地邀请唐耿良到她家中作客，唐耿良于是就在女婿的陪同下，由伦敦市前往多伦多。一下巴士，唐耿良便看到石清照举着带有他中文名的欢迎纸牌等候在车站门口。这一天在石清照的家里，唐耿良吃到了石清照精心准备的中餐，心里很是感动。

　　饭后闲聊时，石清照对唐耿良说，他们那里圣乔治教堂晚上有一个

"一千零一夜故事会"，很多洋人业余故事员会在那里讲故事，希望唐耿良前去听听。唐耿良心想，评弹的本质也就是讲故事，即便不能说书的时候，他也是通过其他途径在讲故事，一辈子都是在讲故事，为什么不能去听听西方人是如何讲故事的呢？于是便答应了石清照。石教授进而对唐耿良说："你也可以在会上说一段你的《三国》，与加拿大的故事员作一个交流好吗？"唐耿良感到为难，毕竟这里的听众全是洋人，而自己是一个用吴语说书的演员。石教授看出来唐耿良面有难色，便说："你生怕别人听不懂？你可以将故事梗概告诉我，我翻译给他们听，这样大家就能听懂了。"唐耿良接受了邀请，便挑选了一段说表少、手面口技多的段子《长坂坡·赵子龙枪挑高览》。

晚饭后，唐耿良在石教授的陪同下来到圣乔治教堂，与外面寒风刺骨相比，教堂里已经是热气腾腾。唐耿良先听了一位年已八旬的老太太讲了《聪明婆婆笨媳妇》的故事，唐耿良虽然听不懂英文，但他能从老太太的神情中体会到故事的内容。之后，石清照便向听众们介绍了唐耿良，并将故事情节向听众做了交代。唐耿良看到满屋子的外国人，心中暗自思量："评话的特长是传神的说表和风趣的语言，在语言不通的听众面前，特长变成了'特短'，我必须尽可能压缩叙述的部分，充分运用角色的表演和口技、手面的技巧，以引起听众们的兴趣。"于是唐耿良一拍醒木，开始轮番表演评话八技。故事说完，全场报以热烈掌声。唐耿良知道，今天的故事讲成功了。在回家的路上，唐耿良心想："外国听众有这样强烈的反应，首先应归功于石教授的翻译，让听众对故事有所理解。其次要感谢前辈艺人创造的表演程式口技、手面等动作，因此增强了艺术的感染力。多伦多的电视机普及率很高，各类艺术频道也多，为什么听故事的人还是不少，而苏州评话的形势严峻，听众减少，后继乏人？看来，只要说评话的人不懈努力，跟上时代，评话的前景还是乐观的。"

第二天，石教授又邀约了几位研究中国曲艺的朋友来聚会。其中有一位中文名叫罗爱儒的人，他是石教授的学生，在多伦多大学教中国戏剧史。宴会上，罗爱儒提出邀请唐耿良去多大讲学，唐耿良愉快地接受了邀请。

1991年，在各方面条件都已成熟的情况下，唐耿良来到了多伦多大学。在讲课之前，罗爱儒征询唐耿良的意见，是否可以将讲课的全过程用录像机录下来，将来放在多大图书馆里作为资料保存，唐耿良欣然同意。第二天下午2点，在罗的陪同下，唐耿良来到一间已经安放好录像机的教室，来聆听讲课的师生们也陆续到来。唐耿良心想："我是一个连小学都没有毕业的人，今天站在外国高等学府的讲堂上给大学生讲课，他们能接受吗？万一他们要给我来一个'礼貌的冷淡'，我怎么下台？"唐耿良心里有点忐忑。为了能尽快拉近与师生们的距离，唐耿良上来就放了一个噱头，因为上台后先放噱头，听众乐了，就能拉近双方的感情距离，接下来再讲其他内容，听众更加容易接受。于是，唐耿良说了一个贴近现实的噱头。唐耿良说"苏州评弹是用苏州方言说唱的一种民间艺术。苏州话的特点是柔软、糯，甚至还有点嗲，听起来非常舒服、适意。有人说'宁可和苏州人相骂（吵架），不要和宁波人答话。'因为宁波人讲话直声直气太生硬，苏州人即使发怒骂人，他的语气、语音、语调听起来还是软绵绵蛮好格"。

"因为苏州评弹软糯，悦耳动听，'文革'时期，中国'四人帮'里的江青就指责'苏州评弹是靡靡之音，听了要死人的。'如果听了评弹真要死人，那这次海湾战争就不用派军队，只要派苏州评弹去就可以了。你有飞毛腿导弹，我用苏州评弹，让侬听这种'靡靡之音'听了死脱。但这肯定是瞎三话四！听评弹非但不会死人，相反，对身体健康有益。我有一个日本曲艺界的朋友冈本文弥，活到104岁的高龄，他生前曾十几次到中国参观旅游，每次都要听评弹。那一年他96岁到上海旅游，我在接待时悄悄问他：'您这样高龄，为什么身体这么健康，请教有何养生秘诀？'他笑着对我说：'爱听评弹。多听评弹延年益寿。'所以各位同学先生小姐，今天你们

在多伦多大学讲课

听了我介绍评弹，一定能够有病治病，无病强身，长命百岁、永葆青春。"

罗爱儒的翻译水平很高，把唐耿良这个噱头所包含的意思情趣传神译出，听得学生们哄堂大笑，空气顿时活跃起来，拉近了唐耿良和学生们的感情距离，下面的讲课就顺理成章好讲多了。放完噱头之后，唐耿良趁热打铁，结合评话《三国》讲授评弹艺术的传统理论。

唐耿良陪同日本冈本文弥（中）在锦江饭店

他说到"评弹的艺术境界是由理、味、趣、细、技来体现的。其中，理是第一位，即书情结构、人物关系都要合情合理、真实可信，有内在的逻辑性。否则听众就会听不去。味，就是听书要有回味，使听客感到余味深长，意犹未尽。趣，就是说书要有幽默感，语言生动，让听众兴趣盎然。细，就是要描写人物的思想活动要细致入微，突出性格。技，就是口技，不论是吼叫、马嘶、马走路、刮风、鸣金、吹号、兵器舞动声，都要逼真，使听众如临其境，如闻其声，如见其人。"唐耿良的每一个讲解都伴有故事的说明。此外，他还展示带去的评话道具——折扇和醒木，他告诉学生们，"一扇在手，能化作大刀、长枪、望远镜、旗帜等等各种器物；一块醒木，敲击时能营造声势、助长气氛，或预示书情转折、高潮的到来；另一个功能就是惊醒听众，如果听客中有打瞌睡的情况，打起呼噜，'啪！'就借个机会猛拍下去，保证能把打瞌睡的人惊醒过来。所以这警堂木又称为醒木"。

除了讲述理论，唐耿良还现场给师生们即兴表演了两个小段，一段是《赠马》，一段是《张飞闯辕门》。演出结束时，学生们长时间的热烈鼓掌，出乎唐耿良的预料。随后，唐耿良又回答了同学们的一些疑问。讲课结束，罗爱儒请唐耿良到餐馆去吃海鲜火锅以示祝贺。后来，唐耿良收到罗爱儒寄来的学校感谢信，并邀请唐耿良再次去讲课。从那之后，每年新生入学，罗教授总要邀请唐耿良去讲课,他一连成功地讲了七年。当然,唐耿良非常感谢罗爱儒的帮助,正是他一字一句地翻译了唐耿良讲课中用的评弹文本,提前一天发给学生,因而唐耿良在表演时,该出效果的地方,学生们都有明显的反响和笑声。此外,罗教授还将唐耿良讲到的"理、味、趣、细、技"理论,作为学生期考的考核题,帮助学生加深理解。

多伦多大学为表彰唐耿良,向他颁发了奖牌,以感谢他对传播中国文化所作出的贡献。后来唐耿良把校方的感谢信及奖牌捐赠给苏州评弹艺术博物馆,作永久收藏。

除了在大学授课之外,唐耿良还参与到服务侨胞的工作中去。1996年,唐耿良受老友庞学卿二公子庞志雄邀请,参加中秋评弹演唱会。庞学卿是薛筱卿的学生,深得乃师真传,退休后定居多伦多。庞志雄早年毕业于苏州评弹学校,与庞学卿的徒弟黄佩珍拼夫妻档。后来志雄移民加拿大,打工创业之余不忘评弹,时常举办各类评弹演唱会。这次为了在多伦多推广评弹,特别邀请了余红仙、唐耿良一道参加。演唱会共两场,分别为9月28日夜场和29日日场。余红仙因要和庞、黄二人排练节目,在9月初的时候便已到多伦多。久处国外的唐耿良,见到家乡的好友,心中自然开心,亲自到机场迎接。

那次的演出,余红仙和庞志雄说一回《描金凤》中的《劫法场》,和黄佩珍说一回《双珠凤》中的《定情》,他们还唱了《莺莺操琴》《拷红》《英台哭灵》《密室相会》《乡音慰亲人》等各种流派的开篇。其中《白相大世界》和《蝶恋花》尤其受到听众的欢迎。那天,唐耿良选了两回书,一回是《三闯辕门》,一回是《战樊城》,这两回书都是张飞书,之所以选择这两回书,是因为张飞的性格很

加拿大与两外孙在一起

突出，趣味性比较强，容易得到听众的认可。果不其然，唐耿良的演出受到听众热烈欢迎，许多听众说他是书艺不减当年。中国驻多伦多总领事馆的总领事陈文照和夫人也来现场听书，并在开场前致了祝贺词，说道："评

唐耿良（中）与庞志雄、蒋云仙在多伦多中文电台录音

弹是中国传统文化之一，在江南有很广泛的听众，余、唐都是有名的艺人，能到多伦多来为江浙沪侨胞说书，对中加文化交流，是很有意义的。"唐耿良等人听了心中感到非常欣慰。

晚年的唐耿良在国际艺术舞台十分活跃，除了上述授课和演出外，他还参加了1999年2月28日，在多伦多市太古金王朝酒楼举办的"1999年苏州评弹迎新春书会"，演出《三国》中的《借东风》，极为轰动，有书迷说："我来多伦多十多年，还从未这样开怀笑过。想不到能在国外听到这样过瘾的传统书目，使我浑身轻松。"

透过唐耿良在海外授课、演出的经历，我们多多少少可以看出改革开放之后，伴随着江南人次第来到美国、加拿大等地定居，评弹也在这里生根发芽。侨胞们在艰苦创业之余，钟情于乡音乡情，在海外建立了各类评弹票房，将喜好评弹的江南人组织联合起来。为了在艺术上有所进步，海外的评弹票房还特聘唐耿良、杨振言、余红仙等人为艺术顾问，好一派热闹景象。

唐耿良感觉到，哪里有江南人，哪里就有评弹生存的土壤。只要是哪里需要唐耿良演出，他都会欣然前往。1997年8月初，唐耿良应张宗儒先生之邀，再次到温哥华演出。这次演出，让唐耿良遇上了他晚年的伴侣——蒋云仙。弹词名家蒋云仙，1933年生于江苏常熟，早年进入钱家班学习弹词，1951年拜名家姚荫梅先生为师，1959年加入上海长征评弹团。蒋云仙擅长单档演出，精通各地方言，说表灵活而老练，在弹词音乐方面能

够大胆尝试多调多用的唱法，红遍江浙沪，代表作有《啼笑因缘》《欢喜姻缘》《什锦开篇》《旧货摊》等。

唐耿良和张宗儒一起到机场迎接蒋云仙，与她同来的有周介安，以及周的朋友祝先生。周、祝二人住旅馆，唐、蒋二人住张宗儒家里。正式演出之前，张宗儒邀请他们四人同游当地的名胜景点，于是先后去了维多利亚岛、森林公园。演出的时候，唐耿良跟蒋云仙打招呼，因为他一颗牙齿掉了，送客只能让蒋云仙来。按理说，唐耿良是蒋云仙的前辈，可是唐演出后并没有离开，而是静静坐在那里看蒋的演出。实际上，唐、蒋二人早就认识。蒋云仙还是16岁的时候在常熟仪凤书场就听过唐耿良的《三国》，后来也多有接触，不过是同行间的客套罢了，并没有进一步的交往。

温哥华演出结束后，唐耿良返回多伦多。张宗儒邀请另外三人一同前往多伦多旅游三天。蒋云仙信仰佛教，时常茹素，唐耿良就在家中烧了香菇及糖醋黄瓜带去供蒋食用。唐耿良的次女力平在陪同蒋云仙的过程中，得知了蒋不幸遭遇，深感同情，回来后便建议父亲去追求蒋云仙。唐耿良一开始并没有勇气。

后来蒋云仙等人返回上海，过了一个月之后唐耿良也回到上海。听说张宗儒也在上海，住在贵都宾馆，唐耿良便去探望，正好张如君、蒋云仙也在。华灯初上，三位评弹艺人起身告辞出来。因为蒋云仙的家离开贵都宾馆很近，她便邀请唐、张二人去家里吃晚饭。吃完晚饭后，唐、张告辞回家，张请唐在静安寺咖啡馆喝咖啡，交谈中张如君说："你们在温哥华说书，反应很好。张宗儒太太对张先生说，唐老师和蒋老师倒是蛮般配的一对。张先生告诉了我，我想做一个媒人，你有意思吗？"其时唐耿良已经有意思追蒋云仙，只是缺少勇气，闻听张如君愿意作为介绍人，便将顾虑告诉了张如君："一是老二是穷，她愿意接受我吗？"张如君说他去问蒋云仙之后再给唐回音。过了一天，张如君告诉唐耿良有眉目了。于是唐耿良便邀请蒋云仙到家中面谈表曲，唐耿良告诉蒋云仙："我太太在'文革'中逝世。历经坎坷，总算把五个孩子拉扯大，他们都成家立业。我孤身一人，虽交过两个对象，有缘无分，擦肩而过。如果你愿意与我过平平淡淡的生活，那么我们就一起稳定和谐地共度晚年。优点是我们都是说了一辈子的书，有共同语言，不会有鸡同鸭讲的尴尬。"蒋云仙也介绍了自己两次离婚的经历。一番推心置腹的沟通之后，二人便基本确定关系了。

唐耿良没过多久，返回加拿大了。那个时候，唐耿良每天给蒋云仙一个越洋电话。蒋云仙家里的孩子知道了此事，意见有分歧，有的赞成，有的反对。但是蒋云仙却认为，"大家都不要挑剔了，不能像小青年那样眼光只盯在外形和收入上，最主要的是我们话很投机，有共同语言。"1998年10月，唐耿良托人邀请蒋云仙去多伦多演出，借此机会，在女儿女婿的陪同下，唐、蒋二人便在加拿大政府登记结婚了。从此，两位历经坎坷的评弹名家结束了单身生活，结成了幸福的伴侣，开始了一段新的生活。唐耿良将老年公寓的房间作为新房，女儿还向他们献了一束鲜花，表示祝福。唐耿良当夜写了一首打油诗：

> "六五新娘七七郎，萧萧两鬓入洞房。《啼笑因缘》配《三国》，沈凤喜嫁诸葛亮。"

消息传到国内，上海、常熟的有关媒体对唐蒋黄昏恋给予了报道，众人都向他们致以最真诚的祝福。

婚后，唐耿良与蒋云仙相敬如宾，生活上互相关心，二人也时常相互打趣，蒋对唐说："我业务上是可以，家务却不行。你不要嫌弃我，我做家务是新手，都要慢慢学起来的。做菜从生做到熟，这是可以的，不要嫌弃我做的好吃不好吃。"后来，蒋云仙要到加拿大去定居的问题上，遇到点麻烦事。唐耿良对她说："如果加拿大办不

唐耿良与蒋云仙在海外合影

成，我们就回苏州老家，过我们的晚年。"蒋云仙当时不知道他苏州还有房子，说："这样也行，穷穷苦苦，只要开心就行。"后来唐耿良就叫小儿力工把苏州老房子修一修，做好蒋云仙办不成赴加拿大就回苏州的准备。

唐耿良有一种头晕病，发病时根本不能自理，只能给他吃糖盐水，要躺躺才能恢复。其实这种事情蒋云仙也不太会做，只能硬着头皮，因为她感觉这是她的责任。有一次唐耿良连续睡了几天，蒋喂他吃了一点粥。后来唐听到杨洁篪与盛小云唱了一个开篇，来了兴趣，也要与蒋一同唱，于是老夫妻俩唱了《宝玉夜探》。唱完之后，唐耿良胃口大开，要蒋云仙喂他喝粥。唐耿良与蒋云仙共同生活了十年，整天都很开心。唐耿良说过这样几句话："娶老婆要入得厢房，出得厅堂，下得厨房。"蒋云仙回答说："我现在这几样都做到了。我现在是给你理发的理发师，给你修脚的扦脚师，给你做菜的厨师，给你按摩的按摩师，逗你笑的心理医师。你知足吗？""我知足、知足，我满足、满足。"

除了生活上相互扶持，唐耿良与蒋云仙还在艺术上共同探讨、奋斗。1999年8月，唐、蒋二人接受了美国上海联谊会——评弹国际票房和海外昆曲社的邀请，赴纽约演出，400多名评弹爱好者挤满了演出大厅。中国驻纽约总领事馆侨务组组长、常驻联合国代表团一秘以及上海联谊会主席耿英浦等都到场观赏，并向二人颁发了"终身艺术成就奖"。当天唐耿良说《草船借箭》，一人分演诸葛亮、周瑜、鲁肃三个角色，令听众如痴如醉；蒋云仙表演了《旧货摊》，以娴熟的弹唱，风趣的说表赢得了阵阵掌声。李永钧在《唐耿良的晚年是大写的》一文中记述了这次演出。

谈及与唐耿良的"黄昏恋"，蒋云仙在她的回忆录中这样写道：我自己比喻，我是荒山上的一朵野花，没有人支持扶植灌溉，就是在风雨飘摇中昂然挺立，晚年还是很幸福的。唐耿良去世后，蒋云仙便独自一人住在多伦多的老年公寓里，回忆往昔犹如电影镜头萦绕在她的心头，在个人回忆录出版之际，蒋云仙写下小诗一首：

独来独往独自宿，独言独语独自说，独烹独任独自食，独思独想独自乐（或哭）。

第二十七章

艺谭历历有散叶

作为一位评话艺术家，唐耿良在多年艺术实践中形成了自己对评弹艺术的独特认知，并且能自觉地将这种认识运用到自己的演出实践中去。

一、对噱头的认识

评弹比较重视"说、噱、弹、唱"，"噱"排在第二，可见"噱"的地位，故而有"噱乃书中之宝、一噱能遮百丑"之说。评弹的噱头大致有三种，即：肉里噱、外插花、小卖。所谓肉里噱，即是根据书情生发出来的笑料、噱头；外插花为穿插进正书的噱头；小卖是指演员说书时为了逗笑听众而即兴作的一两句风趣插话。可见，不管是什么样的噱头，都是为了逗乐听众。所以，陈云同志说："穿插和噱头是要的……听众出了两角钱，不是来上政治课，作报告也要讲点笑话。"

然而在实践中，部分艺人偏重在"噱"上下功夫，甚至一度"滥放"（噱头超过书情）、"错放"（下流噱头）横行。唐耿良认为，这种只为愉悦听众的目的不可取，因为噱是服务于书情的，而不是书服从于噱。再者说，噱头应该讲究点思想内容和艺术质量。在唐耿良看来，"'噱'既然作为一种手段，自然应该服从书的内容，为书服务。说书说的是书，'噱'只能起衬托、渲染和帮助刻画人物、表达书情的作用，不能喧宾夺主。""今天，我们并不抹杀或忽视听书的娱乐性，哄堂之余，心情舒畅也是需要的，但两者也不能不有个主次从属之分。"唐耿良认为，既然"噱"在书中有作用，就要明辨噱头的好坏、优劣。"首先是去除糟粕。凡是封建迷信、黄色、有毒素的噱头，自然毫不留情地删除。""同时也希望进一步提高'噱'的思想内容与艺术质量，使它能更好地为主题思想和情节、人物服务。"

在新书《铁人的故事》中，唐耿良也有过关于噱头问题的思考。在上海刚开始演出的时候，有一只噱头，就是小老虎拿苹果给王铁人吃，王铁人问："这样好的苹果哪里来的？"小老虎说："师傅你别问，吃了我再讲给你听。"王铁人说："你讲啊！"小老虎说："是'苏修'逼债的债款，退货回来。"唐耿良接着加了一句"退货退回来，是出口转内销"。当时，书场里哄一笑。起初唐耿良认为有笑声，总算这回书不是"硬绷绷"。但是，后来他感到不妥当，因为这一句的下面就是：王铁人

唐耿良（右）与张鸿声在一起谈艺

本人则憋了一肚皮气，听到这句话心里更气，"咳！"手指用力一捏，玻璃杯捏碎了，手指上的鲜血流下来，他一句话也没有，撑了拐杖往外面走了。由于中间有了笑声，把"苏修"逼债造成的愤怒气氛给冲淡了，而且这句话不符合当时小老虎的情绪。因为小老虎讲给他听时感情应该是心里气："这样好的苹果，'苏修'无理退货退转来。"一句"出口转内销"，是将说书人的思想代替了小老虎的思想。所以，唐耿良体会到噱头如果使书情起了相反的作用就不好了。

唐耿良在《火烧赤壁》中曾经有过一个噱头：庞统见曹操，曹操不知他真庞统还是假庞统，所以在请他吃酒时留心观察他。只见他衣冠不整，身上穿的道袍，上面的八卦图，已被磨去了五卦只剩下三卦，胸前油光光的，满嘴胡子，吃东西的时候狼吞虎咽，端起一大杯酒，仰着脖子灌下去，胡子一半浸在酒里，酒顺着嘴角流下来，流得满襟都是酒渍。曹操心想，这人一定是个名士。有才学不修边幅、不拘形迹的作风，谓之名士派。晋朝王猛谒见苻坚，王猛扪虱而谈，可算得是不拘形迹的了。但这还不算稀奇，苏老泉说王安石的作风已到了不近人情的地步，他能三个月不洗脸。据说有一次王安石上朝，虱子爬到胡子上他还不知道，下朝后别人指给他看，要他掐死虱子，他不以为怪，反沾沾自喜摇头摆脑地说："此虱进得相府，上得金殿，曾经龙目御览而上宰相之须，是乃一品大白虱也！"说完这故事，再补一句："这种人如果搁在今天爱国卫生运动中，那是非要上黑板报、受批评、作检讨不可的。"唐耿良认为："这两个故事都是外加进去的，通过古代两个名士的描绘，说明名士作风，托出庞统的形象，加深听众对人物的印象。"

总而言之，唐耿良对于噱头的运用有两个特点：一是通过演出实践来筛选，凡是格调不高，或不合书情的就不吝删除。二是经过实践认为适合书情的就加工提高，不断改进。

二、对开场白的认识

说书的开场白很重要。张鉴庭曾经说过，开场的几分钟之内如果抓不住听客，那么这回书就很难说了。如何开场，是每一个说书人都时常思考的问题。开场白的方式有很多，如放噱头、与听众打招呼、接着前一天"关子"等等，而唐耿良认为："开场白中的噱头更是重中之重，开场白引得听众哄堂大笑，书场里的气氛活跃了，接下来正书说唱就容易引人入胜了。"

为了学习同行们的开场白，唐耿良曾多次聆听其他评弹艺术家说书。唐耿良回忆：1984年举办蒋月泉书坛生涯五十年的专场演出，南北各地的蒋门弟子都来参与盛会，北方单弦名家马增慧唱《战长沙》，南曲北移，获得极大成功。江苏尤惠秋——尤调创始人也参加首场公演。蒋月泉的开场白，先是感谢学生们的支持："我嘛唱蒋调，马增慧嘛唱马到成功调，尤惠秋唱尤调，伲三家头一道演出，倒是酱（蒋）麻（马）油（尤）拌海蜇皮子一等。"简简单单的一句话，让听众们捧腹大笑，接下来的书也就好说了。

唐耿良还潜心摸索开场白，以增强自己演出的感染力。80年代初，中国红楼梦学会年会在上海师范大学举行，会议的最后一天在师大礼堂举行文艺演出。当时的红学会会长冯其庸先生打电话给唐耿良，邀请唐耿良参加文艺演出。唐耿良欣然从命，等他进入师大礼堂休息室，看到墙上贴着的节目表后愣住了。

唐耿良（左）与杨振言在纪念"蒋月泉艺术生涯五十年"会上

原来那天演出的节目有刘韵若的《晴雯补裘》、杨振雄的《贾宝玉夜探晴雯》、沈世华的《黛玉焚稿》、余红仙唱《夜探潇湘馆》，越剧有王文娟唱《黛玉葬花》、徐玉兰唱《宝玉哭灵》，京剧有童芷苓唱《红楼二尤》……清一色的都是《红楼梦》题材。唐耿良心想：在如此众多的红楼题材中，插进评话《三国》，明显感觉尴尬和不协调，但又不能打退堂鼓，一定要想出一段开场白来化解这局面。于是上台后的唐耿良说："今朝红学会年会结束，文艺演出基本上是红楼梦内容的节目，唱得最多的是林黛玉，林妹妹身体有病，她去找贾宝玉诉苦，要我唱那么多，我吃勿不消。贾宝玉安慰她别担心，我去想办法，于是贾宝玉去找曹雪芹商量。曹雪芹马上去找罗贯中，罗贯中通情达理乐于助人说：林妹妹弱不禁风，怎么可唱那么多。这不要紧，我去叫张飞来表演一个节目让林妹妹喘口气。就这样张飞误进了大观园，说起一回《战樊城》来了……"这样的开场白，让唐耿良顺理成章地在红楼梦节目里说起了《三国》。

三、对流派唱腔的认识

唐耿良是评话名家，但对弹词流派唱腔同样有着独到的认识。有一次他听了两位青年演员学唱张鉴庭的"张调"，一个说唱了四十分钟一回书，筋疲力尽；另一个唱了两段选曲后说肋骨也痛了。唐耿良心想："张鉴庭在壮年时日夜场演出，一天要唱八回书，仍然是精力充沛，游刃有余。"为什么会这样呢？唐耿良认为"这是他们学流派的时候没有学到老师的办法，这就叫不得法"。

这是因为有些人学"张调"刚学会《误责贞娘》和《芦苇青青·望芦苇》两档唱篇，就把"怒满胸膛骂一声"和"罢、罢、罢……"的唱腔到处套用了。也有人连上台走路也学着他的样子，用白手绢揩弦子。弹过门时看一下弦子，一举一动也刻意模仿，甚至夸张到近乎丑化的程度。像是起了张鉴庭的角色在说书，只求形似而不求神似。正如京剧界有些学"麒派"的人，不学周信芳现实主义的表演艺术，只学他的哑嗓子，把"麒派"艺术的特色学歪了。唐耿良觉得"这叫作东施效颦。学流派艺术，如果不得法，或

艺术探讨（左二为唐耿良）

者是学形不学神，那就有点像东施效颦了。"

怎样才能得法呢？唐耿良认为，应该是从自己的实际出发，比如说你是轻量级举重运动员，那你不要去举重量级的杠铃。硬进，那是要吃苦头的。首先了解自己的嗓音条件，然后理解老师流派的特点，在继承的基础上发展，蒋月泉就是在周玉泉的基础上创造了"蒋调"。如果是自身天赋条件不如老师，也完全不是没有机会创造自己的流派，严雪亭的嗓音就不如徐云志的好，但是严雪亭根据自己的实际情况创造了"严调"。

在创造流派的过程中，唐耿良认为还有几点值得重视：第一是书性与个性的结合。"例如，蒋月泉他原来拜钟笑侬为师，学了三个月觉得《珍珠塔》不合自己的个性，张云亭的《玉蜻蜓》使他产生了浓厚的兴趣，于是改拜张云亭为师。后来发现周玉泉说表飘逸，唱腔优美，再拜周玉泉为师学艺。吸收了张、周两师的艺术，再不断地发展和丰富自己，成为青出于蓝而胜于蓝的流派。"第二是广泛学习吸收各种艺术。"张鉴庭对京戏中老旦的唱法很有研究，《吊金龟》以及《四郎探母》佘太君的唱段他都能唱，因此《芦苇青青》的钟老太和《红色的种子》的王老太的唱段都吸收了京剧老旦唱腔的因素。"第三是永不满足于已经达到的艺术成就,不断发展自己的流派。"蒋月泉在解放前的唱腔着重于曲调优美,音色漂亮动听,把表达人物感情则放在从属地位。解放后他逐步发展为把刻画人物性格、体现人物感情放在第一位,唱腔为表演人物性格情绪服务。《庵堂认母》中徐元宰、《厅堂夺子》中徐上珍的唱段都是声情并茂,感人肺腑的佳作,这是现实主义的表演方法,使蒋调艺术发展到一个新阶段。"第四是双档的稳定也相当重要。"沈俭安和薛筱卿、张鉴庭和张鉴国、朱雪琴和郭彬卿等等,都是牡丹绿叶,相得益彰,有了这样好的琵琶伴奏、三弦衬托,方使他们在唱腔发展上取得成果。"

四、对传统长篇《三国》的认识

苏州评话传统长篇《三国》最早演说者为陈汉章,后传其子陈鲁卿,再传至同光年间的朱春华。朱春华殁后,无人传续。后来的弹词艺人许文安偷学《三国》,并向朱春华牌位磕头拜师。许文安发展了朱春华的《三国》,成为一代名家,此后《三国》欣欣向荣名家辈出。《三国》这部书有"大王"的赞誉。

唐耿良早年跟随先生唐再良学习评话《三国》,后逐渐走红于江浙书场码头,1944年经"描王"夏荷生推荐进入上海沧洲书场演出,一炮打响,遂成为"上海响档"。多年的书坛演出《三国》实践,让唐耿良对《三国》这部书、对传统书目有着自己深切地感悟,在他看来,传统长篇《三国》是一部优秀的书目,但其中有糟粕,需要整理。《三国》虽然是经典,但可以加入现代人的发挥,甚至于可以古为今用,只要有合情合理的解释。

首先是对待《三国》糟粕上。唐耿良认为,"受时代的局限,评话和小说一样,其中也有糟粕存在,例如'宿命论'……再有就是迷信的描述"。唐耿良认为,这些都要进行整理加工。例如"华容道关羽放走曹操"一节,诸葛亮明明知晓关羽必然会放走曹操,为什么还要坚持派遣关羽把守华容道呢?过去评话的解释是曹操天命未绝,诸葛亮顺天行事,让关羽去把曹操放走。唐耿良经过加工整理,却是这样说的:"诸葛亮考虑到当时的力量对比，曹操不能死；曹操如死，中原空虚，刘备寄居江夏实力未丰，不可能去夺取中原，这就给孙权、周瑜以机会；如果周瑜取得中原，江东实力大大增强，刘备就难以抗衡，鼎足而立的均势就要遭到破坏；留下曹操，周瑜不但取不到中原，而且还怕曹操背后袭击报赤壁之仇，也不敢去攻击刘备……"这样的修改，既删除了宿命论，又充分显示了诸葛亮的智慧。唐耿良认为："对传统书目加以整理、提高无疑是有利于艺术的发展的，也是必要的。"这也符合陈云同志提出的"传统书要整理"的指示。

唐耿良一生编演过多部现代新书，但晚年的他反思说："现代评话故事的特点是跟上时代，反应迅速。它的不足也是应时性太强，艺术上欠锤炼，不能成为经常演出的保留节目。"在众多新书里，唐耿良较为看重他编演的《三国用人之道》。"评话艺术怎样做到古为今用，为现实服务？"这一问题一直萦绕在唐耿良的心间。"文革"结束后，唐耿良更为《三国》这部优秀传统书目江河日下的处境堪忧。偶然的机会，唐耿良从报纸上得知日本掀起了《三国》热，尤其是日本的企业界利用三国故事发展了他们的企业，取得了不错的成绩。于是，唐耿良决定编写一段刘备、孙权、曹操和诸葛亮善于用人的故事，以期"为改革开放尽一点力，也为改变评话《三国》受冷落的局面开辟一条新的出路"。

《三国用人之道》编写好后，很多单位都邀请唐耿良前去演出，受到了广泛好评。当时钱璎①与周良商量后决定，邀请唐耿良前往苏州演出。唐耿良在苏州先后演出五场，苏州人民电台还在现场做了实况录音并在电台播放。网友ahdi曾评说道："唐公虽说的是传统书，但能抓住和结合时政与社会热点，进行评述，使传统书说出了新意。他始终走在对老书继承与创新的前列。"

唐耿良有着长期编新书的经验，深谙评话艺术真谛，因此编写《三国用人之道》得心应手，但他却谦虚说道："这个节目在艺术上是粗糙的，甚至有非驴非马之处，跟传统评话有距离，在表演艺术上还有待于探索。"这

---

① 钱璎，女，生于1923年，系著名文学家阿英之女。钱璎长期担任苏州文艺领导工作，担任过苏州文化局党组书记、副局长，苏州市委宣传部副部长，以及工艺美术公司党委副书记等职。20世纪80年代中期，钱璎从领导岗位上退下来，被聘为文化部振兴昆剧指导委员会首届秘书长。

也表现出他对自己的严苛。唐耿良不断思考传统评话的改革问题，他绝对不是"坐视评弹萎缩而束手无策"之人。唐耿良反复思考后认为，说书就"要说听众需要听的书。所谓适销对路。"这也就涉及"就听众"和"常演常新"的问题。当然，不是说传统书目一概不要了，而是在继承传统优秀书目的基础上，适当的编演些"有说有唱，有笑料有艺术性的作品"，并且要时常"到城乡去演出"，这样才能搞活评弹。在致钱璎的信中，唐耿良也提出了对于创作的建议，他希望"主管领导去组织，在财政上有所支持，让我们的年富力强的编演队伍，在精神文明建设的实践中提高充实自己，振奋士气。"除了苏州，唐耿良还受到上海、昆山、无锡、天津等地社会各界的邀请和欢迎，演出了50余场。

唐耿良早年的学生王维平曾帮助过唐耿良联系场子说《三国用人之道》，据他回忆，"我觉得跟他（指唐耿良）学习（说书）之后，印象最深的也就是到了后期，他的《三国用人之道》，我觉得他在这回书当中，他对自己的创作表演，是上了一个新的台阶，得到了一个升

唐耿良致钱璎

277

华。他通过曹操、刘备、孙权、诸葛亮四个人物来引出用人之道,这个办法是相当好的。当时我已经在团里分管演出工作了,他的书通过《解放日报》《上海戏剧》的宣传,在社会上已经引起了很大的轰动,所以我在这方面帮唐老师接了不少《三国用人之道》的场子。我非但帮他接了场子,而且我亲自到现场,跟他一起去听。当时剧场里的效果,我怎么比喻呢,像是现在听周立波的海派清口,效果好是好得来,一句话一个包袱,非但现场效果好,而且到演出结束,这些经理老板领导都到后台来说,说唐老师,听你一个小时的书,胜过我们办十期学习班"。唐耿良感到:"实践证明,传统书目稍加变通,古为今用,是能受到听众欢迎的。"

邓小平早在1979年10月30日《在中国文学艺术工作者第四次代表大会上的祝辞》中就提到,"对实现四个现代化是有利还是有害,应该成为衡量一切工作的最根本的是非标准"。在邓小平看来,"文艺是不能脱离政治的"。探索《三国用人之道》的成功因素,首先因为它是建筑在传统书目基础上的;其次是《三国用人之道》的故事中,刘备、孙权、曹操、诸葛亮等善于用人,从而成就伟业,实际上契合了当时的经济建设中要"提高管理水平,提高职工的业务技术能力,提高劳动者生产率和工作效率,发挥职工的积极性、创造性,尽力减少各种浪费"的指示。改革开放后在"以经济建设为中心"的前提下,为经济服务实际上也就是为政治服务。

唐耿良有着丰富的演出经历,在长期的书坛实践中,他对评弹艺术的认识是深刻的。唐耿良的艺术观点,值得后来人深思和学习。

第二十八章

别梦依稀述真情

　　先贤说人生有三不朽：立德、立功、立言。立言是立德、立功的延续，可以传之后世，"与天壤而同久，共三光而永光"。唐耿良的晚年是大写的，不仅仅体现在老人对评弹事业的执著，更在于他撰写了一本兼具存史、资政、育人的书——《别梦依稀：我的评弹生涯》。晚年的巴金以其对社会历史的高度负责、对生命人格的完美追求，写下了40万字的呕心沥血之作《随想录》，以此反思时代、反思生命，成为绝响。某种意义上说，唐耿良的《别梦依稀》就是评弹界的"随想录"，在他看来，"我个人在那特殊时空的经历，或许就是我们这一代评弹艺人的缩影。把记忆变成文字，留给那些热爱评弹艺术的听众，留给我的亲人、朋友和后代，这是我的责任，也是退休后寓居海外的我力所能及的。"唐耿良的长子唐力行认为，"（父亲）又获得了自我，当然这个自我已不是原先的自我，而是在更高层面上的自我。"复旦大学王振忠先生指出，《别梦依稀》的作者唐耿良是"一位毕心殚力的评弹艺人"，整理者唐力行是"一位功力深厚的历史学者"，两者的珠联璧合，使得这部书信今传后，不似以往在各地政协文史资料中常见的回忆性文字那般流于通俗和随意，是可以作为专门史的曲艺史，也可以视为20世纪中国社会史的重要组成部分。

　　1991年，唐耿良应多伦多大学东亚学系Peter（中文名为罗爱儒）教授之邀，前往多大讲学。做完报告后，本以为可以"如释重负，长长地舒了一口气"，没想到罗教授还安排了20分钟的提问环节，这让没有准备的唐耿良着实紧张了一把。有学生问：你几岁接触评弹的？唐耿良回答：6岁。学生又问：6岁怎么听得懂历史故事？唐耿良回答：我到书场去听书，因为有好吃的零食，先是为了嘴馋到书场里去，后来听懂了就慢慢发生兴趣，走上了学说书的道路。又有学生问：你是怎样学说书的，从学会说书到成名成家是一个怎样的过程？一连串的问题让唐耿良犯了难，不是他回答不出来，而是如何在短短20分钟内回答完是比较困难的，毕竟他所经历的历史往小里说是艺人个体生命史，往大处说则是20世纪中国民间艺术在历史事变、运动中的发展史。那天讲学结束之后，晚上唐耿良睡在床上，既兴奋于国外讲学的成功，思绪又随着学生们的问题回忆起自己的峥嵘岁月。

研读评弹历史资料

文章本天成，妙手偶得之。唐耿良经历过多个时代的变迁，他决心把自己的记忆变成文字，留给喜爱评弹艺术的广大听众，留给他的亲人、朋友和后代。当唐耿良将这一想法告知以研究史学著称的大儿唐力行时，当即就得到了唐力行的鼎力支持。实际上，早在20世纪90年代初，唐力行就曾建议父亲撰写回忆录，"90年代起，在我这个以历史为业的儿子的建议下，他开始撰写回忆录，将一个评弹艺人的人生历程记录下来。在我看来，这是弥足珍贵的。因为父亲经历了近九十年的时代变迁，他个人的命运其实折射了整个时代的变迁。迄今为止还没有一个评弹艺人写下自己的历史，而父亲个人的信史其实也是20世纪30年代至今评弹史的缩影，某种意义上也可以让我们从中解读文化艺术的时代命运。"

事非经历不知难。起初，唐耿良旅居加拿大时埋头写了三年多，大体写出了一个雏形。唐耿良回沪探亲时，他将初稿打印成四份，分送了周良、蒋月泉、秦绿枝、彭新琪等朋友。秦绿枝对初稿提出了修改意见。秦绿枝事后回忆："我看了初稿，老实不客气地向他表达了我的不满。我认为他在书中只写了学艺演艺的过程，内容未免太单薄了。一个演员的成长与成名，离不开他经历的时代，处身的社会，接触的朋友，所谓涉足江湖，出没风波，大有回顾与反思的价值，略去不写太可惜了。"在此过程中，唐耿良还投石问路，陆续将书稿发给《评弹艺术》主编周良先生。周先生自《评弹艺术》第18集起，连续发表多篇唐耿良的文章。1998年底，有人写信到《评弹艺术》编辑部，认为身处异国的唐耿良言论"对共产党和国家，时有谤诬言论"，他的回忆录不应该再予继续刊登，如若再行刊登，今后自己将不再支持《评弹艺术》的征稿。周先生接信后，立即重读已经刊载出来的文章，认为唐耿良的言论并没有任何过激之处，于是对此信的态度是不予理睬。

1992年，唐耿良携子唐力行游览黄山

带着众人的意见，唐耿良返回加拿大，继续撰写书稿，并不断充实修改，断断续续又写了近十年。道可道，非常道。唐耿良以耄耋之年写书的艰辛，只有亲身接触的人才深有体会吧！女儿唐力敏回忆，2004年她与先生准备赴加拿大探亲前夕，接到了唐耿良打来的越洋电话，特别嘱咐他们要买一台装有中文操作系统的电脑，说是要学上网以便了解故乡和评弹，女儿只得为其准备了一台手提电脑和一本《老年人如何上网》的参考书。此时已经85岁高龄的唐耿良从未接触过电脑，要想上网就要首先学会打字。老人的普通话不标准，使用拼音打字显然是不行了，于是只得学习有着130个字根的五笔输入法，这些内容全部背下来对于这样年龄的老人也是不容易的！功夫不怕有心人，唐耿良很快就掌握了拆字记码法则，可以在键盘上敲出自己想要打的文字了。此后，唐耿良也就是通过网络随时与大儿保持联系，写好一部分就发来让儿子整理、加工、润色，唐力行也时常通过网络反馈自己的意见供父亲参考。

相比于学会使用电脑，让唐耿良觉得更难的则是书稿中如何将自己以及同自己有很多相似经历的艺人们放在时代变迁中加以考量，为此他时常一边要忍受病痛带来的折磨，一边要不断打开自己记忆的闸门。为了避免遗忘忽然想到的内容，哪怕是躺在床上，唐耿良也要起身用笔记下。在回忆录中，他清楚地记得夏荷生给其写信，请他参加1944年中秋上海沧洲的演出情况。"夏自己担任送客，叫我说他前面的一档（第三档），二档是魏含英，头档是韩士良……"经过查对1944年9月30日（农历八月十四日）的《申报》，我们确实可以看到当时沧洲书场节目安排表中这样的次序。"不思量，自难忘"，事隔多年，而能记忆犹新，唐耿良的记忆力固然惊人，但那份情感的执著，才是最让人惊叹感佩的。更说明唐耿良的记忆力是惊人的。

寒暑交替，冬去春来，历经十数年的勤勉撰著，唐耿良的书稿大体完成了。唐力行接到沉甸甸的书稿时，一方面为父

唐耿良回上海录像住华东医院，唐力行去医院探望父亲，讨论《别梦依稀》回忆录的撰写

亲能写出如此丰富多彩的回忆录而开心，另一方面也感觉到担子的分量，因为他不能辜负父亲的信任。当然，整理父亲的回忆录，于唐力行而言自然责无旁贷。他利用一年多的业余时间悉心整理父亲的回忆录。唐力行坦言，"我深深地沉浸于父亲的生命历程，我感到从来没有像现在这样地了解父亲、热爱自己的父亲。父亲视评弹为自己的生命，他的生命已融入评弹之中了。他的回忆录是一部说书人的生命史，时代、人生、社会交织其间。"在整理书稿将近一半的时候，唐力行前往台湾学术访问，期间他将书稿的部分内容送到台湾商务印书馆，编辑告知他按照规定要有三个月才能告知是否通过评审。没想到几天之后，唐力行就接到出版社的电话通知，得知通过评审可以出版的时候，唐力行激动万分，并且加快了整理的节奏。2007年8月，全部书稿整理完毕，交付出版社，中文繁体版于同年11月出版面世。此后有大陆的出版社看到了这本书，表示也想出版此书，但唐力行认为如果在大陆出简体本，还是在北京商务印书馆出版为好，毕竟这是陈云同志曾经工作过的地方。1989年3月21日，陈云写信给何占春，信中说到《三国》，还曾称赞过唐耿良的书艺。而北京商务印书馆的总编辑恰好是从小就喜欢听唐耿良《三国》的评弹爱好者，编著双方一拍即合，书稿很快就被顺利纳入出版计划。经过与责任编辑朱绛先生的多次商谈契合，中文简体本于2008年10月出版发行。

繁体版《别梦依稀——我的评弹生涯》

《别梦依稀》凡66章，附录三则（分别为《故旧八忆》《演出作品之一：三国用人之道》《作者年谱》），全部书稿三十余万言，收录珍贵图片若干。时间跨度为20世纪30年代至21世纪，区域则横跨苏州至海外。可以说，《别梦依稀》不仅仅是唐耿良个体生命史，也是20世纪评弹发展史的缩影。《别梦依稀》一书问世之后，唐耿良请彭本乐开列了一张需要赠书的名单，每一本书上他都恭恭敬敬地签上自己的名字。书店里也很快上架。彭本乐说："2009年2月份的某天晚上，我在陕西南路地铁站的季风书店里看到《别梦依稀》陈列在显著地位。在《别梦依稀》的左边是《宋庆龄传》，右边是《乔冠华传》和《奥巴马传》。见到四书并列我非常兴奋，连夜写信给唐老师，说：'店方将您的回忆录'，和宋、乔、奥并列，使评弹艺术增色不少。第二天下午唐老师的大女儿力敏从医院打来电话，说是唐老师要和我讲几句话。他谦虚地说，这是店方在抬举他。4月6日下午，我又去了这家书店，《别梦依稀》已经卖完。"《别梦依稀》问世以来，已经拥有包括文、史、艺各界方家撰述的众多书评，由此可见是书影响之巨：

《别梦依稀：我的评弹生涯》书评一览（不完全统计）

作　者	文　章　名
彭本乐	《读〈别梦依稀〉——谈唐耿良先生的艺术人生》
周锡山	《唐耿良回忆录〈别梦依稀〉的杰出成就和成功经验》
郑士英	《读〈别梦依稀：我的评弹生涯〉唐耿良先生自传体回忆录有感》
程玉麟	《〈别梦依稀〉乃是真情的表述》
吴大民	《一本书的回忆》
邓晓文	《说书人的生命史—读阿叔的〈别梦依稀：我的评弹生涯〉》
王振忠	《听苏州评弹感受历史沧桑》
陈丽菲	《别梦依稀，别梦依稀—读唐耿良〈别梦依稀：我的评弹生涯〉》

作　　者	文　章　名
翁敏华	《书里的唐耿良》
洪　煜	《回忆录出版与史学研究——评〈别梦依稀：我的评弹生涯〉》
申　浩	《唐耿良的说书生涯》
周　巍	《再现历史与反思生命——〈别梦依稀：我的评弹生涯〉述评》
沈鸿鑫	《评弹春秋尽现笔底——读唐耿良先生的〈别梦依稀〉》
徐　雁	《一位评弹艺术家的时代悲欢》
刘家昌	《唐耿良先生留下的〈三国〉》

　　《别梦依稀》出版后，上海人民广播电台征求唐耿良之子唐力行的意见，他们想在节目中讲讲这本书里的故事。唐力行一口答应，但是他提出一个要求：这个故事得用苏州话讲，不用普通话，也不用上海话。后来，电台请了位老评话演员说了50讲，每天播20分钟。

　　《别梦依稀》中有众多细节描写异常出彩生动，比如去香港为杜月笙演出，总共也就半页纸的篇幅，但唐耿良却做到了令专业作家都折服的地步。作家顾绍文曾坦言，"我有一个戏里也写到杜月笙，就是因为看到唐老师这本书，偷到关子了，知晓如何写了。回忆录中，写到吴季玉逼问唐耿良：'共产党不让你们到香港来，是吗？'这时，杜月笙讲了一句：'伊拉要回去格末。'杜月笙所说的这一句话，就比那么厚的《杜月笙全传》来得栩栩如生"。作家蒋丽萍流着眼泪读完了《别梦依稀》，她认为"当中有几个地方，我想来想去唐老师写起来似乎有保留，但是写到如此地步已经很不容易"。

　　唐力行原先设想等父亲病体康复后再召开研讨会，谁知唐耿良的病情不断加重，亲自赴会几无可能。唐力行与时任上海评弹团副团长周震华商量，希望能尽快

简体版《别梦依稀——我的评弹生涯》

《别梦依稀——我的评弹生涯》学术研讨会会场

召开会议,让唐耿良听到会议上大家对他及《别梦依稀》的评价,这或许于他是莫大的安慰。周震华是评弹名家周云瑞先生的哲嗣,周云瑞与唐耿良同为"七煞档"、"四响档",共同创建上海评弹团,一向情厚谊笃。周震华要唐力行放心,动情地表示"你的爹爹就是我的爹爹!"周氏随即与上海评弹

《别梦依稀:说书人唐耿良纪念文集》
(上海人民出版社)

国际票房的蒋澄澜、窦福龙;上海曲协的王汝刚等先生商量确定会期。在各方紧锣密鼓的努力筹备下,2009年4月10日下午由上海市文广演艺中心、上海市曲艺家协会、上海评弹团、上海评弹国际票房、上海师范大学中国近代社会研究中心等五家单位联合主办的"著名评话名家唐耿良《别梦依稀——我的评弹生涯》研讨会"在上海市政协泰山厅隆重举行。与会人士有上海市文广演艺中心总裁吴孝明(得知会讯,主动要求参会)、上海市曲艺家协会主席王汝刚、上海评弹团团长秦建国、上海

评弹国际票房会长蒋澄澜、上海师范大学中国近代社会研究中心主任唐力行等领导、学者、评弹艺人、作家、票友等七十余人。会议由周震华主持。会议召开之际，蒋云仙从加拿大寄来一首诗，由刘韵若代读："耿良老伴，沉疴十年，欢乐余年，堪慰！别梦依稀，奋笔成书，可敬！"与会代表的发言，已整理发表于《别梦依稀：说书人唐耿良纪念文集》（上海人民出版社，2010年版）上，以供参阅。

《别梦依稀：说书人唐耿良纪念文集》（商务印书馆）

　　唐耿良大半生处在中国风云际会的特殊时代，而始终能做到洁身自爱。会议结束后，唐力行与妻子张翔凤赶往华东医院探望唐耿良，并告之会议的大体情况，唐耿良释然而欢。第二天，唐力行将制作好的会议录像光盘送到医院播放给唐耿良看，看到久违的朋友、听到他们的知心话，唐耿良笑了，他对唐力行无愧地说了一句："我是讲真话的。"这正如著名弹词演员、原上海评弹团团长张振华先生所言，《别梦依稀》书里面反映的事情很真实，没有虚伪，没有矫揉造作。

　　《别梦依稀》开了一个好头，此后评弹界陆续出版了多本艺术家的回忆录或谈艺录，为保存、传承和发展作为国家级非物质文化遗产的评弹作出了重要贡献。

第二十九章

世间再无大响档

1989年，68岁的唐耿良已罹患哮喘病十年之久，且愈发严重，退休后在何处栖身的问题让他颇费思量。这一年冬天，唐耿良应在加拿大的女儿邀请去加探亲。到了枫叶之国，唐耿良的哮喘竟不药而愈。这主要得益于气候、人文等外部环境的改善，再加上唐耿良不沾烟酒、控制饮食、早睡早起、心态平衡，还重拾曾经跟张如君学的太极。"结庐在人境，而无车马喧。问君何能尔？心远地自偏。"在唐耿良看来，"在这里安度晚年正是得其所哉！"

然而，人生终究抵不过岁月的流逝，病痛逐渐折磨着这位体貌渐趋衰竭的老人。《别梦依稀》和唐力行撰写的《别梦依稀：说书人唐耿良的人生经历》详细描写了唐耿良的病情。

2000年夏天，唐耿良在多伦多的家中接到北京的中国曲协打来的电话，曲协准备在是年11月中旬举办"国际曲艺节"，特邀请唐耿良与蒋云仙同去参加，他们欣然接受了邀请，唐氏报的节目是《古城相会》，蒋报的是《逛天桥》。为了将节目控制在十分钟以内，他们还做了认真的准备，先写了文字稿，又录了音寄到北京。10月初，他们返回上海准备参加盛会。这次长途飞行让唐耿良感觉异常疲劳不适，到医院门诊检查心电图发现心律不齐，于是住院重新检查，竟然连续发现大便中有隐血，等再做肠镜，发现结肠肿瘤，医生表示需要立即进行手术治疗。1999年的11月唐耿良刚刚切除前列腺，住院三个月，现在又要开刀了，身体如何受得了；况且再过十天就要去北京参加演出。于是唐耿良与医生商量，可否半个月之后再行手术，医生拒绝了唐耿良的请求。

手术被安排在11月13日上午。蒋云仙9日到北京，11日晚上演出，12日便飞返上海，她不放心病中的唐耿良。13日清晨，在蒋云仙和子女们的陪护下，唐耿良被送进手术室。不知经过了多少时间，被推出手术室的唐耿良脸色苍白，蒋云仙和子女们看后心疼万分。七天危险期过后，唐耿良可以进食了，大家纠结的心也落地了。经过三个星期的监护，伤口拆了线，唐耿良可以下床行走了。一个月之后，主治医师找唐耿良谈话，介绍手术情况,唐耿良这才得知自己患的是肠癌早期,如果再隔半年瘤子长大了就会产生肠梗阻,或者癌细胞扩散治疗起来会相当困难。听了医生介绍,唐耿良不禁额手称庆,如果不是曲协的邀请,就不会回上海,也就查不出自己患病;如果不是医生的细心检查,也就不会发现病灶。紧接着医生又告诉唐耿良,虽然切除了病灶,但肿瘤的边缘已经癌化,还需要进行半年的化疗,防止可能发生的癌扩散。就这样,唐耿良在医院又接受了六个月的化疗,这才安心返回加拿大。

唐耿良再次回到上海时,已是2008年。这一年次子唐力先去加拿大探望父亲,唐耿良执意要随力先回来探亲,并于10月5日抵达上海。长途飞行的劳累让唐耿良再次感到不适,3天后住进了华东医院。这一次唐耿良患的是白血病。21日医院为唐耿良做脊椎穿刺,以便进一步确定白血病的类型。30日化验结果出来,全家到医生办公室开会讨论治疗方案,得知唐耿良确诊白血病,而且是一种预后不好的类型,目前尚处慢性阶段。不治疗的后果是白血球成倍增长,导致昏迷,或一场感冒发烧也会走人。治疗的方案,拟用小剂量化疗,先试探效果,再慢慢摸索,改善生存治疗。总之,此病平均存活仅9个月。唐力行经过与弟、妹的商量,决定听从医生建议,施行积极治疗。

病中的唐耿良最喜爱的还是评弹,大概也只有沉浸在评弹艺术之中时才能稍稍减轻他的病痛。周震华为他送去了一台电脑和一些评弹专场的碟片,胡国梁给他送去《弹词流派唱腔大典》,次子力先送去了一只录有一千多小时的评弹MP3,一有空闲唐耿良就戴上耳机听书。此外,他还在病榻上为旧朋故友签名赠送《别梦依稀》。当时,上海唱片社准备出版他的《三国·千里走单骑》的碟片,唐耿良执意写了《我与评话三国的关系》,作为录像的说明,这也成了他的绝笔。

病中的唐耿良还得到了众多亲人、朋友的关心。2008年12月11日上午,准备赴苏州参加全国曲协工作会议的刘兰芳主席,不顾旅途劳顿,从上海虹桥机场直奔华东医院,看望唐耿良。老同事陈希安、王柏荫、高美玲、李庆福、张振华等人多次前往医院探望。有次因为唐耿良正在休息,张振华在笔记本上留言说:"唐老:您好!得悉晚了,今日才来看你,望谅!见你熟睡，未敢唤醒，只得留条问候！长期来您对我的影响很大，是我最敬仰的老前辈之一，您的回忆录我正在看，尽管电台上听了'7'课，但看书还是很有味道，受益匪浅！谢谢。祝早日康复！（送上天然元蛋白粉两瓶，望笑纳）振华、小虹　09.4.5.上午"。此外，还有王依韵、秦建国、周震华、周强、张如君刘韵若夫妇、周介安、赵开生、胡国梁黄鹤英夫妇、沈伟辰、孙淑英、王维平、蒋梅玲、蒋培森、张鉴国的女儿女婿、江文兰、薛惠君、金丽生、孙惕、尤志明、彭本乐、吴孝明、盛小云、梅平、叶文藻、顾绍文、沈善增、程乃珊、连波、陆百湖、程玉麟、史友龙、朱绛、苏智良、洪煜、周巍、魏运生、孙毅等到医院探望或通过其他途径表示了慰问。

　　大半辈子栉沐风雨的唐耿良，在最后的病重期间，时时感受到亲情和友善带来的生命温情。2009年1月25日大年夜，医院破例让出了13楼办公室给唐家吃年夜饭。唐家所有在上海的亲属都来到医院，孙子唐心远将办公室布置得喜气洋洋，挂了灯笼，还用彩纸剪了"我们和父亲（阿爹）一起过年"的字样。办公桌上摆放着一只大蛋糕，再过5天就是唐耿良虚90的生日了。那天的唐耿良身体并不太好，但他坚持拔了针，坐了轮椅来到会议室。次子力先带来一台录音机，会议室里轻轻地播放着唐耿良好友蒋月泉的开篇，显得很温馨。众人围绕在唐耿良的身边，拍下了其乐融融的全家福，共同祝愿唐耿良健康长寿！

　　病魔肆虐依旧，早在2008年11月17日，医院就曾第一次下达病危通知书，经过12天的抢救，化险为夷。唐耿良自知来日无多，多次对唐力行吟诵陆游的两首诗，一首是"死去原知万事空，但悲不见九州同。王师北定中原日，家祭无忘告乃翁"。另一首是"斜阳古柳赵家庄，负鼓盲翁正作场。身后是非谁管得，满村争说蔡中郎"。长子心领神会父亲的意思：一是希望儿子处理好身后事，使家庭和睦；二是要儿子做好答应他的评弹研究和资料搜集工作，希望评弹再现辉煌。此外，唐耿良还交代："我是一个说书人，将来在我的墓碑上只要刻上说书人唐耿良就可以了。死后不举行追悼会，遗体捐作医疗解剖，骨灰盒不要买贵的，要回到苏州，与妻子合葬。"2009年4月21日13点40分，评话名家唐耿良走完了将近90年的人生路程。

　　一代大响档魂归道山，引起书坛震动，哀思无限。

国务委员唐家璇向上海评弹团发去唁电：

惊悉唐耿良先生不幸辞世，深感悲痛。请向逝者家属转达我的深切哀悼和亲切慰问，并请节哀珍重。

唐耿良先生是著名的评话大家，毕生献身评弹艺术，他对评弹事业发展做出的不懈努力和卓越贡献将为广大评弹爱好者永远铭记。

希望贵团的艺术家们发扬唐耿良先生的崇高品格和为艺术献身的宝贵精神，为评弹事业的继承、振兴和发展做出新的更大的贡献。

评书名家刘兰芳向治丧委员会发去唁电：

惊悉著名评话艺术家唐耿良先生不幸逝世，万分悲痛。唐耿良先生是评话界的老前辈，是一位德艺双馨的艺术家，为深爱他的广大观众留下了经典评话作品《三国群英会》《王崇伦》等。先生离去，是我们评书评话界和曲艺界的重大损失。

唐耿良先生是我尊敬的好老师，在先生病重期间，我曾与先生见面。先生对我非常关心，我深受感动，决心不辜负先生的期望，为评书评话事业不断贡献力量。

我因4月27日和28日在湖北演出，29和30日在江苏连云港电视台有任务，不能亲自前往为先生送行，请代为献上花圈，以表哀思。特向唐耿良先生的亲属表示慰问，请节哀顺变！唐耿良先生千古！

评书名家田连元向唐力行发去唁电：

惊悉唐耿良先生病逝，不胜痛惜。先生生前曾与我相会于重庆、沈阳、北京等地，聆听高论，受益颇多。本欲有暇拜访，孰料驾鹤西去，谨以数语，以表思悼：渝州相会见精神，语惊四座盛京闻。三国智慧融天下，八旬老者时代心。洞悉世事通今古，慈面人生坦而真。

今日曲坛凋巨树，艺林风采减数分。顺向家属表示慰问。

上海师范大学周育民教授嵌唐耿良名讳于挽联之中：

> 承汉启唐三国神韵有公传
> 耿志抒怀别梦依稀良史在

著名报人秦绿枝撰文说道：

> 想到唐耿良出国前或有时从国外回来，我们偶尔有聚晤的机会，交谈也不多。却正像《红楼梦》里葫芦庙的对联提示的，彼此都翻过大筋斗，感情反而比早先接近了。现在他离去了，我很怅惘，我们这一辈饱尝辛酸的人已所剩无几了。

《曲艺》杂志2009年第5期刊登《著名评话艺术家唐耿良先生病逝》一文，也对唐耿良的去世表示了哀悼。著名史学家邹逸麟先生说："响档的时代结束了。"

4月29日，唐耿良追悼会在上海龙华殡仪馆的银河厅举行。大厅成了花的海洋，社会各界敬献的花圈和花篮从厅的两边一直排到门外。唐耿良的遗像挂在花框里，银发红衣，笑容可掬。电视屏幕上滚动播放着唐耿良在苏州拍的专题片和演出片段；没有哀乐，播放的是已离世多年的蒋月泉的开篇《三国·刀会》，两位好友可以在天国重聚了。周震华宣读了丁关根、唐家璇、刘兰芳、周良等领导的唁电，以及赠送花圈的单位和到场的领导名单等。秦建国主持默哀。上海评弹团致悼词，深情回顾了唐耿良的一生。当天的追悼会有三百余位人士前来悼念、送别唐耿良，其中有唐再良先生的孙子唐人麟；也有参加过唐耿良妻子告别仪式的唐力行中学同学郑会强，他们都是从报上看到消息后自发赶来的。女儿唐力平将前一天准备好的一串白兰花从胸前取下，轻轻地将它系在红色的玫瑰花上，放在唐耿良的遗体旁。人们向唐耿良的遗体三鞠躬，缓步走到遗体旁敬献红色康乃馨,祝福先生一路走好!

　　2009年冬至,唐力行与弟妹护送唐耿良的骨灰回到苏州,归葬越溪糯米山祖坟地,与妻子合葬。唐力行为父亲写了墓志铭:"说书人唐耿良,姑苏人氏。国家一级演员。为蜚声书坛'七煞档'、'四响档'之一,被誉为'唐三国'。上海评弹团创始人之一,历任副团长、艺术委员会主任,中国曲艺家协会常务理事及上海曲艺家协会副主席,上海市人民代表等职。获国务院特殊津贴。著有《三国·群英会》《别梦依稀:我的评弹生涯》

2010年冬至,笔者前往唐耿良、李志芳墓地祭拜

等。有评话《三国》一百回传世。铭曰:七十五载说三国,胸存浩气,饮誉江南;八十八年化一书,别梦依稀,永留人间。"

尾　声

多年前,唐耿良长公子唐力行去英国参加一个社会文化史的会议,深感只有引入文化的因子才能将区域社会经济研究工作推向深入。在做了充分学术论证后,决心以评弹为切入口开展评弹与江南社会的研究。之所以选择评弹,不仅因为他是说书人的儿子,从小听评弹,耳濡目染,钟爱评弹;更在于唐力行帮助父亲整理回忆录时,大量地接触了评弹历史和民国以降的评弹资料,深入认识了评弹与江南社会的血肉联系。

怀着对父亲无限追思和对评弹与生俱来的情感,牢记父亲临终"家祭无忘告乃翁"嘱托的唐力行,全身心投入到评弹与江南社会互动的研究之中去,2014年更以《评弹历史文献资料整理与研究》为题,申报了国家社科重大项目。该课题将从历史学的角度重构苏州评弹的发展史,这是一项跨学科的研究工程,重视历史学与艺术学、社会学、人类学、文学、美学、地理学、政治学等学科的交叉。目前已培养评弹研究专门人才十多位(其中博士14名,硕士6名),出版《评弹与江南社会研究丛书》10本(《书台上下:晚清以来评弹书场与苏州社会》《雅韵留痕:评弹与都市》《评弹1949:大变局下的上海说书艺人研究》《个体与集体之间:二十世纪五六十年代的评弹事业》《弦边婴宛:晚清以来江南女弹词研究》《伴评弹而行》《别梦依稀:我的评弹生涯》《别梦依稀:说书人唐耿良纪念文集》《凌云仙曲:蒋云仙口述传纪》《为伊消得人憔悴:胡国梁的评弹梦》等),目前在研8本(《苏州评弹社会史稿》《都市之声:近代上海大众媒介下的评弹艺术》《第一书码头:评弹与常熟社会》《盛衰双刃剑:上海评弹界的组织化(1951—1960)》《评弹艺术的轻骑兵之路:"十七年"书目传承研究》《社会主义新艺人的塑造——20世纪五六十年代评弹传承研究》《金戈铁马:晚清以来苏州评话研究》以及和彭本乐的回忆录等),同时预期要编成《中国评弹社会史料集成》(3卷,360万字)和一百位评弹人口述历史。

为实现评弹研究队伍新老交替,加强评弹研究队伍的联系与整合,推动评弹事业发展,中国曲艺家协会副主席吴文科先生、江苏省曲艺家协会原主席周良先生多次建议上海师范大学依托国家社科重大项目"评弹历史文献资料整理与研究"成立相应研究中心。经过充分论证，唐力行向学校提出申请并得到批复，上海师范大学中国苏州评弹文化研究中心于2016年5月成立。唐力行希望以研究中心的成立为契机，更好团结各地评弹理论研究者，共同为推进评弹事业的健康发展出谋划策，以实现其父唐耿良的遗愿。

唐耿良之子唐力行（左）与周良合影

附　录

唐耿良新编书目一览

时　间	作品名称	编创者	类型
1950年	《太平天国》	范烟桥、唐耿良	长篇
1952年	《一定要把淮河修好》	集体创作	中篇
	《一车高粱米》	唐耿良、周云瑞改编	短篇
	《中朝一家》	唐耿良编	短篇
	《慰问志愿军》	唐耿良创作	短篇
	《见到了祖国的亲人》	唐耿良、朱慧珍、陈希安创作	短篇
	《空军英雄张积慧》	唐耿良编	短篇
1953年	《特级英雄黄继光》	唐耿良编	短篇
	《长空怒风》	唐耿良改编	中篇
1954年	《走在时间前面的人——王崇伦》	唐耿良编	短篇
	《王孝和》	柯蓝、吴宗锡、唐耿良创作	中篇
	《朱顺余》	唐耿良、王友枚	短篇
1955年	《傅宝娣》	唐耿良创作	短篇
	《郝建秀》	唐耿良编	短篇
	《许瑞春》	唐耿良、姚荫梅创作	短篇
	《荣军锄奸记》	唐耿良改编	短篇
	《高玉宝》	唐耿良编	短篇
	《后方的前线》	唐耿良、马中婴改编	中篇
1956年	《万水千山》	唐耿良改编	中篇
	《把青春献给社会主义》	唐耿良、马中婴、周云瑞等	短篇
	《半夜鸡叫》	唐耿良	短篇
	《廖贻训》	唐耿良	短篇
	《许瑞春》	唐耿良、姚荫梅	短篇
1957年	《三里湾》	马中婴、唐耿良改编	中篇
	《丹娘》	唐耿良编写	短篇
1958年	《白毛女》	陈灵犀、严雪亭、唐耿良改编	中篇
	《钢水沸腾》	唐耿良等创作	中篇
	《聚宝盆》	唐耿良等创作	中篇
	《大跃进万岁》	唐耿良	开篇
1959年	《冲山之围》	吴宗锡、唐耿良、苏似荫、江文兰	中篇
	《白求恩大夫》	集体改编	中篇

时　间	作 品 名 称	编 创 者	类　型
1959年	《太湖游击队》	唐耿良	长篇
1960年	《踏雪穿云》	唐耿良、余树人	短篇
	《破天荒》	唐耿良、饶一尘、苏似荫、江文兰	中篇
1962年	《血泪斑斑的罪证》	唐耿良	故事
1963年	《如此亲家》	唐耿良、程志达	中篇
	《穷棒子办社》	唐耿良	故事
1964年	《三千勇士战烈火》	六评弹团合作	专场
	《石油工人的故事》	唐耿良	故事
	《赵五娘》	唐耿良	短篇
	《英雄儿女》	唐耿良、邱肖鹏	中篇
1965年	《大寨人的故事》	唐耿良	故事
	《阮文追》	唐耿良	故事
	《万吨水压机》	唐耿良等	专场
	《红雷凯歌》	唐耿良	故事
1966年	《32111钻井队》	唐耿良	故事
	《蔡祖泉》	唐耿良	故事
	《祁志超》	唐耿良	故事
1973年	《暗礁》	唐耿良	短篇
1974年	《杀孔融》	唐耿良	短篇
1975年	《风庆轮》	唐耿良	短篇
1976年	《星星之火》	唐耿良加工	短篇
	《大寨人斗江青》	唐耿良	短篇
1977年	《铁人的故事》	唐耿良	短篇
1987年	《三国用人之道》	唐耿良	短篇

　　小时候家住淮安河下，这里曾是明清淮北盐集散地，鼎盛时期有"扬州千载繁华景，移至西湖嘴上头"之美誉。这座经由盐商财富积累起来的古镇，在运河时代一度与扬州相媲美。更令古镇人自豪的是，明清两代，2.5平方公里的弹丸之地共出过进士67名（其中有状元1名，榜眼2名，探花1名，三鼎甲齐全）。在河下众多名人中，文学家除吴承恩之外，邱心如的名字很早就刻在我的脑海中。这位创作了长篇弹词《笔生花》的女史，或许与我今天研究的苏州评弹有一些关联。但严格来说，弹词《笔生花》并不能算作真正意义上的苏州弹词，因为"不合于演唱，故只流行于闺阁之中，为一般识字的少女所爱阅"（谭正璧语），并未曾演出于江南的书场码头。

　　说到江南，其实直到2007年，我才对她有所了解。初到常熟读书时，在这座充满江南氤氲的古城，在虞山脚下、尚湖之滨，我先后造访钱谦益、柳如是的墓冢，参访唐代诗人常建笔下的破山禅寺，拜访翁同龢退隐山林的居住之所瓶隐庐……于是我对江南有了最初的感性认识。如果说常熟的那山、那水给了我对江南的感官体悟，那么在上海师范大学硕博连读的五年，让我对江南有了更多的理性思考。当然，能够去上海读研，也是因缘际会。

　　2011年9月，我正式进入上海师范大学跟随唐力行教授读书。从入门之日起，唐老师就嘱我进入评弹与江南社会的研究中去。我知晓，选择这一领域既有挑战，也有优势。挑战在于，当时唐老师已经开展这一新文化史研究好几年了，先后出版了《别梦依稀：我的评弹生涯》（唐耿良口述，唐力行整理）、《技艺与性别：晚清以来江南女弹词研究》（周巍著）、《晚清以来苏州评弹与苏州社会：以书场为中心的研究》（吴琛瑜著）等著作，如何开辟新的研究视角、突破已有成果是值得深思的。而优势就在于，现成的研究专著提供了理论和方法的指导，并且唐老师带领的团队已经积累了众多评弹社会史资料，这就为进一步研究提供了丰富的资料基础。再加上我在常熟读书四年，具备了一定的"听"吴方言的能力，研究评弹基本不会遇到语言不通的问题。为了能使我们更好开展评弹研究，唐老师推荐我们参加了2012年在苏州召开的"周良与苏州评弹研究学术研讨会"，结识了众多评弹界中人；还通过上海评弹团的周震华先生、高博文先生的关系，推荐我们去乡音书苑听书，以期我们能进入到评弹的意境当中去。此外，老师还拿出自己的课题经费邀请评弹理论家和著名评弹演员来校讲学，拓展了我们的视野。

2012年底，唐老师决定让我提前攻读博士学位，并希望我能以苏州评话为博士论文的选题方向。众所周知，苏州评弹是由苏州弹词和苏州评话二个曲种组成的，在苏州评弹日益式微的今天，苏州评话的境况更加不如苏州弹词，要知道过去的苏州评话最起码是与苏州弹词平分秋色的。唐老师时常对我说，"你的研究不应该仅仅局限在简单的考察苏州评话的发展历史，更要找出在社会变迁的历史进程中苏州评话由盛而衰的深层次原因"，"进行苏州评话研究最好的抓手就是研究进行苏州评话人物的研究，通过一个个具体的苏州评话艺人来研究苏州评话，会使得研究工作更加得心应手"。其实，当时我已经对唐耿良先生、曹汉昌先生、张鸿声先生等评话名家有所研究。通过阅读唐耿良先生自传，我发现归根结底他其实就是一个本本分分的说书人，在他的身上没有丝毫江湖气。说了一辈子的评话《三国》，"双鬓多年作雪，寸心至死如丹"（陆游语）。

博士刚入学的时候，唐老师正承担上海人民出版社与上海评弹团联合策划出版的《菊坛名家丛书·评弹系列》之《唐耿良传》。众所周知，唐老师是唐耿良先生长公子，近年又专事进行苏州评弹的社会文化史研究，由他撰写乃父传记非常合适。然而2013年9月的某天，唐老师找我谈话，说他已经向出版社提出请辞，并乐于推荐由我来撰写乃父传记。闻听此言，心中既感谢唐老师的信任与推荐，又为是否能够承担如此重任而犯难，毕竟前面已经出版过唐耿良先生的自传，写作空间已经不是太多。唐老师看出我的心事，对我说："写作艺人传记，与你的博士论文是相得益彰的。写好前者，以人物为中心，可以为你研究苏州评话兴衰起伏提供参考。写好后者，进行苏州评话的整体研究，对于历史的、辩证的看待艺人也会起到帮助。父亲的自传虽然已经写了很多，但还有一些是没有写入的，我和我的家人会尽力帮你。"于是我接受了写作《唐耿良传》的任务。

三年多来，已经记不得多少次与唐老师交谈，时间或长或短，有时甚至是唐老师的越洋电话，可每每都能从他那儿得到灵感，得到启发，得到线索。书稿完成之时，唐老师看过初稿提出了很多中肯意见，还欣然为本书作序。除此之外，还得到了很多人的关心和支持，他们是：中国曲协名誉主席罗扬先生和评弹理论家周良先生、彭本乐先生为写好本书多有加油鼓劲和出谋划策。评弹界的王柏荫先生、陈希安先生、陈卫伯先生、沈东山先生、赵开生先生、江文兰女士、陈景声先生、凌子君先生、薛惠君女士、周明华先生、姜永春先生、高博文先生接受笔者采访时，知无不言，言无不尽。常熟理工学院沈潜教授、周巍博士、中国美术学院张盛满博士、常熟曲协秘书长陶春敏先生、老听客章绍曾先生和上海师范大学的刘晓海博士、河套学院王浩同学等，或提供思路、或提供资料、或提供老照片。淮安的徐爱明先生、徐伟先生百忙之中看了初稿，提出不少修改意见。走上工作岗位后，郁大海教授等同仁提供便利工作环境，使笔者能够静心完成书稿后续工作。丛书主编唐燕能先生等亦多次关心书稿写作及进度，怎奈分身乏术，一拖再拖，感谢他们信任的同时，也要向他们致歉。由于丛书体例限制，文中引用了部分资料和图片，未及一一署名致谢，在此一并谢过。

解　军

2017 年 2 月 8 日于淮安

图书在版编目（CIP）数据

醒木一声驻流年：唐耿良传 / 解军著. —上海：
上海人民出版社，2017
　（菊坛名家丛书. 评弹系列）
　ISBN 978 - 7 - 208 - 14454 - 5

　Ⅰ.①醒… Ⅱ.①解… Ⅲ.①唐耿良（1921−2009）
—传记　Ⅳ.①K825.78

　中国版本图书馆CIP数据核字（2017）第085668号

丛书顾问　　吴宗锡
丛书策划　　唐燕能
责任编辑　　顾　雷
封面设计　　傅惟本

·菊坛名家丛书·评弹系列·

醒木一声驻流年：唐耿良传

解　军著

世纪出版集团
上海人民出版社出版

（200001　上海福建中路193号　www.ewen.co）
世纪出版集团发行中心发行　上海商务联西印刷有限公司印刷
开本 720×1000　1/16　印张 20.25　插页 7　字数285,000
2017年5月第1版　2017年5月第1次印刷
ISBN 978 - 7 - 208 - 14454 - 5 / K·2616

定价 58.00元